Matthias Sellmann

Zuhören
Austauschen
Vorschlagen

Entdeckungen
pastoraltheologischer
Milieuforschung

Matthias Sellmann

Zuhören
Austauschen
Vorschlagen

Entdeckungen
pastoraltheologischer
Milieuforschung

echter

Meinen Kindern
Yannik, Katja und Wiebke

Bibliografische Information der Deutschen Nationalbibliothek

Die Deutsche Nationalbibliothek verzeichnet diese Publikation
in der Deutschen Nationalbibliografie; detaillierte bibliografische Daten
sind im Internet über ‹http://dnb.d-nb.de› abrufbar.

© 2012 Echter Verlag GmbH, Würzburg
www.echter-verlag.de
Umschlag: Peter Hellmund (Foto: gettyone)
Satz: Hain-Team, Bad Zwischenahn (www.hain-team.de)
Druck und Bindung: CPI – Clausen & Bosse, Leck
ISBN 978-3-429-03517-4

Inhalt

Inhalt

‚Den Roman des Körpers schreiben'
(Albert Camus) – Zu diesem Buch

In seinem literarischen Essay ‚Die Wüste' denkt der bekannte französische Philosoph Albert Camus über das Verhältnis von Malerei und Abbildung nach. Und er formuliert den seltsamen Satz: „Die Maler haben das Vorrecht, auf ihre Weise den Roman des Körpers zu schreiben."[1] Die Angewiesenheit auf den fixierten Moment, die fehlende räumliche Tiefe der Leinwand und die so leichte Möglichkeit, einem Bild durch einfache Blickwendung auszuweichen, belässt dieser Kunstform nur eine Chance: Die Maler „arbeiten in jenem herrlichen und vergänglichen Stoff, der ‚Gegenwart' heißt". Es gibt hier nur Fläche, nur Abbild, nur Situation, nur Momentanes.

Weil das so ist, so Camus weiter, werden die Maler zum unschätzbaren Vorbild: Sie lehren uns wieder das Sehen. Sie führen uns wieder in die Technik ein, genauer auf die Gesichter der Menschen um uns herum zu achten: ihre Details, ihre kleinen Signale, ihre Selbstentwürfe, die gerade in ihrer Unbewusstheit so überaus sprechend sind. Denn „wir haben (...) verlernt, die wirklichen Gesichter der Leute in unserer Umgebung zu sehen. Wir sehen uns unsere Zeitgenossen nicht mehr an, sondern nur noch das an ihnen, was uns nützt und unser Verhalten bestimmt." Genauer: Wir ziehen dem Gesicht eine bestimmte Poesie vor, eine bestimme Idee, meistens eine, die den Anderen in unsere eigenen Kriterien einspannt. Wir bringen das Gesicht des Anderen auf unser Maß und in unser Kalkül.

Diese Gewohnheit ist ein Fehler. Sie ist die Negation der Gegenwart. Sie opfert den gegebenen Moment mit der Präsenz eines Menschen einer Idee, einem Urbild, einem Plan. Wer so mit Menschen

---

1 Camus 1988 (zuerst 1950): 35; ebd. die zwei folgenden Zitate. Camus spricht hier im engeren Sinn von den großen toskanischen Meistern wie Piero della Francesca, Giotto di Bondone oder Cimabue.

umgeht und etwas in sie hineinliest, was sie von sich her gar nicht zeigen, fordert sozusagen mehr Sinn, als ihm die Welt, als ihm das einzelne Gesicht versprechen kann. Weil wir die reine Gegenwart nicht aushalten, wollen wir mehr in ihnen sehen, als da ist. Bekanntlich bildet dieses Unvermögen einfacher Gegenwart in Camus' Philosophie des Absurden die Tragik des modernen Menschen, der sich die Schönheit der Gegenwart eintauscht gegen die Hoffnung auf Prinzipielles, Ideologisches, Metaphysisches – und darum verzweifeln muss. „Der abstoßendste Materialismus ist nicht etwa jener, den alle Welt so beurteilt, sondern vielmehr jener andere, der uns tote Ideen als lebende Wirklichkeiten einreden will und unser hartnäckiges, hellsichtiges Interesse an dem, was für immer mit uns sterben muss, ablenken will auf unfruchtbare Mythen."[2]

So weit zu Camus und seinem Vorschlag, sich von der Malerei wieder lehren zu lassen, die flächenhafte Tiefenlosigkeit der Gegenwart auszuhalten. Zugegeben, dies ist ein ungewohnter Einstieg für ein theologisches Buch. Der Nobelpreisträger von 1957 ist definitiv kein Kirchenlehrer, und es würde ihn zornig machen, sähe er sich für religiöse Interessen instrumentalisiert. Hinzu kommt, dass theologische Forschung niemals jener Reduktion auf das Gegebene sekundieren könnte, die Camus' Philosophie vorschlägt. Seinen Satz: „Die Welt ist schön, und außer ihr ist kein Heil"[3] würde man jüdisch-christlich anders formulieren. Denn das biblische Zeugnis lebt ja von der Verheißung, dass da ein Gott ist, der gerade nicht in der Immanenz der Welt aufgeht, sondern diese überhaupt erst stiftet.

Trotzdem liegt genau hier durchaus eine Berechtigung, ausgerechnet Albert Camus – neben anderen natürlich – als einen Impulsgeber für gute Pastoral aufzurufen. Denn er hat ja nicht nur ober-

---

2 Ebd.: 39.
3 Ebd.: 44.; insgesamt zu Camus vgl. Pieper 1994. Auch Bauer 2010: 773 meint für die Theologie: „Vielleicht sollten wir heute insgesamt wieder mehr Camus lesen." So sieht es auch Pröpper 2012: 36–42, denn: „Soweit Camus. Dass seine Position mich in vieler Hinsicht fasziniert, will ich gar nicht verleugnen. Kaum jemals wurde das Glück, das im Vollzug der menschlichen Freiheit liegen kann, auf eindringlichere Weise gefeiert" (ebd: 40).

flächlich mit seiner Beobachtung recht: Auch wir in der Pastoral stehen heute in dem Ruf, die ‚wirklichen Gesichter der Leute in unserer Umgebung nicht mehr zu sehen'. Auch von uns sagt man, dass vor allem moralische Vorurteile und soziale Grenzziehungen aus der Kirche eine gesellschaftliche Gruppe gemacht haben, in der sich, wie auch sonst überall, Gleiche mit Gleichen treffen. Das Schema ‚Wir' und ‚Die' dominiert auch in unseren Gemeinden. Christen gelten im Allgemeinen als immer etwas ängstliche Kulturpessimisten, die in ihren Liedern, Ritualen und Kalendersprüchen eine heitere Gegenwartsorientierung aus dem Glauben zwar behaupten, faktisch in die Gesellschaft aber eine sorgenvolle Angst um sich selbst und um die Zukunft einbringen. „Für Deutschland entsteht damit der Eindruck eines weithin traditionalen, durch Immobilität, Überalterung und Konventionalität geprägten Gemeindeverhältnisses, in welchem die sozialen Bindungen wichtiger sind als das Leistungsniveau der kirchlichen Angebote."[4] Zu diesem doch wenig schmeichelhaften Fazit kommt der Religionssoziologe Detlef Pollack als Ergebnis einer aktuellen empirischen Erhebung. Neugier, eine lernende Grundhaltung oder gar experimenteller, unternehmerischer Gründergeist prägen derzeit das binnenkirchliche Klima nur schwach. Ja es scheint derzeit nicht nur kommunikative Blockaden zwischen ‚denen von der Kirche' und den ‚Nichtkirchlichen' zu geben, sondern auch einen zwischen Christen und Christen – einen internen Zustimmungsvorbehalt innerhalb der Mitgliederschaft, wie man es pastoralsoziologisch nennt.[5] Auch innerhalb der kirchlichen Gemeinschaft zieht man seine Poesie der einfachen Gegenwart vor, etwa indem man abscannt: „Will der mir was? Darf der mehr als ich? Nützt der mir was? Ist der ‚einer von uns'? Ist das ein Modernist? Oder einer von gestern? usw."

Zweifellos berührt die kritische Nachfrage bei Camus den sensiblen Punkt pastoraler Wirksamkeit überhaupt: Sind wir noch bei den Leuten – inner- wie außerkirchlich? Man wird sagen dürfen, dass in dieser Frage entschieden wird, ob wir unseren ‚Job' gut

---

4 Pollack/Rosta 2011: 79 f.
5 Vgl. nur Bucher 2004: 19.

machen oder nicht, und dies ganz unabhängig davon, ob dies haupt-, neben- oder ehrenamtlich geschieht. Gute Pastoral fand schon immer ihren Adel, ihre Passion darin, in der konkreten Gegenwart von Menschen die konkrete Gegenwart Gottes zu versprechen, zu suchen, zu verkünden und zu feiern. Das wird man sagen können, ohne der Vielfalt pastoraltheologischer Selbstverständnisse Gewalt anzutun: Ganz egal, ob man Pastoraltheologie als ‚antwortendes Handeln', ‚Kulturwissenschaft des Volkes Gottes', ‚Problemlösungsdisziplin' oder wie auch immer konzipiert[6]: Eine Grundbewegung ist dann pastoral, wenn sie den ‚Roman des Körpers' schreibt; wenn sie also das konkrete Leben von Männern, Frauen, Kindern, Familien, Lebensformen mit der Verheißung der Gegenwart Gottes zusammensehen und eines vom anderen her verstehen kann. Mit dem bekannten Wort Paul Michael Zulehners: Pastoral bedeutet, bei den Menschen einzutauchen und bei Gott aufzutauchen und umgekehrt.

Die Wechselseitigkeit dieser pastoraltheologischen Ellipse ist die zweite und philosophisch tiefere Entsprechung zu den Gedanken Camus'. Denn es entscheidet über pastorale Qualität, ob man Menschen *als sie selbst* in den Blick bekommt oder ob man sie doch nur als Anwendungsfall höherer (hier: theologischer) Prinzipien instrumentalisiert. Hier liegt ja die eigentliche Pointe des christlichen Theoriedesigns. Wer die Menschwerdung Gottes behauptet und gerade hierin die restfreie Selbstmitteilung dieses Gottes über und von sich selbst identifiziert, der muss dem Menschsein nichts hinzufügen, um zum (vermeintlich) Göttlichen zu gelangen. Die ganze Brisanz des christlichen Ernstes steht hier auf dem Spiel, welcher bis heute einen Existentialismus begründet, der vor allem für jene im religiösen System äußerst herausfordernd ist, die davon profitieren, dass man aus der Religion eine Sonderwelt macht, die dem ‚Weltlichen' noch hinzukommt. Nach neutestamentlichem Zeugnis wird der eschatologische Jesus die Seinen nur nach Maßgabe ihres Menschseins und eben nicht ihrer religiös-moralischen

---

6 Einen Überblick über aktuelle Ansätze der Pastoraltheologie liefern Heft 2/2000 der Pastoraltheologischen Informationen; das Heft 1/2011 der ‚Lebendigen Seelsorge'; sowie neuerdings Mette 2012.

Kriterienerfüllungen identifizieren können (vgl. Mt 25,34–40: ,Ihr habt mich besucht, gekleidet, ernährt' usw.). Vom evangelischen Theologen Eberhard Jüngel stammt das einprägsame Wort, dass die Unähnlichkeit zwischen Gott und den Menschen nicht in einer Entzogenheit Gottes besteht, sondern darin, dass Gott in seiner Menschwerdung um so vieles menschlicher als der Mensch selbst geworden ist. Die Differenz zwischen Gott und Mensch ist unbestritten, unverfügbar und unaufhebbar. Aber trotzdem, trotz aller Unähnlichkeit, ist der Mensch bei sich, wenn er bei Gott ist, und bei Gott, wenn er bei sich ist.[7]

Dieser Zusammenhang wäre systematisch-theologisch tiefer auszuloten. Und zuzugeben ist, dass Camus diese Gedanken nicht teilen würde. Trotzdem bekommt er ein zweites Mal recht. Nicht der Rückbezug auf den Mythos einer religiösen Idealformel macht den Charakter einer pastoralen Begegnung aus, sondern es ist gerade die Verheißung der göttlichen Menschwerdung, die es der Pastoral grundsätzlich erlaubt, im Anderen nicht mehr erwarten und unterstellen zu müssen, als in ihm selber angelegt ist. Keinem Gesicht muss welche Poesie auch immer vorgezogen werden. Kein Leben ist erst dann gut, wenn man es als Abziehbild einer religiösen Vorlage behandeln kann. Der pastorale Roman darf nicht nur, er *muss* über den Körper handeln. Pastoral ist das volle Ernstnehmen der menschlichen Gegenwart, gerade weil Gott selbst nicht mehr wollte als diese menschliche Gegenwart.

Bei Camus heißt es weiter: „Gegenwart aber stellt sich stets in einer Geste dar."[8] Gute Pastoral wäre somit die Lektüre jener Gesten, mit denen ,die Leute' ihre Gegenwart darstellen. Pastoraltheologie wird zur Gestenkunde. Ihre unverwechselbare Attitüde ist der unverbrüchliche Respekt vor jenen Signalen, mit denen Menschen ihre Behausung in ihrem Mikrokosmos anzeigen, ihre Lebensinterpretation, ihre kleinen und ihre großen Verhakungen in das Geflecht der Welt. Hans-Urs von Balthasar hat von der Theo-

---

7 Vgl. ausführlich Eberhard Jüngels Überlegungen zur ,Menschlichkeit Gottes' in ders. 1992: 409–543 (z.B. 411. 543).
8 Camus 1988: 35.

logie gefordert, diese Haltung als „Gestaltsehen"[9] einzuüben und die Fähigkeit hierzu sogar als das Typische der jüdisch-christlichen Religion markiert.

Für dieses ‚Gestaltsehen', diese ‚Gestenkunde' zu werben, sie zu begründen und sie exemplarisch auszuführen ist die Intention dieses Buches. Akteure in der Pastoral sollen inspiriert und befähigt werden, die biografischen Gesten ‚ihrer Leute'[10] und ihrer Kultur zu lesen, zu deuten und als Daten theologischer Erkenntnis zu würdigen. Hierzu braucht es theologische Argumentation genauso wie sozialpsychologische Präzision. Zu beiden Diskursen will dieses Buch einen Beitrag leisten, indem die soziologische Milieutheorie von einer theologischen Hermeneutik her begründet und erschlossen wird. Dieses Denken in sozialen Milieus ist ja seit der sogenannten Sinus-Kirchenstudie von 2006 innerhalb der Gemeinden und Organisationen der christlichen Kirchen sehr bekannt geworden.[11] Oft bleibt es aber bei der Erstrezeption. Nach wie vor fehlt es an einer substantiellen Einbindung des Anliegens einer ‚milieusensiblen Pastoral' sowohl in die relevanten kultursoziologischen wie in die systematisch-theologischen Diskurse.

Diese Vernetzung wird hier angegangen. Das Ziel ist die anfanghafte Entwicklung einer Art pastoraltheologischer Ethnologie. Mit ihrer Hilfe können die typischen Kollektivgesten der bundesrepubli-

---

9 Vgl. Hans-Urs von Balthasar 1988: 413–449; sekundär dazu Sellmann 2007b.

10 Ein kurzes Wort zur Begrifflichkeit: Im Buchtext wird immer wieder einmal von den ‚Leuten' gesprochen. Manchen erscheint dieser Terminus als Abwertung: Kirche müsse doch von den ‚Menschen' sprechen. Eine Abwertung ist hier keinesfalls gemeint. Vielmehr ergibt sich als sprachliche Aufgabe, von einer meist integral und normativ angelegten theologischen Sprechweise (‚der Mensch', das ‚Wesen der Kultur liegt in ...' usw.) in eine deskriptive und plurale Perspektive der Soziologie wechseln zu können. Der Begriff ‚die Leute' ist unverdächtiger, konkrete kulturelle Subjekte auf ihr ‚eigentliches' Menschsein hin zu adressieren, was für eine hier zu entwickelnde pastoraltheologische Ethnologie nicht viel austrägt. Die ebenfalls möglichen Bezeichnungen ‚Subjekte' oder ‚Personen' klingen ebenfalls recht abgehoben und philosophisch durchtränkt. Daher der Begriffsgebrauch ‚Leute'. Er spielt das ein, worum es hier geht: deren bürgerliche Existenz, ihren Alltag, ihre Normalität – Leute eben. Ein Vorbild dieses Sprachgebrauchs liefert der instruktive Text der EKD ‚Das Evangelium unter die Leute bringen' (vgl. EKD 2000).

11 Vgl. nur Ebertz/Hunstig 2008 sowie neuerdings Sellmann/Wolanski 2013.

kanischen Bevölkerung erschlossen und verstanden werden. Man erkennt, dass es so etwas gibt wie ,soziale Gravitationen', auf die hin ganze Kulturmuster sich rückbeziehen und die zum Leseschlüssel ihrer kollektiven Werthaltungen, Weltanschauungen und religiösen Orientierungen werden. Hier kommt es zu echten Verblüffungen: Plötzlich kann die Theorie sozialer Gravitationen scheinbar kleine alltagsästhetische Fragmente als Senkbleie ausweisen, die die Analyse in die Tiefe der Person hineinführen.[12] Man entdeckt die Kohärenz von Alltagsverhalten und fundamentaler Semantik. Man durchmustert die Statements und Explorationen des Milieus, die Wohnungseinrichtungen, die Freizeitvorlieben, das Sprachverhalten, Konsum- und Partnerschaftsstile oder auch explizite Statements, etwa zur Frage nach dem Lebenssinn – und irgendwann taucht ein sprachlicher und inszenatorischer Assoziationszusammenhang auf, der sich auffällig durch die Einzelheiten durchträgt und rational mit der Gravitationslogik des Milieus in Einklang gebracht werden kann. Durch das scheinbar Banale und Nebensächliche stößt man auf eine innere „Richtungslinie", eine innere Ader, die unzählige weitere Kapillare mit „Sinn und Stil" versorgt, wie Simmel das nennt. Man kommt an eine sensible Stelle, an der man das Milieu ,ticken' hört und ein Leitmotiv, eine Kurzformel über das so interpretierte Leben erfährt. Die hochindividuelle Gegenwart der Einzelgeste wird zum Ausdrucksmittel der sie grundierenden Selbst- und Weltinterpretation im sozialen Raum.

Insofern ist eine gut begründete und methodisch sauber ausgeführte Milieutheorie eine hervorragende Gelegenheit für alle, die die Leute ihrer Kultur einfach besser verstehen möchten. Man ,versteht'[13] jetzt, warum dieser seine Fensterbank so und nicht so ein-

---

12 Das anschauliche Bild stammt von Georg Simmel (1998 [zuerst 1903]: 195), dem Begründer der Kultursoziologie in Deutschland. Von ihm stammt der methodische Tipp, „dass sich von jedem Punkt an der Oberfläche des Daseins, so sehr er nur in und aus dieser erwachsen scheint, ein Senkblei in die Tiefe der Seele schicken lässt, dass alle banalsten Äußerlichkeiten schließlich durch Richtungslinien mit den letzten Entscheidungen über den Sinn und Stil des Lebens verbunden sind." Auch Wippermann 2011: 204 orientiert sich an dieser methodologischen Anweisung.

13 Bei aller Problematik sozialen Verstehens, die die Kultursoziologie ja selber stärker betont als etwa jede pastorale Theologie.

richtet; warum diese hierhin in den Urlaub fährt und nicht dort-
hin; und warum man hier jenen Hund anschafft, niemals aber
jenen. Eine pastoraltheologische Ethnologie geht von den kleinen
Gesten aus und liest sie alltagsästhetisch auf ihre grundlegenden
biografischen Rückbezüge.

Dies kann in sich Vergnügen bereiten. Und das Buch hat bereits
ein großes Ziel erreicht, wenn es – ganz im Sinne Camus' – die
Aufmerksamkeit auf die kleinen Gesten unserer Zeitgenossen erhöht, die Irritationsreflexe auf ihre Seltsamkeiten verringert und
eine allgemeine Menschenfreundlichkeit der Pastoral zu steigern
vermag. Trotzdem soll ein weiteres Ziel verfolgt werden. Und dieses ragt sogar über Camus hinaus.

Denn die Pastoraltheologie hat nach dem Zweiten Vatikanischen
Konzil nicht nur den Auftrag, sich nicht von den Menschen zu
entfernen und sie nicht religiös zu instrumentalisieren. Das ist zu
wenig. Sie möchte vielmehr aktiv in die Kontexte der kulturellen
Gegenwart einsteigen, um überhaupt zu wissen, was sie selber ist.
Hier wird es erneut brisant. Die Gesten der Menschen im obigen
Sinn zu kennen, ist nämlich gerade nicht notwendig zum Heil dieser Menschen selbst – das liefe ja doch auf Instrumentalisierung
hinaus und wäre gerade keine Freisetzung des Menschen zu sich
selbst. Vielmehr hat die Kirche als Organisation und haben die
Christen als Bewegung eine Holschuld! Vielmehr ist der Glaube
selbst es, der diesen Kontextbezug zu den Leuten braucht. Denn –
und diese Einsicht des letzten Konzils ist atemberaubend: *Ohne die*
genaue Kenntnis und prinzipielle Anerkenntnis der kulturellen Kon-
texte um sie herum kann eine Ortskirche gar nicht wissen, was und
wen sie zu verkündigen hat. Der Himmel, bildlich gesprochen, bleibt
ihr versperrt, wenn sie nicht auf die Erde schaut. Wer Gott heute
ist, und was Kirche hier soll, das kann nur unvollständig aus Schrift
und Tradition deduziert werden. Die Kontextkenntnis muss hin-
zutreten, damit Kirche selber verstehen kann, was die Offenbarung ist. Oder kürzer: Auch die Kirche muss die Offenbarung je
neu lernen, bevor sie sie erschließen kann. Und dieses Lernen geht
auch über den Kontext.

Dieser prozedurale und in die Geschichte verlegte Modus der Of-
fenbarungserkenntnis ist der große Fortschritt des letzten Kon-

zils. Er ermöglicht erst ein neues Genre der Konzilsgeschichte: eine Pastoralkonstitution. Gaudium et spes, die Masterfolie dieses Buches, entwickelt und empfiehlt den adäquaten pastoraltheologischen Dreischritt. Er lautet: Erst den ‚Sprachen' um uns herum zuhören. Dann mit dem überlieferten Glaubensgut abgleichen, was man an Lebensinterpretation mitgeteilt bekam. Und schließlich aus dem Überschuss des Glaubens heraus einen Vorschlag an die jeweilige Lebenswelt machen, die deren Gravitation entspricht, ihn aber erweitert. Diesen pastoraltheologischen Dreischritt zu begründen, zu erläutern und in neun Milieuskizzen vorzuführen, ist das zweite Ziel des Buches.

Gemäß den beiden Zielbestimmungen ist diese Monografie in zwei Teile gegliedert. Teil 1 bereitet die materialen Milieuerkundungen in Teil 2 theologisch vor. Der hier propagierte pastoraltheologische Dreischritt, der auch den Titel des Buches bildet, wird vor der Kulisse der Konzilstheologie in Gaudium et spes (Kap. 1, 2) sowie des dogmatischen Traktates der ‚Theologischen Anthropologie' begründet (Kap. 4). Der Überstieg in eine pastoraltheologische Ethnologie wird entwickelt (Kap. 5). Basale Vorkenntnisse der Milieutheorie, etwa aus der Sinus-Kirchenstudie von 2006 oder anderen Befassungen, werden vorausgesetzt.[14] Teil 2 erschließt dann jedes Milieu mit derselben Systematik (Kap. 6–15).

Insgesamt möchte das Buch den pastoraltheologischen Dialog mit der Kultursoziologie im Ganzen und der Milieutheorie im Besonderen fundieren und weiter befeuern. Wer auf der Höhe des Konzils argumentieren will, muss auf der Höhe der ‚Leute' sein. Hier, in der kulturhermeneutischen Kreativität der Pastoraltheologie, in der wechselseitig-kritischen Rückkopplung von Alltag, (Populär-)Kultur und Tradition, liegt ihr unverzichtbarer Beitrag für die theologische Arbeit im Ganzen. Es geht heute darum, dass das Verb ‚glauben' nicht zum Synonym für ‚fliehen' degeneriert, sondern als Synonym für ‚reingehen' neue Attraktivität bekommt.

---

14 Zu Beginn jedes Milieuporträts sind hierzu einleitende, leicht zugängliche Literaturhinweise angegeben. Vgl. grundsätzlich: www.sinus-institut.de/loesungen/sinus-milieus.html; www.delta-sozialforschung.de/delta-milieus/delta-milieus/delta-milieusr/; www.milieus-kirche.de/.

Ein herzlicher Dank geht an die Unterstützer dieses Buches: Prof. Dr. Wippermann, Dr. Marc Calmbach und Berthold Bodo Flaig für die freundliche Überlassung von Zitier- und Abbildungsrechten; Peter Martin Thomas und Prof. Michael N. Ebertz für viele engagierte Begegnungen; Thomas Becker, mit dem ich den Ansatz sozialer Milieus institutionell vorantreiben konnte; Caroline Wolanski für die einschlägig mühsamen Korrekturarbeiten. Allen sieben danke ich für ihren soziologisch begründeten Glauben an die enormen Potenziale einer milieusensiblen Pastoral für eine Kirche auf der Höhe des Konzils.

Hinweise für die eilige Lektüre

Jeder Autor wünscht sich Leserinnen und Leser, die er von der ersten bis zur letzten Seite zur Lektüre gewinnen kann. Aber angesichts des Angebotes, der Wichtigkeit so vieler Themen und der Kostbarkeit an verfügbarer Zeit kann das nur selten gelingen. Daher hier eine kleine Navigation für die Eiligen.

Denen, die vor allem praktisch-theologisch interessiert sind, empfehle ich als ersten Schritt die Lektüre einer der 'dichten Beschreibungen' in Teil II, egal welcher. Man sieht hier, worauf alles zusteuert. Wie sich das begründet, worauf alles zusteuert, steht in Teil I. Hier empfehle ich v. a. die Lektüre der Kapitel 1 und 2 sowie 5.1 und 5.4.

Denen, die vor allem an der systematisch-theologischen Fundierung des hier gebotenen Ansatzes der Pastoral interessiert sind, empfehle ich ebenfalls die Lektüre einer Milieubeschreibung aus Teil II (aus obigem Grund) und dann die Kapitel 1 bis 5.1. Eventuell ist wichtig wahrzunehmen, dass man im Zuge eines ethnologischen Projektes in die mittlere Theoriereichweite pluralen Denkens einsteigen muss: Diesen Schritt leistet 5.2.

Den vor allem phänomenologisch an Milieus Interessierten empfehle ich zum Einstieg des theologischen Anliegens das Kapitel 1 und dann einfach den kompletten Teil II.

Ein wichtiger Hinweis für alle: Immer wieder wird vor allem in Teil II das bekannte Milieuhandbuch (HB) zitiert, und zwar in der

Fassung, die die Medien DienstleistungsGmbH kostenlos zum Download verfügbar macht. Dieser Download wird sehr empfohlen, um parallel hierin lesen, Bilder ansehen und die Belege nachvollziehen zu können. Googeln Sie ‚download mdg milieuhandbuch', dann werden Sie zum richtigen Link geleitet.[15]

Zuletzt sei noch darauf verwiesen, dass das Buch auch eine geistliche Herausforderung aufwirft: Diese wird mit einem, wie ich finde, sehr beeindruckenden kleinen Text im Schlussabschnitt eingespielt.

---

15 http://www.mdg-online.de/leistungen/mdg-milieuhandbuch/mdg-milieu-handbuch-download.html (Zugriff August 2012).

Teil 1:
ERÖFFNUNGEN.
Grundlinien einer theologisch
inspirierten Ethnologie

1 Die Entdeckung des Kontextes, oder: Eine Kirche auf der Höhe des Konzils ist auf der Höhe der Leute

Während der Beratungen über die Vorlagen zur späteren Pastoral-konstitution ‚Gaudium et spes' kommt es in der Aula des Zweiten Vatikanischen Konzils am 1. Oktober 1964 zu einem folgenreichen Eklat. Erzbischof Marcel Lefebvre hält farbige Umschläge hoch und richtet eine Anfrage an den Konzilssekretär Pericle Felici: „Welche Autorität haben diese Heftchen für das Konzil?" Der Sekretär antwortet spontan noch am selben Tag: „Diese Dokumente sind mehr privater Natur." Was heißen soll: Wer sie denn beachten möchte, kann das tun – wer nicht, der nicht. Richtig wichtig sind andere Texte; die hatte man ja auch schon länger vorher ausgeteilt, und die waren ja auch in weiße Umschläge eingetütet worden.

Auf diese Bewertung hin entbrennt eine stürmische Diskussion. Der Salzburger Dogmatiker Hans-Joachim Sander als Kommentator von Gaudium et spes vergleicht die Situation mit einem Wespennest, in das Felici hineingestochen hatte.[16] Denn zum einen erfuhren natürlich jene Väter und Theologen, die hart an den farbigen ‚Heftchen' gearbeitet hatten, eine Entwertung genau jener Mühen. Die Äußerungen Lefebvres und Felicis hatten die Dokumente mit jenen Flugblättchen vergleichbar gemacht, die rund um die Konzilsaula kursierten und die tatsächlich oft genug nicht ernstzunehmen waren. Zum anderen aber ging es um eine prinzipielle, sozusagen theologiearchitektonische Frage. Und man darf wohl als sicher annehmen, dass sich Erzbischof Lefebvre später noch oft sehr geärgert haben wird, die erwähnte Frage nach der Autorität überhaupt gestellt zu haben. Denn letztlich war es sein Vorstoß, der den Debatten um Gaudium et spes eine ganz neue

---

16 Vgl. Sander 2005: 626; sowie ebd.: 616–691 sowie Tanner 2006: 319–322.

Wendung gab – wodurch die Pastoralkonstitution zum Fokus jenes theologischen Sprachfortschrittes wurde, den man als die eigentliche Frucht des Konzils ansehen kann.

Aber der Reihe nach: Was war denn nun in diesen farbigen Umschlägen? Und was in den weißen? Und wieso konnte man auf die Idee kommen, die Texte in den farbigen Hüllen für minderwertige, nicht dogmatisierbare Texte zu halten, obwohl sie doch von einer offiziellen Konzilskommission erarbeitet worden waren? Hat die dogmatische Qualität von Textentwürfen etwa etwas mit ihrer Verpackung zu tun? Das Rätsel ist schnell gelöst. Die weißen und erheblich früher verteilten Umschläge enthielten einen Haupttext mit dem Titel ‚De Ecclesia in Mundo huius temporis‘; die farbigen Umschläge transportierten sogenannte ‚Adnexa‘, also Anhänge zu diesem Haupttext. Der Haupttext – das berühmt-berüchtigte Schema XIII des Konzils – hieß so, weil er sowohl im Inhalt wie im Duktus Bekanntes referierte: Das Verhältnis von Kirche und Welt wurde gemäß überzeitlicher Prinzipien und christologischer Reflexionen in allgemeiner Form vorgestellt. Kniffliger war die Sache mit den Adnexa: Hier hatten Fachexperten und Bischöfe zusammen bestimmte empirische Problembereiche fokussiert, in denen ‚die Menschheit‘ mit Recht von der Kirche eine orientierende Position erwarten durfte. Gemäß der großen Metapher Johannes' XXIII. von den ‚Zeichen der Zeit‘ in seiner Enzyklika ‚Pacem in terris‘ von 1963 versuchte man, jene epochalen Herausforderungen zu definieren, zu denen man als Kirche nicht schweigen könne. Hierzu gehörten damals unter anderem die Frage eines möglichen Nuklearkrieges, der dramatischen Bevölkerungsentwicklung oder des risikohaften Fortgangs der Wissenschaften.

Das Problem, das sich nun mit solchen Themen stellt, liegt auf der Hand: Wie soll die Theologie aus ihren überzeitlichen Quellen wie der Bibel, dem Lehramt oder auch der Philosophie Erkenntnisse generieren, die sich auf geschichtliche, empirische Fragen beziehen – und zwar so, dass sie sich nicht in spekulativen Reflexionen ergehen, sondern als konkrete ethische Standpunkte erkennbar werden? Wie soll man dogmatisieren – also als unhintergehbare Sprachmarke errichten –, was sich im Lauf der Geschichte verändern wird? Und, noch grundsätzlicher gefragt: Hat denn die Kirche als überzeitliche Stiftung, als vollendete Gesellschaft (‚societas perfecta') mit solchen Themen überhaupt konstitutiv etwas zu tun? Dies waren harte Fragen, die keineswegs einfach beantwortbar erschienen. Man sah sich im Dilemma, zu diesen wichtigen Themen einerseits wenig Eigenes sagen zu können, andererseits aber angesichts des Problemdrucks auch nicht schweigen zu dürfen. Von Beginn des Entschlusses zu einer Pastoralkonstitution[17] an verfolgte man daher eine Doppelstrategie: Es müsse im selben Dokument sozusagen zwei Textsorten geben, deren dogmatisches Gewicht voneinander abzuweichen hätte. Der Haupttext mit seinen unwandelbaren Prinzipien war unproblematisch. Die Anhänge aber sollten entweder als ‚Instruktionen' erscheinen, als eine Art ‚Sozialkatechismus', als globale Schlussfolgerungen oder situative Analysen, jedenfalls aber unterhalb des dogmatisierbaren Niveaus verbleiben.

Diese Taktik macht es durchaus verständlich, dass man die beiden Textsorten auch äußerlich unterschied und für das Unwandelbare die Nichtfarbe Weiß, für das Wandelbare aber die Farbigkeit der Umschläge vorsah – die man dann auch noch später und kurzfristiger versandte. Trotzdem: Ein Unbehagen blieb bei den Protagonisten eines neu zu entwerfenden Formates namens ‚Pastoralkonstitution' zurück. Um es im Schema ‚Außen-Innen' zu reformulieren: Kann man denn Kirche wirklich so radikal getrennt von ihrem ‚Außen', also ‚der Welt' denken, dass sie sich zu deren Großproblemen nur unterhalb ihres höchsten Redeniveaus äußern kann? Hat denn Offenbarung wirklich nur überzeitliche Qualität? Kann lehramtliche Dogmatik sich nur so verstehen, dass sie von realer Menschheitsgeschichte im Kern nicht verändert werden kann? Haben kirchliche Texte keinerlei Autorität, wenn es um die konkreten Ortsbestimmungen des Menschseins geht – um Tod und Not, um Dramatik und Flucht, aber auch um Schönheit und Eleganz?

17 Eine solche Konstitution war gar nicht im Konzilsplan vorgesehen. Gaudium et spes gilt ja gerade deswegen als genuine Frucht des Konzils, ja als sein unverwechselbarster Ausdruck, weil sich die Notwendigkeit zu solch einem Text aus den Debatten der Aula erst ergab; vgl. nur Sander 2005: 827–864; Pesch 1994: 311–350, bes. 348 f; Mette 2005.

Diese Fragen brachen auf, als das anzuschlagende Niveau der Adnexa vom Konzilssekretär noch einmal auf das denkbar Niedrigste heruntergepegelt wurde: ‚mere privatum', mehr privater Natur seien diese Texte. Subjektive Meinungsäußerungen, ohne konziliares Gewicht. Der vehemente Protest gegen diese Qualifizierung vereinte Majorität und Minorität und führte in der Folge zu der gemeinsamen Einsicht, dass sich eine Trennung in dogmatischen Hauptteil und nicht-dogmatischen Anhang einfach verbietet. Sander kommentiert: „Damit war (...) die bisher verfolgte Darstellungsstrategie der ‚ecclesia ad extra' hinfällig geworden. Man war damit jedoch sprachlos geworden und musste eine neue Sprache sprechen lernen."[18]

Es markiert die Größe des Konzils, dass man einer derartigen Verunsicherung trotz hochgespannter Außenerwartungen, innerer Fraktionsbildungen und allgemeinen Zeitdrucks nicht ausgewichen ist. Wie man heute weiß, wurde mit der Pastoralkonstitution Gaudium et spes eine solche ‚neue Sprache' wenn nicht gefunden, so doch in Anfängen gewagt.[19] Wer diese Konstitution genau liest, wird überall die alte Zweiteilung in prinzipielle und auf Empirie bezogene Passagen bemerken. Am deutlichsten wird dieser Dualismus wohl in der bekannten Fußnote gleich zu Anfang des Textes. Hier wird betont, dass Gaudium et spes zwar aus zwei Teilen besteht, diese aber als Einheit anzusehen seien. Denn im ersten lehrhaften Teil fehle nicht die pastorale, im zweiten empirischen nicht die lehrhafte Absicht. Man sei sich klar darüber, dass man im zweiten empirischen Teil lehrhaft behandle, was „nicht nur aus bleibenden, sondern auch aus bedingten Elementen besteht."[20]

---

18 Sander 2005: 627.
19 Dies ist ja das bekannte Diktum Karl Rahners, der von Gaudium et spes wie vom ganzen Konzilswerk als dem ‚Anfang des Anfangs' spricht; vgl. Rahner 1966: 14 u. ö. Wie sehr Rahner mit dem hier eher intuitiv gespürten als konzeptionell schon gewussten fälligen Fortschritt dogmatischer Rede gekämpft hat, zeigen seine Interventionen während der Debatten (vgl. Sander 2005: 650–663. 847 f), noch mehr aber seine überaus konstruktiven Einordnungen des dann dogmatisierten Dokumentes in der nachkonziliaren Zeit (vgl. nur Rahner 1967a).
20 Gaudium et spes, Fußnote zum Titel; zit. nach Herders Theologischer Kommentar zum Zweiten Vatikanischen Konzil, Bd. 1: 592.

Hier vollzieht sich Dogmengeschichte. Denn zum ersten Mal werden veränderliche Umstände als solche Gegenstand der obersten kirchlichen Lehrverkündigung. Wie deutlich den Konzilsvätern diese Neuheit vor Augen stand, mag der Hinweis zeigen, dass über diese Fußnote sogar eine eigene Abstimmung des ganzen Konzils erfolgte.[21] Noch einmal Sander: „Diese Fußnote schließt die Entwicklung des Textes ab. Sie repräsentiert die Innen-Außen-Problematik und die Nicht-Ausschließungsstrategie der pastoralen Ortsbestimmung, die den Text nicht nur von Anfang an begleitet haben, sondern seine Genealogie bestimmen. Mit ihr werden Pastoral und Dogmatik in eine neue Beziehung gesetzt: Sie stehen in keiner Unterordnungs-, sondern in einer Innen-Außen-Konstellation und in keiner Darlegung von einem dieser Pole darf der jeweils andere ausgeschlossen werden. Das jeweilige Außen hat für das Innen konstitutiven Rang und in der Differenz zwischen beiden werden Ausschließungen ausdrücklich überschritten."[22]

Mit anderen Worten: Man entdeckt, dass der geschichtliche Kontext theologischer Gottesrede und pastoraler Verkündigung nicht als eine Art Aufführungsmanege fungiert, sondern beide Sprachvorgänge von innen her verändern muss. Man muss aus dem gegebenen Kontext heraus erst erlernen, was man über die Gegenwart Gottes wissen und was man in den Kontext hinein verkünden kann. Wer Eselsbrücken mag – es gilt sozusagen das ‚Triple-Kon'. *Kon*zil, das bedeutet: Der *Kon*text wird *kon*stitutiv.

Diese Entdeckung des Kontextes, diese kulturhermeneutische Wende kann als die Grundspur konziliarer Theologie überhaupt angesehen werden. Sie kommt begrifflich sicherlich am klarsten in Gaudium et spes zum Ausdruck, liegt aber als Ausrichtung und organisierendes Prinzip auch in den anderen Dokumenten vor. Pointiert kann man sagen: Die Kirche geht als predigende in das Konzil hinein – und kommt als zuhörende wieder heraus. Zumindest auf der programmatischen Ebene ist das so:

– ‚Dei Verbum', die Konstitution über die göttliche Offenbarung – und damit über das Herz der Theologie – wechselt vom Instruk-

21 Vgl. Sander 2005: 685–691. 704–710.
22 Sander 2005: 687.

tions- zum Kommunikationsparadigma und entdeckt Gott als den Sich-Mitteilenden, der sich die Menschen und die Kirche als Freund wünscht, um in ein Gespräch zu kommen. Gott selbst als der Zuhörende!

- ‚Sacrosanctum concilium', die Liturgiekonstitution, akzentuiert, dass der Gottesdienst der Kirche ein dialogisches Geschehen zwischen dem Gottesgeist und den Gläubigen in ‚tätiger Teilnahme' darstellt – welch letztere wachsen kann, wenn der kulturelle Rahmen der Feier (Sprache, Riten, Besonderheiten des Ortes usw.) konstitutiv einbezogen wird. Kontextuelles Zuhören als Bedingung der Möglichkeit für die Erfahrbarkeit der liturgischen Zeichen!

- ‚Lumen Gentium', die Konstitution über die Kirche, macht einen Unterschied zwischen der sichtbaren und der unsichtbaren Kirche, spricht vom Volk Gottes der Menschen und eröffnet damit den Weg, Kirche größer zu denken als in den Grenzen ihrer institutionellen Präsenz. Kulturelle Neugier wird zur Basiskompetenz einer Kirche als lernender Organisation!

- Die Erklärung ‚Nostra aetate' rät den Christen, sehr aufmerksam die heiligende Weisheit der je anderen Religionen wahrzunehmen. Religiöse Vielfalt als Chance zum Zuhören!

- ‚Ad Gentes', das Dekret über die missionarische Tätigkeit der Kirche, fordert direkt dazu auf, dass „das christliche Leben (...) dem Charakter und der Eigenart jeder Kultur angepasst" wird (AG 22). Zuhören als erster Schritt der Inkulturation!

- ‚Christus Dominus', das Dekret über das Hirtenamt der Bischöfe, empfiehlt diesen dringend, Einrichtungen der pastoralsoziologischen Forschung einzurichten (CD 17, auch CD 16), damit sie überhaupt wissen können, in welchen Bedingungen die Gläubigen ihrer Diözesen leben. Kontextuelles Zuhören als Weiterbildungsmaßnahme der Funktionsträger!

Man könnte viele weitere Beispiele dafür bringen, dass eine kulturhermeneutische Offensive als Leitphilosophie des Konzils ansprechbar ist.[23] Die Hauptprogrammatik aber liefert hierfür die

---

23 Und es ist sicher kein Zufall, dass ebendiese dogmatischen Errungenschaften der kulturhermeneutischen Grundhaltung (Öffnung zur Ökumene, Religions-

Pastoralkonstitution, die den Platz der Kirche *in* der Welt identifiziert – und eben nicht ihr gegenüber oder gar höhergestellt –, die
gottgefällige Autonomie der Kultur herausschält und die Verkündigung der Kirche sogar darauf verweist, sich und ihren Inhalt
von den Leuten her neu zu erfassen. Zuhören, um überhaupt dazuzugehören!

All dies war auf dem Konzil überraschend und ist es seitdem wohl
immer noch.[24] Zu eingefräst sind die jahrhundertelangen Routinen einer Kirche als ‚societas perfecta', als vollkommene Gesellschaft, die den Leuten nur dann Heil zuspricht, wenn sie ins Innere der verfassten Kirche eintreten. Wer seine Umwelt so lange
im Modus der Bringschuld modelliert hat; wer glaubte, vom sicheren Boden der Tradition alles um sich herum bewerten zu können;
wer sich so lange als einzige sakramentale Heilsanstalt verstanden hat – der wechselt nicht mal eben in den Modus der Selbst(er)
findung durch Kulturkontakt. Und sei es noch so sehr höchstlehr-
amtliche Äußerung: Auch ein Konzil braucht Zeit – manche sagen: drei Generationen – bis es wirksam in Ausbildungsgänge,
Rollen-Selbstbilder, Planungskennziffern und dogmatische
Sprachstile eingesickert ist. Man ist nur ehrlich, wenn man sagt:
Unsere gegenwärtige Kirchenpraxis ist noch um einiges davon
entfernt, diesen umwälzenden Fortschritten der Konzilsdogmatik
in den Alltagsroutinen zu entsprechen. Die Vision einer diakoni-
schen Kirche, die sich eins macht mit ihrem je neu und örtlich unverwechselbar gegebenen Kontext und die ihre Botschaft durch

freiheit, Autonomie der irdischen Wirklichkeiten, Mission als Inkulturation,
kulturell adaptierte Liturgie usw.) heute den eigentlichen Streitpunkt mit
rechtsintegralistischen Kräften darüber bilden, inwiefern das Vatikanum II
überhaupt als dogmatisches Konzil angesehen wird.

24 Vgl. als eine wichtige Stimme Klinger 1997: 77 f: „Die Pastoralkonstitution
ist ein Wendepunkt in der Kirche. Sie stellt die Tradition vom Kopf auf die
Füße; diese war bis dahin selbst eine Quelle der Offenbarung. Man konnte
von ihr her alles, was nicht zu ihr gehört, bewerten. Nun aber heißt es: Die
Kirche vermag dem eigenen Glauben nicht beredter Ausdruck zu geben, als
wenn sie ihn von den Menschen her versteht, an die sich wendet, ihre Würde
achtet, ihre Rechte anerkennt, Dialog mit ihnen führt (...). Dieser Perspektivwechsel im Umgang mit der Vergangenheit hat grundlegenden Charakter.
Man kann seine Bedeutung nicht hoch genug einschätzen; denn er wird in
der Konstitution [gemeint ist GS, MS] (...) methodisch durchgeführt."

diesen kenotischen Akt neu empfängt, um sie erst dann zu verkünden – diese Vision sucht weiter nach ihrer geschichtlichen
Stunde. Nach wie vor hätte Camus recht, wenn er sein Diktum auf
uns bezöge: Sie haben verlernt, die wirklichen Gesichter in ihrer
Umgebung zu sehen. Sie suchen weiterhin vor allem nach dem,
was sie schon zu kennen glauben.

2 Erster Angang: Gaudium et spes 44 und der neue pastoraltheologische Dreischritt

Man kann mit einigem Recht sagen: Eine Gewinnerin dieser Entdeckung des Kontextes in seiner konstitutiven Wichtigkeit für theologische Erkenntnis ist die Pastoraltheologie. Sie erhält nun ihr eigentliches Formalobjekt als Wissenschaft. Auch wenn die Selbstdefinition dieser Disziplin vielfältig ist und die „Pluralität im eigenen Haus"[25] großgeschrieben wird, so wird man doch zwei gemeinsame Nenner behaupten können. Erstens sind die Zeiten vorbei, in denen man Pastoraltheologie einfach als die handwerkliche Ausbildung von Pfarrern oder als Erfüllungsgehilfin einer überzeitlich immer schon Bescheid wissenden Dogmatik verstand. Zweitens steht im Vordergrund der Forschungen, dass man empirisch erforschte Praxis in Anschlag bringt für den Erkenntnisprozess der Theologie an sich. Welche Praxis von wem dann methodisch wie für welche Theorie erschlossen wird, das ist kontrovers. Das ‚ob überhaupt' aber nicht.

2.1 Eine Ellipse: Tradition und Kontext

Interessanterweise sind es oft gerade Dogmatiker und Fundamentaltheologen gewesen, die die systematische, ja: die offenbarungstheologische Bedeutung einer pastoraltheologischen Kontextanalyse betont und als Desiderat gefordert haben. Die akademische Pastoraltheologie verdankt Denkern wie Karl Rahner, Klaus Hemmerle, Johann Baptist Metz, Walter Kasper, Karl Lehmann, Elmar Klinger, Jürgen Werbick, Hans-Joachim Hilberath oder Hans-Jo-

---

25 Vgl. Heft 2/2000 der Pastoraltheologischen Informationen.

achim Sander sehr viel.[26] Was sich in den Werken dieser in sich
natürlich wieder sehr differenten Autoren spiegelt, ist der Optimismus, dass ,Tradition' kein Vorgang der Reformulierung des immer Gleichen und prinzipiell Wissbaren bedeutet, sondern prozes-
suale, relationale und damit performative Qualität hat: Tradieren
als Prozess im Vollzug erschließt der kirchlichen Glaubensgemein-
schaft als Ganzer neue Potenziale der Erkenntnis, des Ausdrucks
und der Verehrung. Tradieren hat substantiell mindestens genauso viel mit Risiko wie mit Sicherheit zu tun. Denn erst die mutige,
lernende Selbstüberlieferung an den Kontext beglaubigt, was die
Verkündigung des Evangeliums inhaltlich aussagen will: dass über
der Welt das Versprechen eines Gottes liegt, diese zum Heil zu führen; dass man im Glauben an die Erfüllung dieses Versprechens
gewagte Vertrauensvorschüsse an Andere hin signalisieren kann;
dass man sich im Fremden seiner selbst gerade nicht verliert, sondern findet.[27]

Letztlich geht es hier um ein dynamisches Verständnis von Tradition, das sein uneinholbares Zielbild in der ,Tradition' (wörtlich:
Dahingabe; griechisch: paradosis) des Gottessohnes selbst am
Kreuz findet.[28] Nach dem Zeugnis der neutestamentlichen Schriften wird Jesus in vielfacher Weise ,tradiert', so oft und vielfältig,
dass man sagen kann, dass der Gestus des Selbstrisikos geradezu
das Typische der Jesusgeschichte selbst ist: Beim Letzten Abend-
mahl übergibt sich Jesus den Jüngern in den Gestalten von Brot
und Wein (Lk 22,19 f); Judas liefert ihn an die jüdische Obrigkeit
aus (Mk 14,10), der Hohe Rat übergibt ihn den Römern (Mk 15,1),
und schließlich übergibt ihn Pilatus den Soldaten zur Kreuzigung
(Mk 15,5). Im innertrinitarischen Geschehen ist es der Vater, der
den Sohn dahingibt (Joh 3,16; vgl. auch Röm 8,32) und ist es der

---

26 Vgl. nur das berühmte, weil portalaufstoßende ,Handbuch der Pastoraltheo-
    logie' von Rahner u.a.; eine gute Übersicht zu den wechselseitigen Profiten
    systematischer und praktischer Theologie bietet neuerdings Bauer 2010: 713–
    792.

27 Vgl. Rainer Buchers (2010: 203–232) Projekt einer kenotischen Pastoraltheo-
    logie.

28 Vgl. ausführlicher Forte 1989: 100–105 im Anschluss an exegetische Studi-
    en bei W. Popkes.

Gekreuzigte, der seinen Geist aufgibt (Joh 19,30; vgl. Joh 15,13). Schließlich bekennt Paulus, dass er für den Sohn Gottes lebt, der sich für ihn hingegeben hat (Gal 2,20). ‚Tradition', Selbstüberlieferung ist nach diesem exegetischen Kurzbefund also ein Prozess, der alle Geschehenspartner involviert und anfordert und niemanden unverändert hinterlässt – und ist eben keine Nachlassverwaltung eines bereits definierten Erbes, das keinen Außenweltkontakt mehr vertrüge. Tradition ist ein paradoxes Verb: die Entdeckung der je neuen Neuheit dessen, was der gegenwärtige Gott in seinem Geist je heute wirken will. Die konstitutive Hinwendung zum Kontext fügt der restfreien Selbstmitteilung Gottes in Jesus Christus nichts hinzu; sie vollzieht die Grundbewegung dieser Selbstmitteilung aber prozessual nach; und sie macht sie erst zur Mitteilung, das heißt: Ohne den Kontextbezug bleibt eine als Kommunikation verstandene Offenbarung reine Information. Zur echten Mitteilung wird sie erst über das Aussetzen ihrer selbst in einen externen Verstehenshorizont.[29]

Diese Idee: dass der christliche Glaube sich erst findet, wenn er sich von seinem externen Kontext her neu sieht und empfängt, ist die Leitperspektive dieses Buches. Die Milieus der Deutschen werden als Kontexte modelliert, an denen und von denen her Pastoral selbst neu lernen kann, was ihre Begriffe und Rituale überhaupt bedeuten wollen. Erst die Dezentrierung, die risikofreudige Selbsttradierung an ihre kulturellen Kontexte verschafft kirchlichem Sprechen neues Erkennen und Verstehen der Botschaft, die sie nach diesen Durchgängen wiederum in ihre Kultur hinein verkünden soll.

Das Konzil selbst wollte dieses ‚aggiornamento' des Gottesgeistes nachgehend bedenken und ausformulieren. Darum muss auch die Rezeption der Konzilsaussagen von einer „Hermeneutik der Erneuerung" gekennzeichnet sein, wie Kardinal Walter Kasper dies

---

29 Im Hintergrund dieser Formulierung steht die systemtheoretische Analyse der Dreischrittigkeit von Kommunikation in die Schaltstellen Information, Mitteilung und Verstehen; vgl. Baraldi u. a. 1999: 93. Zur hier nur andeutbaren theologischen These einer spezifischen Ko-Autorenschaft des Hörers für das Kommunikationsereignis der Offenbarung vgl. Sellmann 2012.

in seinem jüngsten Buch benennt.[30] „Reform bedeutet demnach nicht nur Rückführung auf den Ursprung oder auf eine frühere als authentisch angesehene Traditionsgestalt, sondern Erneuerung, damit das Alte, Ursprüngliche und Bleibend Gültige nicht alt aussieht, sondern in seiner Neuheit neu zur Geltung und zum Leuchten kommt."[31]

Das Alte nicht alt aussehen lassen – „das Alte neu sagen"[32]: Das ist die herausfordernde Aufgabe, die speziell der Pastoraltheologie zukommt. Sie muss hierzu eine Methode finden, die die beiden Brennpunkte der Ellipse aufzunehmen vermag: den Kontext und das bisherige Wissen um den Glauben.[33]

2.2 Gaudium et spes 44

Kein Text des Konzils eignet sich hierzu besser als die Nummer 44 der Pastoralkonstitution Gaudium et spes. Nur wenige Stellen des gesamten Textmaterials des Konzils gipfeln die kulturhermeneutische Wende der Theologie und ihrer Verkündigung so auf wie GS 44. Dieser Text ist das Portal in eine ganz neue und aufregende Programmatik von Theologie und kirchlicher Präsenz. Er katapultiert die Kirche in ihren säkularen Kontext – und dies nicht, damit sie dort geistlich verhungert, sondern damit sie sich an ihrem Gegenüber neu vitalisiert. GS 44 weist einen Weg heraus aus Gegenwartsangst, kulturpessimistischer Nörgelei und kleinkrämerischem Selbsterhalt. Die Passage zeigt, wie die Gemeinschaft der Glaubenden heute den kenotischen Weg Jesu nachvollziehen kann und damit ihrem Ursprung und Auftrag nicht nur treu bleibt, sondern neu erkennt.

---

30 Kasper 2011: 36.
31 Ebd.: 35; vgl. den ganzen Abschnitt ebd.: 33–36 sowie den früheren Text Kasper 1987.
32 So pointiert Bauer 2011 die Aufgabe.
33 An dieser Stelle kann die neuere Methodendebatte der Pastoraltheologie nur genannt werden, die sich um das Konzept der ‚Abduktion' herum entwickelt hat; vgl. nur Bauer 2010: 814–837.

Da dieses Buch implizit die Gliederungslogik von GS 44 zitiert, ist der Text hier in voller Länge aufgeführt. Der Fettdruck sowie die Passagen in eckigen Klammern sind hinzugefügt.[34]

44. Die Hilfe, welche die Kirche von der heutigen Welt erfährt

Wie es aber im Interesse der Welt liegt, die Kirche als gesellschaftliche Wirklichkeit der Geschichte und als deren Ferment anzuerkennen, so ist sich die Kirche auch darüber im klaren, wieviel sie selbst der Geschichte und Entwicklung der Menschheit verdankt. Die Erfahrung der geschichtlichen Vergangenheit, der Fortschritt der Wissenschaften, die Reichtümer, die in den verschiedenen Formen der menschlichen Kultur liegen, durch die die Menschennatur immer klarer zur Erscheinung kommt und **neue Wege zur Wahrheit** aufgetan werden, gereichen auch der Kirche zum Vorteil.

Von Beginn ihrer Geschichte an hat sie gelernt, die Botschaft Christi **in der Vorstellungswelt und Sprache der verschiedenen Völker auszusagen** und darüber hinaus diese Botschaft mit Hilfe der Weisheit der Philosophen zu verdeutlichen, um so das Evangelium sowohl dem Verständnis aller als auch berechtigten Ansprüchen der Gebildeten angemessen zu verkünden. **Diese in diesem Sinne angepaßte Verkündigung [praedicatio accomodata] des geoffenbarten Wortes muß ein Gesetz aller Evangelisation [lex evangelizationis] bleiben.** Denn so wird in jedem Volk die Fähigkeit, die Botschaft Christi auf eigene Weise auszusagen, entwickelt und zugleich der lebhafte **Austausch** [commercium] zwischen der Kirche und den verschiedenen nationalen Kulturen gefördert [Fußnote auf LG 13]. Zur Steigerung dieses **Austauschs** bedarf die Kirche vor allem in unserer Zeit mit ihrem schnellen Wandel der Verhältnisse und der Vielfalt ihrer Denkweisen der besonderen Hilfe der in der Welt Ste-

---

34 Zitiert nach LThK, Ergbd. III: 417–421.

henden, die eine wirkliche Kenntnis der verschiedenen Institutionen und Fachgebiete haben und die Mentalität, die in diesen am Werk ist, wirklich verstehen, **gleichgültig, ob es sich um Gläubige oder Ungläubige handelt.**

Es ist jedoch **Aufgabe des ganzen Gottesvolkes,** vor allem auch der Seelsorger und Theologen, unter dem Beistand des Heiligen Geistes auf die verschiedenen Sprachen unserer Zeit zu **hören [auscultari],** sie zu **unterscheiden,** zu **deuten** und im Licht des Gotteswortes zu **beurteilen,** damit die geoffenbarte Wahrheit immer tiefer **erfaßt,** besser **verstanden** und passender **verkündet [aptus proponere]** werden kann.

Da die Kirche eine sichtbare gesellschaftliche Struktur hat, das Zeichen ihrer Einheit in Christus, sind für sie auch Möglichkeit und Tatsache einer **Bereicherung durch die Entwicklung des gesellschaftlichen Lebens** gegeben, nicht als ob in ihrer von Christus gegebenen Verfassung etwas fehle, sondern weil sie so tiefer **erkannt,** besser zur **Erscheinung gebracht** und **zeitgemäßer gestaltet** werden kann.

Die Kirche erfährt auch dankbar, daß sie sowohl als Gemeinschaft wie auch in ihren einzelnen Kindern mannigfaltigste Hilfe von Menschen aus allen Ständen und Verhältnissen empfängt. Wer nämlich die menschliche Gemeinschaft auf der Ebene der Familie, der Kultur, des wirtschaftlichen und sozialen Lebens, der nationalen und internationalen Politik voranbringt, leistet nach dem Plan Gottes auch der kirchlichen Gemeinschaft, soweit diese von äußeren Bedingungen abhängt, eine nicht unbedeutende Hilfe.

Ja **selbst die Feindschaft ihrer Gegner und Verfolger,** so gesteht die Kirche, war für sie sehr nützlich und wird es bleiben [Fußnote auf Texte von Justin und Tertullian sowie auf LG 9].

GS 44 ist in der Aula und hinter den Kulissen intensiv diskutiert worden. Die Neuheit dieser Sätze, ja: ihre Sprengkraft, wurde erkannt. Es gab mehr als einen Versuch, die sich hier deutlich erkennbare Vision einer lernenden Kirche abzuschwächen, die dieses Lernen eben nicht taktisch versteht, sondern als Notwendigkeit

für sich selbst erkennt.[35] Auch der Hinweis in der ersten Fußnote
auf die Kirchenkonstitution Lumen Gentium, Nr. 13 kann nicht
verbergen, dass es sich um eine wirklich neue und Lumen Gentium übersteigende ekklesiologische Einsicht handelt. Dies zeigt ein
kurzer Textvergleich. Kapitel 13 aus Lumen Gentium betont zwar
wie GS 44, dass die Kirche im Austausch mit den „Anlagen, Fähigkeiten und Sitten der Völker" steht – daher wird die Passage in
GS 44 zitiert –, schränkt aber ein: „soweit sie gut sind." Und fährt
dann fort: „bei der Übernahme aber reinigt, kräftigt und erhebt
sie diese." Die Austauschkommunikation mit dem kulturellen Kontext bleibt damit klar einseitig gesteuert: Es ist die Kirche, die bestimmt, was (für die Kultur und für sie) gut sei, was verbessert,
gestärkt und betont werden müsse. Niemand wird dagegen ver-
kennen können, in welche neue Dynamik der Wechselseitigkeit
GS 44 vorstößt. Hier ist davon die Rede, dass die Kulturen eigene
Reichtümer aus sich heraus hervorbringen, die in sich nicht noch
einmal extern bewertet werden müssen; dass schon der rein immanente Einsatz für die Humanisierung der Gesellschaft hilfreich
für die Kirche ist; dass diese Hilfe erfolgt, „gleichgültig, ob es sich
um Gläubige oder Ungläubige handelt"; ja sogar davon, dass die
Kirche von der „Feindschaft ihrer Gegner und Verfolger" profitiert. GS 44 ist (fast) gänzlich frei von der Gefahr einer „epistemologischen Arroganz" des Schreibers[36] und präsentiert eine Kirche,
die sich als Akteur in kulturelle Pluralität einordnet, die andere
Akteure respektiert, deren Leistungen dankbar nutzt und die sich
ihrerseits ihrer Kultur anbietet, ohne eine Holschuld der anderen
zu konstruieren. „Wohl noch nie zuvor", so kommentiert Yves Congar, hat die Kirche „formell so anerkannt, dass sie gegenüber der
Welt auch die Empfangende ist. Sie bekennt das in diesem Arti-

---

35 Vgl. nur Chenu 1966: 233 f.

36 Der Begriff fällt bei Collet 2002: 175. Die einzige Ausnahme sehe ich in dem
Hinweis auf die eine ‚Menschennatur' am Anfang sowie in der Formulierung:
„nicht, als ob in ihrer von Christus gegebenen Verfassung etwas fehle". Ers-
teres wirft erhebliche anthropologische Fragen auf (welche Natur? Warum
eine? Wer erkennt, was zur einen Natur gehört? Wie ist das Verhältnis von
einer Natur und vieler Kultur zu bestimmen? usw.); Letzteres ist ein Auffla-
ckern einer überkommenen Societas-perfecta-Ekklesiologie, die im hier gegebenen Textrahmen seltsam erklärungsbedürftig bleibt.

kel 44, dessen Dichte und relative Neuheit einen eingehenderen Kommentar verlangen würden."[37]

2.3 Akkomodation: Die Methode von GS 44

Der Text wäre tatsächlich in vielerlei Hinsicht zu kommentieren. Er steht in enger Reihung zu den Nummern 40–43, dem vierten Großabschnitt von GS, in denen die Kirche entfaltet, wie sie der ‚Welt' zu helfen beabsichtigt. Er leitet hin auf die christologische Nummer 45, die den ganzen ersten Teil von GS beendet und den zweiten präludiert. Er ruft missionstheologische Themen genauso auf wie die Möglichkeiten eines ‚consensus fidelium' usw. All dies soll hier nicht weiter ausgeführt werden. Für den Zusammenhang dieses Buches ist der methodische Fokus zu betonen. Er findet seine Überschrift in dem programmatischen Satz: „Diese in diesem Sinne angepaßte Verkündigung des geoffenbarten Wortes muss ein Gesetz aller Evangelisation bleiben."

Diese Formulierung reklamiert deutlich programmatische Ansprüche (‚muss ein Gesetz bleiben'). Dies gilt, auch wenn natürlich im Rahmen redlicher und unaufgeregter Konzilshermeneutik eine einzige Passage nur aus dem integralen Gesamtzusammenhang des ganzen Textes und des ganzen Konzils gelesen werden darf.[38] Was so prominent wie hier als ‚lex evangelizationis' betont wird, muss man hermeneutisch als normative Spitzenformulierung verstehen dürfen. Es wird überdeutlich greifbar, was auch für GS als ganzer Konstitution gilt: Das Konzil als Gesamtereignis eines pastoralen Konzils „sprengt (...) sowohl inhaltlich als auch in der Sprachgestalt die traditionelle Systematik theologischen Denkens"[39]. Die Pastoralkonstitution hat hierfür die „Schlüsselrolle (...): Die Kirche bezieht mit ‚Gaudium et spes' einen Standort außerhalb ihrer selbst, um von dort aus – von den ‚Zeichen der

---

37 Congar 1968: 416.
38 Vgl. Kasper 1987: 295f.
39 So Schmiedl 2012: 15 in seinem Gesamtüberblick über 50 Jahre Rezeptionsgeschichte des Vatikanum II. Das folgende Zitat ebd: 16.

Zeit' her – die irdischen Wirklichkeiten ‚im Lichte des Evangeliums' zu deuten." GS 44 ist ein Haupttext genau für diesen Perspektivwechsel in die pluralen Kontexte hinein. Kirche bekommt sich selbst und ihre Entwicklungspotenziale in den Blick, weil sie sich in ihre Kultur hinein dekontextuiert. Die Kirche erfährt eine Verortung, wird im Wortsinn ‚Ortskirche', und genau diese Bereitschaft zum Fragment aktiviert ihr Potenzial, eine Botschaft mit universaler Geltungskraft zu verkünden.

Diese Sprengung eines in sich geschlossenen Theologie- und Verkündigungszusammenhanges kann an drei, aus heutiger Sicht erstaunlichen Implikationen des Evangelisations-Gesetzes verdeutlicht werden:

– Das ‚Gesetz' fußt ganz unverhohlen auf einem Vorgang der kulturellen Anpassung (Akkomodation), der sozusagen den ganzen Algorithmus der kirchlichen Verkündigung anleiten soll (vgl. 2.4.).
– Diese Anpassung bezieht sich nicht auf Äußeres, Oberflächliches, zu Vernachlässigendes, sondern auf das Herz der Theologie: die göttliche Offenbarung (vgl. 2.5.).
– Diese Anpassung hat eine Zweck- und eine Ausführungsbestimmung: Beide liegen in den Herausforderungen der Versprachlichung des Glaubens (vgl. 2.6.).

2.4 Akkomodation als Anpassung?!

Sicher kann man heute sagen, dass die Sorge vor vorgeblich zu starker kirchlicher Anpassung an die ‚Welt', den ‚Zeitgeist' oder die ‚Bedürfnisse der Leute' den allgemeinen Ton beherrscht. Wenn sich auch gegenteilig nicht mehr viele Kreise in dem Wunsch treffen, aus der Kirche eine kontrastgesellschaftliche, hochunangepasste sozialrevolutionäre *pressure group* zu formen, so ist es doch weiter guter katholischer Ton, sich irgendwie ‚der Gesellschaft' gegenüber in mentaler Distanz zu bewegen. Gerade im Zusammenhang einer beherzten Nutzung der soziologischen Milieuforschung ist diese mentale Reserve unverkennbar. Man warnt vor Marketing, Selbstauslieferung oder sogar dem vorgeblich allgemein grassierenden Turbokapitalismus. Die Forderung nach ‚Entweltlichung' durch Benedikt XVI. bei seinem letzten Deutschlandbesuch – so genau man hier theologisch sondieren muss, was gemeint war[40] – steht in auffallendem Kontrast zu der Drift, die offenbar das Konzil geprägt hat. Es ist schon bemerkenswert, dass das lateinische Wortfeld von ‚Anpassung', also akkomodatio, adaptio, assimilatio u. a. in den Dokumenten über 60-mal auftaucht. Und dies keineswegs nur an Randstellen.[41]

Der in GS 44 gebrauchte Begriff der ‚accommodatio' bzw. das Adjektiv ‚accomodatus' bedeuten so viel wie: Anpassung, Entgegenkommen, Rücksichtnahme, passende Einrichtung, schicklich, entsprechend, geeignet. Das Wortfeld ist schon weit vor dem Konzil im missionswissenschaftlichen Sprachgebrauch durchaus üblich, wird hier aber in die neue Akzentuierung gebracht. Gemeint ist eben keine Übernahme kultureller Güter von einem feststehenden Rahmen in einen anderen, sondern ein wechselseitig geschichtlich-hermeneutischer Vorgang. Heute spricht man wohl missverständnisfreier von ‚Inkulturation'.[42] Wichtig ist aber, was beide Begriffe verbindet: die Risikodimension, die GS 44 klar darlegt. Beide Partner in der Akkomodation bzw. der Inkulturation wollen und werden sich durch ihre kulturelle Begegnung verändern. Bei beiden geht es nicht um eine Konversion in die Logik des anderen hinein. Vielmehr finden sich gerade durch ihre Begegnung beide vor einem gemeinsamen Dritten wieder, über das man die Querschnittsfläche, aber auch die weiter bestehende Abgrenzung zum Anderen erfährt. Es ist nicht leicht, dieses gemeinsame Dritte genauer zu bestimmen. Letztlich geht es wohl um die grundlegenden Errungenschaften humaner Daseinsgestaltung, um das, was man dem ‚Leben' an Sinn und Gewinn abschöpft, um Techniken und Einsichten der Lebensbewältigung, um Grundwerte, um Welt- und Existenzmodelle. Es geht, um alte Worte neu zu sagen, um ‚Weisheit' und ‚Heil'. Hierfür ist eine akkomodierende Pastoral

---

40 Vgl. nur Erbacher 2012.
41 Vgl. Ebertz 2006b: 38 f sowie die einschlägigen Konzilspassagen im Register von Herders Theologischem Kommentar zum Zweiten Vatikanischen Konzil, Bd. 1: 850.
42 Zur Diskussion vgl. Collet 2002, v. a. 100–105. 172–196.

engagiert: Was verstehen andere kulturelle Akteure unter ‚Lebens-
gelingen‘, unter ‚Glück‘, unter ‚humaner Qualität‘? Woher beziehen sie diese Begriffe? Welche Wege haben sie zu ihrer Erfahrbarkeit
erkannt? Welche Symbole, Metaphern und Rituale haben sie sich
als sinn- und heilvoll erarbeitet? Und welche Fragen bleiben offen?

In einem hellsichtigen Beitrag hat der französische Theologe Christoph Theobald die hier aufgerufene Haltung einer pastoralen Relationalität auf den Kontext hin als „Bewunderung"[43] gefasst. Er
wünscht sich eine Kirche, die vor ihrer Kultur steht wie Jesus selbst,
der den römischen Hauptmann kennenlernt – einen kultisch Un-
reinen, einen Heiden, einen Besetzer, einen Feind! – und ausruft:
„Einen solchen Glauben habe ich in Israel noch bei niemand gefunden" (Mk 8,10). Dabei ist damit keine oberflächliche ‚Heilig-
sprecherei‘ von Kontexten gemeint, die etwas nur deswegen schon
prima fände, weil es anders und säkular ist. Es geht gar nicht um
Werturteile, sondern um eine Haltung. Wer bewundert, respektiert. Wer bewundert, zeigt seine Fähigkeit, von sich abzusehen.
Wer bewundert, richtet auf. Wer bewundert, will lernen. Theobald
sieht nicht, dass das Konzil in seiner Gesamtheit diese Haltung
dokumentiert. Das wäre überzogen. Wohl aber gibt es die Durch-
brüche in sie hinein, etwa in der emotionalen Passage von GS 3:
„Deshalb bietet die Heilige Synode, indem sie die überaus hohe Berufung des Menschen bekennt und erklärt, dass gewissermaßen
ein göttlicher Same in ihn eingesenkt ist, dem Menschengeschlecht
die aufrichtige Mitarbeit der Kirche an, um jene Brüderlichkeit aller herbeizuführen, die dieser Berufung entspricht."
Und eben in GS 44. Theobald nimmt diese Nummer heran, um die
große Aufgabe zu markieren, die aufgeworfen wird: die Offenbarung in prozessualer und kontextueller Relationalität neu zu verstehen. Oder einfacher: die Selbstmitteilung Gottes von Zeitpunk-
ten und Ortskoordinaten her neu zu verorten.

43 Theobald 2006: 81.

2.5 Akkomodation und Offenbarung

Dies ist die zweite Überraschung aus GS 44: Das Konzil bezieht das Gesetz der ‚praedicatio accomodata‘, der ‚angepassten Verkündigung‘, nicht etwa auf Nebenbereiche kirchlicher Betriebsamkeit, sondern auf das Herz der Theologie und der Pastoral. Es geht um die Verkündigung des ‚geoffenbarten Wortes‘. Mit Recht wird man also sagen können: Dem Abschnitt geht es ums Ganze, um das Wertvollste, um das Schützenswerteste der Kirche überhaupt. Es mag viel Acker geben: Hier ist die Perle. Kurz vor dem Ende des ‚lehrhaften Teils‘ I der Konstitution will das Lehramt noch einmal markieren, wie die Rollen zwischen Kirche und Welt verteilt sind, wenn es um diesen inneren Kern des Glaubens, die ‚Botschaft Christi‘ selbst geht. Wem gehört diese Botschaft?, lautet die Frage. Wem ist die Offenbarung anvertraut? Wem wurde was gesagt, und wer kann was auf welchem Weg verstehen?

Die Antworten auf diese Fragen sind in höchstem Maße erstaunlich. Während wir heute über Abgrenzungen diskutieren, über ‚Kerngeschäfte‘ der Pastoral, über das Profil des Katholischen und Erkennungsmerkmale der Konfessionen usw., zeigt GS 44 die Kirche als zuhöchst souveräne Institution. Denn souverän ist ja nicht der, der seine Existenz ängstlich behauptet und umklammert, sondern der, der sich seines Selbststandes so sicher ist, dass dialogische Veränderung durch Kulturkontakt diesen Selbststand nur erweitern, nicht aber bedrohen kann.

Das ist der ‚Geist des Konzils‘, wie man ihn genannt hat: In GS 44 bekennt die Kirche frei heraus, dass sie das Wissen um die göttliche Offenbarung eben nicht bereits vollständig und vollgültig besitzt; dass nicht sie die exklusive Empfängerin der Offenbarung ist; dass selbst sie den Glauben, die Botschaft Christi immer neu zu lernen hat. Von wem aber sollte die Gemeinschaft der Glaubenden lernen können, als wer, was und wo sich Gott heute offenbaren will? Hier ist der Text radikal, und dies in einem krachenden Crescendo: Er spricht davon, dass im Kontakt zur Kultur der Kirche ‚neue Wege zur Wahrheit‘ aufgetan werden. Die Kirche benötigt also die Hilfe derer, die ‚in der Welt stehen‘. Dabei sei es gleichgültig, ob es sich dabei um Gläubige oder Ungläubige handele. Ja:

Sogar die Feindschaft der Kirchengegner und -verfolger sei für sie von großem Gewinn.

Man denkt, man habe sich verlesen. Und man versteht, dass Konzilspassagen Texte sein können, die einer großen geistlichen Intuition gehorchen, die in nachfolgenden Jahren Buchstabe für Buchstabe nachzubedenken und nachzubestätigen sind. GS 44 ist sicherlich eine dieser großen Intuitionen, die das ganze Volk Gottes, „vor allem (...) Seelsorger und Theologen", wie es heißt, in die Pflicht nimmt. Die Aufgabe ist die der Kulturhermeneutik. Denn der Sinn der Methode der Akkomodation ist nichts Geringeres als die Schaffung von vitalen, kreativen, brisanten, präzisen, effektiven und aufregenden Kulturkontakten. Wozu? „Damit die geoffenbarte Wahrheit immer tiefer *erfaßt*, besser *verstanden* und passender *verkündet* werden kann." Der Text verweist also auf die drei Dimensionen der Wahrnehmung, des Verstehens und der Artikulation, und er bezieht sie auf die Offenbarung. Die Pointe: Jenseits kultureller Akkomodationen können diese drei Vollzüge nur suboptimal gelingen.

‚Kultur' ist also nicht einfach die Bühne, die die Kirche zubereitet, damit sich die Offenbarung ereigne. Die ‚Leute' sind nicht einfach die Zielgruppe, auf die sich die Verkündigungsaktivität der Kirche richtet. Die ‚Welt' ist nicht einfach das Material, das sekundär durch Bibel und Sakramente vergeistigt würde. ‚Kirche' ist nicht das, was immer schon da wäre, jenseits konkreter Orte, Zeiten, Menschen und Strukturen. All diese Vorstellungen waren theologisch zwar immer schon falsch, bildeten pastoralpraktisch aber den geltenden Stil. Das Konzil hat zum Beispiel in GS 44 diesen latenten oder offenen Integralismus und die aus ihm erwachsende Spaltung dogmatisch erledigt. Es hat der Kirche einen Platz unter den Lernenden angewiesen, an dem das Verstehen der Offenbarung ebenso wenig kontrolliert werden kann und das Sich-Ereignen der Offenbarung ebenso intensiv erhofft werden muss wie bei allen Anderen. Es hat die Kirche in die Allianz derer eingeschmiedet, die ohne die stets unverhoffte Botschaft von der Liebe nicht mehr leben wollen.

Gaudium et spes mutet damit in Passagen wie der hier beobachteten Nummer 44 große systematisch-theologische Transformationen zu, die hier nur genannt, aber nicht durchgearbeitet werden können. Immerhin: Diese Umstellung des Spiels, diese Neuzuweisung einer nicht eingeübten Rolle kann für Theologie und Kirche „unheimlich"[44] sein. Jedenfalls hat Rahner dieses Wort benutzt, als er analysierte, was sich hier eigentlich verändert. In einem bestimmten Sinn, so schreibt er, ist eben die Offenbarung mit dem Tod der Apostel gerade nicht abgeschlossen. Es zeigt sich, „dass die Kirche gar nicht aus der Offenbarung Gottes (...) alleine leben kann. Sie braucht, um handeln zu können, und zwar zu einem Handeln, ohne das sie gar nicht wäre, was sie sein muss, eine Erkenntnis der Situation, in der sie lebt."[45] Um sie selber sein zu können, um Liturgie, Diakonie und Verkündigung leisten zu können, um Gott verstehen zu können, bedarf die Kirche einer „nicht-geoffenbarten, nicht zum ‚depositum fidei' gehörenden Erkenntnis". Diese Erkenntnisse müssen anders und in Koalition mit Anderen beigebracht werden. Andere entscheiden mit darüber, was Offenbarung Gottes heute bedeuten kann und soll. Nur noch charismatisch und in gemeinsamer kultureller Anstrengung kann die Gegenwartssituation unter dem Beistand des Geistes erfasst und in kirchliche Praxis und Weisung überführt werden. All dies ist neu und bedrängend: „Hier hat das Konzil der Kirche die übliche Theologie weit hinter sich gelassen."[46]

Ähnlich bewertet es der französische Jesuit Christoph Theobald. Er bezeichnet den hier fälligen theologischen Sprachfortschritt sogar als Konversion; eine Konversion zu einer „Pastoralität des Dogmas selbst".[47] Es tritt, gerade als Dogma, in einen Prozess der radikalen Geschichtlichkeit und damit in eine Außenbestimmbarkeit durch Orte und Zeiten ein. Dass dies gerade nicht auf Kosten seines Wahrheitsanspruches geht, zeigt der Systematiker durch den Hinweis auf die Logik biblischer Narrativität, in der ja auch das Ganze immer am Konkreten, Situativen und Epi-

---

44 Rahner 1967a: 629.
45 Ebd.: 628; dort auch das folgende Zitat; vgl. zum Ganzen auch Rahner 1967d: 18: „Das ist ein Vorgang höchst seltsamer, gefährlicher und in einer Ekklesiologie noch gar nicht reflektierten Art."
46 Rahner 1967d: 38.
47 Theobald 2006: 71.

sodalen erkennbar wird. Allerdings verschiebt sich der legitimierbare Wahrheitsanspruch des Dogmas weg von der Idee, eine geschlossene Weltanschauung vorlegen zu können, in den Modus, Dogmen als regulative Interpretationsregeln zu verstehen. Dogmen sind dann Sprachregelungen darüber, was über Gott inhaltlich festgehalten werden muss. Wie diese Einsichten dann sprachlich ausgedrückt und weiter präzisiert werden können, das muss in pluralen und formulierungsoffenen Auslegungs*prozessen* gefunden werden, in denen die gegebenen Kontexte, Sachzwänge und Interessengruppen ihre Kontingenz voll einzubringen haben.[48]

Theobald kann zeigen, dass diese Spur der Pluralitätsakzeptanz bis in den Kern offenbarungstheologischer Selbstverständigung hinein erst zu den allerletzten Entscheidungen des Konzils gehört. Der Wechsel vom Instruktions- zum Kommunikationsparadigma im Offenbarungsverständnis in Dei Verbum Nr. 2 datiert vom Oktober 1965, die Abstimmung über GS 44 vom Dezember 1965. Das bedeutet, dass die Texte kaum noch insgesamt aufeinander abgestimmt werden konnten, so dass der Gesamtkorpus von Gaudium et spes nicht im Ganzen auf das reflektiert, was GS 44 so bahnbrechend einbringt. Weder die Frage der Autonomie der irdischen Wirklichkeiten und Wissenschaften (GS 36) noch das Problem, wie empirische Situationsanalyse und theologische Erkenntnis wechselseitig verschränkt werden können, sind mit dem Offenbarungsverständnis verbunden. Es fehlt eine fundamentaltheologisch befriedigende hermeneutische Verbindung zwischen den ekklesiologischen Konstitutionen ‚Lumen Gentium' und ‚Gaudium et spes' und der Offenbarungskonstitution.[49] Erst in der nachkonziliaren Rezeption kann in Passagen wie DV 2, GS 44 oder ‚Ad gentes' 22 das entscheidende hermeneutische Grundgerüst erkannt werden, das den entscheidenden ‚Sprung des Konzils nach vorwärts' (Johannes XXIII.) ermöglicht. Jedenfalls werde es darauf ankommen, diese ‚Pastoralität' kirchlicher Wirklichkeit zu erproben, sich nicht über die gegebenen Kontexte zu erheben, sondern

48 Vgl. ebd.: 75–77.
49 Vgl. ebd.: 74. 77. 81.

in sie hineinzutauchen und mit bewunderndem Respekt auf die Lebensbewältigungen der ‚Leute' um uns herum zu achten. Die Analysen Rahners wie auch Theobalds rütteln auf. Sie bedeuten nicht nur eine präzise Aufgabenbestimmung für eine sich neu entwerfende theologische Disziplin namens Pastoraltheologie. Sie markieren auch die Anerkenntnis des kulturellen Pluralismus innerhalb der Dogmatik. Sie sehen am Horizont das Ende der unhinterfragten Sicherheiten und damit den Eintritt in die geistesgeschichtliche Situation des modernen und postmodernen Menschen. Es ist eben nicht so, dies wird hier dogmatisch geahnt, dass die Kirche in ihren Offenbarungserkenntnissen aus Schrift, Tradition und Lehramt eine Quelle besäße, die zureichend Auskunft darüber gibt, was man heute wissen kann, hoffen darf und tun soll. Wie für alle anderen kulturellen Akteure gilt es auch für die Kirche, die Antworten auf diese Fragen durch das komplexe Gewebe empirischer, kontextueller, situativ und machtförmig verengter sowie bestenfalls mittelfristig gültiger Erkenntnisse zu finden. Welche Erschütterung diese ernüchternde Selbstbegrenzung der theologischen Erkenntnisreichweite für die Theologie im Ganzen, aber auch für kirchliche Strukturen und geistliche Berufungswege bedeuten, lässt sich derzeit aus den Reflexen der kirchenpolitischen Polarisierungen herauslesen, sei es auf welt-, sei es auf ortskirchlicher Ebene. Der neue Platz an der Seite derer, die ebenfalls mit allen Kräften gemäß ihrer religiösen oder politischen Weltanschauung nach dem Gelingen menschlichen Lebens suchen, muss erst gefunden werden.

2.6 Akkomodation als pastoraltheologischer Dreischritt

Schaut man genauer hin, wie sich GS 44 den Prozess der Akkomodation vorstellt, erkennt man eine Dreigliedrigkeit des Vorgehens. Der Text bietet erstens Verben des Wahrnehmens wie ‚hören', ‚erfassen' oder ‚erkennen'. Zweitens dominiert das ganze Wortfeld der reflektierenden In-Beziehung-Setzung: ‚empfangen', ‚erschließen', ‚erhellen', ‚Austausch', ‚unterscheiden', ‚deuten', ‚beurteilen'. Drittens finden sich Verben der Artikulation: ‚anpassen',

‚ausdrücken', ‚Fähigkeiten wecken', ‚verkünden', ‚fördern'. Nimmt man einen Schlüsselsatz heraus, können alle drei Vollzüge komprimiert als der eine Prozess der Akkomodation erkannt werden: „Es ist jedoch Aufgabe des ganzen Gottesvolkes, vor allem auch der Seelsorger und Theologen, unter dem Beistand des Heiligen Geistes auf die verschiedenen Sprachen unserer Zeit zu *hören*, sie zu unterscheiden, zu *deuten* und im Licht des Gotteswortes zu beurteilen, damit die geoffenbarte Wahrheit immer tiefer erfaßt, besser verstanden und passender *verkündet* werden kann." Natürlich wird man an die bekannte Trias ‚sehen – urteilen – handeln' erinnert. Und da die ganze Konstitution Gaudium et spes gemäß diesem Schema aufgebaut ist, kann der Befund wenig verwundern. Trotzdem liegen in GS 44 Wort-Akzente, die eine höhere Auflösung des Gemeinten versprechen und die außerdem der Gefahr der doch sehr eingeschliffenen Assoziationskette des ‚sehen-urteilen-handeln' entgehen.[50] Der im Folgenden unterbreitete Vorschlag, im Anschluss an GS 44 von ‚zuhören', ‚austauschen' und ‚vorschlagen' zu sprechen, hat daher nicht den Anspruch, das bekanntere Schema ersetzen zu wollen. Wohl aber ist er stärker als ‚sehen-urteilen-handeln' verkündigungsorientiert; und er ist erkennbarer von größerer Vorsicht getragen, der im vorhergehenden Abschnitt skizzierten modernen Pluralitätssituation zu entsprechen. Dies wird vor allem deutlich, wenn wir uns der Kraft des lateinischen Originaltextes zuwenden, die nur eher behelfsmäßig im Deutschen aufscheinen kann.

auscultare: abhorchen, zuhören

Die Verbfamilie des ‚Wahrnehmens' in GS 44 wird durch das Wort des ‚Hörens' gut repräsentiert. Die Aufforderung lautet, auf die verschiedenen Sprachen der gegebenen Zeit und der gegebenen Leute zu hören. Der Originaltext verwendet hier das Verb ‚auscultari'. Es steht für ein sehr intensives Zuhören, ein angestrengtes, eifriges Hinhören, ja: ein Ab- und Aushorchen. Jeder, der mit sei-

---

50 Zur Schemaverwendung in GS vgl. Sander 2005: 637–640. 644–650. Zur Problematik des Konzeptes kurz Klein 1999: 248 f.

nem Kind schon einmal bei der Ärztin war, kennt die ‚Auskultation': Das ist medizinisch der Vorgang, in dem sie das Stethoskop an Brust oder Rücken legt, um die Herz- oder Lungenaktivitäten abzuhören. Der Sinn ist ein diagnostischer: Die Ärztin will Störgeräusche von Normalgeräuschen unterscheiden können.

Ein faszinierendes Bild: Das Volk Gottes, besonders die Seelsorger und Theologen, legen ihr Stethoskop an Herz und Lunge ihrer Zeit und strengen sich an, jedes noch so kleine Geräusch auszukultieren. Wie eine intensiv abhorchende Hausärztin sollen auch sie ihre Zeit, ihre Kultur, ihre Umgebung ‚aushorchen' – dies aber nicht in spionierendem, entlarvendem, überführendem Interesse, sondern diagnostisch. Es geht um ein ‚ge-horchen' auf das, was im sonoren Rauschen des Alltages auffällt, stört, zur Reaktion ruft. Die pastoralen Fragen lauten: Was ist hier gerade der Fall? Was klingt normal, wo sind Störgeräusche? Wer signalisiert was und zu welchem Zweck? Übrigens kennt Gaudium et spes noch eine zweite Metapher, die an medizinische Diagnostik erinnert. In der bekannten Nummer 1 geht es um die Freude, Hoffnung, Trauer und Angst der Menschen, die immer auch die der Jünger Christi sind. Denn: „Es findet sich nichts wahrhaft Menschliches, das nicht in ihrem Herzen widerhallte [resonat]." Hier steht das lateinische Wort: resonare und dieses kann unschwer in der medizinischen Sonografie (populär: Ultraschall) wiedererkannt werden. Ein Schallimpuls wird ausgesendet, damit er abstrahlt, ein Echo findet und somit eine Antwort, die auf ihn wieder zurückkommt. Auch wenn dies passiver ist als das aktive auscultare in GS 44, so ist auch GS 1 von dieser typisch kontextsensiblen Haltung der Jünger Christi geprägt. Und wiederum gibt es einen Konnex dieser Haltung auf die Offenbarungskonstitution ‚Dei Verbum'. In deren Nummer 8 ist vom Heiligen Geist die Rede, „durch den die lebendige Stimme des Evangeliums in der Kirche und durch sie in der Welt widerhallt [resonat]." Die Kirche soll sozusagen das Echo des Geistes in der Welt sein, sein Widerhall, sein Schallraum, seine akustische Sonde.[51] Es gibt eine „Resonanzpflicht" der Kirche, schreibt der

---

51 Zur Entdeckung des ‚resonare' vgl. Fresacher 2009: 60–62 sowie bereits in milieusensibler Absicht Garhammer 2008.

Pastoraltheologe Erich Garhammer.[52] ‚Auscultare' und ‚resonare' –
zwei Umschreibungen derselben Haltung, die das bekannte Be-
gehren des jungen Salomo – „Verleih Deinem Knecht ein hörendes
Herz" (1 Kön 3,9) – von der vertikalen in die horizontale Ebene
wendet. Nach GS 44 hat eine Kirche, die wieder jung werden will,
ein hörendes Herz für den Kontext, dessen Teil sie selber bildet.[53]

‚vive commercium': austauschen, deuten, empfangen, unterscheiden

Auch die Benennung des zweiten Vollzuges der Akkomodation
überrascht: Zweimal ist im Text vom commercium die Rede, dem
Austausch. Gerade durch die Kontextanpassung wird der lebendige Austausch zwischen Kirche und Kulturen gefördert. Und zur
Steigerung des Austausches bedarf die Kirche der Hilfe jener Welt-
Experten, die die Verhältnisse, Fachgebiete und Mentalitäten ihrer Kultur gut kennen, seien sie gläubig oder ungläubig.

Gute Pastoral ist also kommerziell, könnte man sagen. Dies gilt ganz
sicher nicht im Sinne der Produktion benachteiligter Opfer in einem
ungebändigten Kapitalismus. Wohl aber gilt es in der Tauschgesin-
nung, die echten Kommerz auszeichnet. Immerhin kommt das Wort
ja von diesem Sinn her. Es lohnt sich, hierüber kurz zu reflektieren.
Denn wiederum, wie schon beim auscultare, wird beim commercium, dem Austausch, eine pluralitätskompatible Sprache erreicht –
entschieden stärker übrigens als bei dem Begriff ‚urteilen' der bekannten Trias. Austauschen hat ja als Vorgang zur Voraussetzung,
dass sich erstens Partner auf Augenhöhe treffen und beide zweitens
Waren anzubieten haben, die zueinander wertparitätisch sind. Drittens kommt hinzu, dass niemand zum Tausch gezwungen ist, sondern entweder auf das Geschäft verzichtet oder andere Tauschpartner aufsucht. Der Austausch ist damit – natürlich hier idealtypisch
gesehen – ein Akt und ein Ort der Freiheit.

---

52 Ebd.: 83.
53 Das Bild vom ‚Hören' ist in der geistlichen Literatur sehr bekannt; vgl. nur
    Hemmerle 1999.

Diese Einsichten wandeln die latent einseitige Assoziation des ‚Urteilens' in ein neues, nämlich wechselseitiges Verständnis: Man kann sagen, dass im Austausch gerade die Interaktion eine neue Qualität erst schafft, die jenseits des Tausches gar nicht existent war. Der Tausch aktualisiert nicht nur die Werthaftigkeit der einzelnen zu tauschenden Dinge, er aktualisiert auch die Werthaftigkeit der tauschenden Subjekte. Jeder, der schon einmal in einem Land wie Kamerun dachte, er sollte als Europäer aus Höflichkeit, Gerechtigkeit oder einfach Eile auf zeitaufwändige Bazarverhandlungen verzichten und einfach in den vom Verkäufer erstgenannten Preis einwilligen, weiß, wovon hier die Rede ist. Man beschämt den Anderen, weil man ihn offenbar der Verkaufsinteraktion für unwürdig befindet. Verhandelt wird der Subjektstatus der Tauschpartner und als Symbol dafür dient die Ware.

Was bedeutet dies im Übertrag für die Pastoral einer akkomodierenden Kirche? Wieder sind die Konsequenzen beträchtlich. Denn auch in der Begegnung von Kirche und Kontext soll Wertparität herrschen – und zwar real, nicht simuliert. Im Klartext: Die umgebende Kultur hat der kirchlichen Selbstverständigung Inhalte und Stile anzubieten, die diese erstens real benötigt und zweitens nicht aus sich heraus erbringen kann. Natürlich hat die Kirche eine große Botschaft, in deren Dienst sie steht. Dass Liebe möglich sein soll, dass man gewaltfrei leben kann, dass da ein Gott ist, dessen Verehrung friedlich und kreativ macht – all das ist äußerst sagenswert. Aber auch die Anderen haben Themen, Weisheiten, Botschaften. Auch sie haben Ideen über gelingendes Leben, Glück und Heil. Pastorales commercium heißt: Tauschen wir uns aus über das, was wir dem ‚Leben' an Sinn, Logik, Rationalität oder Rätselhaftigkeit abringen können. Trauen wir dem post-, nicht- oder anonym-christlichen Gesprächspartner zu, dass er nicht nur irgendeine, sondern eine wichtige Botschaft für uns hat. Suchen wir weniger zu verändern, als selbst verändert zu werden. Wechseln wir aus dem Pädagogik- oder Didaktikmodus in den der realen Wechselseitigkeit der einander bedürftigen Existenz.

Denn der Clou dessen, was Christen zu verkünden haben, ist die riskante Beziehung mit dem Anderen, in die man vom Inhalt der

Christusbotschaft her getrieben wird. Man kann das Wesentliche des Christentums sozusagen gar nicht lexikalisch korrekt oder rein inhaltlich vermitteln: Christsein erschließt sich über das Risiko des ‚innovatorischen Selbsteinsatzes‘, wie Thomas Pröpper das nennt.[54] Das Evangelium als wirksame Botschaft ist kein Bestand von Sätzen oder eine Ethik oder eine Anleitung zum richtigen Kirchesein, sondern ein heutiges, mehrstufiges, biografisches und intersubjektives Ereignis: Ich lese einen Teil des Evangeliums oder höre einen Teil der Jesusgeschichte. Die Geschichten und Motive drängen mich dazu, in die Welt des Anderen hineinzugehen und seine Fragen, Freuden und Rätsel so weitestmöglich in mich aufzunehmen. Vielleicht gelingt es mir, und der Andere erwidert diesen Schritt auf mich hin. Dann kann es geschehen, dass eine dritte Kraft – der durch das Evangelium für solche Aktionen versprochene Geist Gottes – in die Mitte unserer Begegnung tritt. Er kann uns paradoxerweise gerade deswegen (und vielleicht sogar: nur deswegen) beide erreichen, weil wir beide von uns weggegangen sind. Und er bringt uns in einen gemeinsamen Verstehensraum, der drei Qualitäten hat: Er ist für uns beide faszinierend neu; er verändert uns beide; und er verschmelzt uns nicht, sondern arbeitet unser beider Unterschiedenheit sogar noch stärker heraus. Diese Logik, die theologisch als Pascha-Logik oder als trinitarische Lebensdynamik oder wie auch immer angesprochen und hier nur als Skizze aufs Blatt geworfen werden kann,[55] ist das Schöne am Christsein: das Innovative, das Politische, das Erlösende, aber auch das Brisante, weil Riskante an ihm. So ‚funktioniert‘ das, was christlich Ehe heißt oder Gemeinde, Ordensleben, Priestersein, Liturgie, interreligiöser Dialog, theologische Erkenntnisfindung. Der kenotische Weg zum Anderen ist der Weg sowohl zum unverfügbar bleibenden Gott wie zu mir selbst, und dies seltsamerweise dann, wenn er gerade nicht wegen dieser Effekte, sondern real um des Anderen willen eingeschlagen wird.

54 Vgl. unten unter 3.2.
55 Vgl. ausführlich und von den Konzilsdokumenten her Hennecke 1997: 27–142.

Einen solchen Lebensstil kann man nicht predigen, man muss ihn ausprobieren. Wer schwimmen will, der schwimme – und bleibe nicht am Rand stehen. GS 44 will eine ganze Kirche dazu motivieren, in dieser Weise kontextsensibel zu werden und ,commercium' im obigen Sinne zu betreiben. Hierfür braucht man Beispiele und Modelle. Ich erinnere mich, dass wir einmal den so früh verstorbenen Aachener Bischof Klaus Hemmerle fragten, wie er als sehr belesener Philosoph und Fundamentaltheologe in Diskurse mit Nicht- und Andersglaubenden hineingeht. „Mein Tipp und meine Erfahrung lautet", so Hemmerle: „Geh davon aus, dass sie recht haben." Das ist die Haltung des commercium. Sie hat nichts mit softer Gesprächsführung, fehlender Identifikation oder nur schwach ausgeprägtem Wahrheitssinn zu tun, aber viel mit risikofreudigem Glauben und Lust auf Dialoge. Je fremder die Kontexte sind, aus denen heraus die Kirche die Offenbarung tiefer erfassen möchte, desto authentischer erschließt sich die paradoxe Logik der Christus-Botschaft: Als Jünger nimmt man keine Vorratstasche mit. Der wird gewinnen, der verliert. Der Letzte ist der Erste. Der Menschensohn ist in dem, den wir gerade nicht als den Menschensohn wiedererkennen. Vor und mit Gott leben wir ohne Gott (Bonhoeffer). GS 44 legt uns die paradoxe Logik nah, die wir jedes Jahr zu Weihnachten als den ,wunderbaren Tausch' [admirabile commercium] im Dritten Hochgebet bestaunen: „Denn einen wunderbaren Tausch hast du vollzogen: dein göttliches Wort wurde ein sterblicher Mensch, und wir sterbliche Menschen empfangen in Christus dein göttliches Leben. Darum preisen wir dich mit allen Chören der Engel und singen vereint mit ihnen das Lob deiner Herrlichkeit. Heilig, heilig, heilig."

proponere: vorschlagen, verkündigen, ausdrücken

Den dritten veränderten Akzent erhält die Lektüre von GS 44, wenn man das in den deutschen Übersetzungen verwandte Wort ,vorschlagen' oder ,vorlegen' vom lateinischen Grundwort ,proponere' her anklingen lässt. Das ist ja die Crux bestimmter Worte und Übersetzungen: dass sie philologisch zwar korrekt sind, aber als dann deutsche Wörter sofort in assoziative Pfadabhängigkeiten eintreten, die die Interpretationsmöglichkeiten der Ursprungssprache verengen.[56] Das Wort ,verkündigen' gehört sicher zu diesen belasteten Begriffen. Er kann sehr flott eindimensional verstanden werden: als Kommunikationsvorgang an einen Anderen, der hiernach weder verlangt hat noch als Partner zu seinem Gelingen etwas beitragen soll. Verkündigung scheint manchmal einem isolierten Gesetz zu gehorchen, dem der Verkündiger irgendwie meint nachkommen zu müssen. Und das ist ja auch nicht unbiblisch: Schließlich mahnt Paulus seinen Schüler Timotheus: Verkünde das Evangelium, ob gelegen oder ungelegen (2 Tim 4,2)! Die Propheten des Alten Testamentes werden in Sprachsituationen geschickt, die absolut verkündigerunfreundlich sind – allen anderen voran Jona, der der ihm aufgebürdeten Predigermühe von vornherein so wenig Erfolgschancen gibt, dass er einfach abhaut (Jona 1,1–3; Jona 4,1–3). Natürlich gibt es Situationen, in denen der Anspruch des Christentums danach verlangt, sich über Kommunikationsbarrieren hinwegzusetzen.

Das allerdings ist nicht Thema von GS 44. Hier geht es ja um die ,praedicatio accomodata', also um die ,angepasste Predigt'. Hier soll ja gerade ein wechselseitiger Verkündigungsstil gefunden werden, der erst aus dem angestrengten Hören spricht und im Sprechen austauschorientiert bleibt. Insofern ist der Sinn des ,proponere' im Lateinischen mit ,vorschlagen' besser getroffen. Denn jemandem einen Vorschlag zu machen, impliziert ja eine bereits erfolgte Begegnung: Vorschläge werden üblicherweise gemacht, nachdem man einem Problem zugehört hat; man macht Vorschläge möglichst treffgenau auf die handelnden Personen in ihren Situationen hin; Vorschläge sind entwicklungs- und lösungsorientiert; und der Gestus des Vorschlagens hat erhebliche

---

56 Hierin liegt ja eine wesentliche Begründung, warum Theologiestudierende unter großen Mühen Sprachen lernen, die man jenseits von Kirche und Theologie ja nur wenig gebrauchen kann: Neutestamentliches Griechisch, Hebräisch usw. Es geht im Letzten darum, hermeneutische Optionen zu erarbeiten und zu erhalten, also für Weite zu sorgen, und nicht jenen auf den Leim zu gehen, die bestimmte Deutungen bestimmter Textstellen für alternativlos halten.

Unterschiede zu dem des Befehls oder der Forderung. Der Vorschlag rechnet bereits mit der freien Interpretation des Anderen; eher selten werden Vorschläge eins zu eins übernommen; üblicherweise sind sie ein Sprachakt, an den mit einer eigenen Interpretation angeschlossen wird. Vorschläge sind Angebote, Anregungen, Empfehlungen. Auch wenn man Vorschläge dringlich vorbringen kann, auch wenn man sie für alternativlos halten mag – sie bleiben insofern schwach, als sie nur werbend, nicht aber zwingend auf die Gefolgschaft des Anderen einwirken können. Es ist dieser diskrete, höfliche, vorsichtige Stil einer Verkündigung als Vorschlag, den GS 44 nach außen starkmacht. Nach innen hin wird er gerade nicht vorgeschlagen, sondern als ‚Gesetz' dekretiert. Erst nach den beiden Durchgängen durch das Hören der vielen Sprachen und dem verstehen wollenden commercium kann die geoffenbarte Wahrheit vorgeschlagen werden. Und selbst dies soll ‚aptus' geschehen: angemessen, genau passend, abgerundet, geeignet.

Ein drittes Mal wird die Pastoral der Kirche zur kulturellen Pluralität befähigt. Nicht das donnernde und gerade darin rein postulatorische Getöse um einen kirchlichen Wahrheitsanspruch, der gefälligst von den Anderen anzuerkennen ist, soll das kulturelle Gespräch unserer Tage prägen, sondern das gemeinsame Stehen vor der Aufgabe humaner Daseinsgestaltung und dem respektvollen Austausch guter Vorschläge genau hierfür. Es mag jene enttäuschen, die ihre kirchliche Identität an das Erleben triumphaler Siege ihrer ‚Wahrheit' über den sogenannten ‚Zeitgeist' geknüpft haben: GS 44 spricht leise Töne, rätselt selber über ebenjene ‚Wahrheit' und ist dankbar, dass da auch noch andere sind, die denselben Fragen nachgehen wie sie. GS 44 ist die Kirche, die ihr Gesicht wie Elija scheu in den Mantel hüllt, weil sie im ‚feinen Säuseln' die Stimme ihres Gottes lauter gehört hat als im Sturm, im Beben oder im Feuer. Mit GS 44 tritt man erst an den Eingang der Höhle und damit in die kulturelle Öffentlichkeit, wenn der ganze scheppernde Triumphzug religiöser Wichtigtuerei an einem vorbeigezogen ist – weil er wie ein Gewitter keine Information hat, sondern nur Krach; weil er wie ein Beben alles verändern will außer sich selbst; und weil er wie ein Feuer all jene Energien verzehrt, die man für anstehende Problemlösungen

2 Erster Angang: Gaudium et spes 44

dringend benötigt hätte (1 Kön 19). Es stimmt: GS 44 ist der verunsicherte Prophet, der von Gott erst gefragt werden muss: ‚Was willst Du hier?‘, und der darauf faktisch nur antworten kann, dass er das früher einmal wusste, jetzt aber nicht mehr. Das aber ist die Größe des Elija, wie es die Größe des Konzils war: Vor Gott und der Welt zu bekennen, dass man seine Identität fortan nicht mehr aus sich allein beziehen kann und will, sondern einen neuen Ansatz braucht. Elija bekommt diesen in Gestalt eines neuen Auftrages, neuen Mutes und eines neuen Gefährten, Elischa (1 Kön 19,19 ff). Den trifft er auf dem Weg fort von der Höhle, und über den wirft er ebenjenen Mantel, in dessen Verhüllung er mit Gott gesprochen hatte. Ein schönes Bild, das diesen metaphorischen Textvergleich abschließen soll: GS 44 propagiert eine Kirche, die ihre Gotteserfahrung nicht mehr nur aus einer isolierten Vermummung bezieht, sondern aus einer intersubjektiven und interkulturellen Öffnung. Der ist ein Prophet unserer Tage, der am Mantel der Religiosität nicht zuerst die Kapuze für den Schutz sucht, sondern die Ärmel für die Begegnung.

Das ‚proponere‘, der Stil des Vorschlagens, hat zwei bedeutende Dokumente geprägt, die den Geist aus GS 44 atmen: das nach wie vor vielzitierte Dokument ‚Evangelii Nuntiandi‘ Pauls VI. aus dem Jahr 1975 sowie den französischen ‚Brief an die Katholiken Frankreichs‘ mit dem Titel ‚Proposer la foi‘ aus dem Jahr 1996.[57] Beide Dokumente bzw. Prozesse haben das programmatische Papier der deutschen Bischofskonferenz inspiriert, das im Jahr 2000 die Diagnose einer ‚Zeit zur Aussaat‘ vorstellte und zu einem der bekanntesten Bonner Papiere überhaupt avancierte.[58] Diese Papiere können hier nicht inhaltlich entfaltet werden, ihre Lektüre trägt aber zu einem tieferen Verständnis einer ‚praedicatio accomodata‘ bei. Nur einige Schlaglichter: „Der Bruch zwischen Evangelium und Kultur ist ohne Zweifel das Drama unserer Zeitepoche, wie es auch das anderer Epochen gewesen ist" (Evangelii Nunti-

---

57 Vgl. Papst Paul VI. 1975 sowie Französische Bischofskonferenz 2000.
58 Vgl. Die Deutschen Bischöfe 2000. Im Ganzen zu ‚Zeit zur Aussaat‘ vgl. Sellmann 2004. Zu ‚Evangelii Nuntiandi‘ vgl. Die Deutschen Bischöfe 2000: 15 ff; zu den deutschen und französischen Entstehungsprozessen der bischöflichen Papiere vgl. Müller 2004: 229–238; zur Sprachproblematik rund um die Übersetzung des Wortes ‚proposer‘ vgl. Müller 1999: 320 f.

andi Nr. 20). Die Verkündigung verlangt zuerst das „Zeugnis des Lebens" (ebd.: Nr. 21; vgl. auch Nr. 76). Eine Kirche, die den Glauben vorschlägt, anbietet, empfiehlt, kann ihre Zeitgenossen als Menschen würdigen, „die durch ihre Erwartung und ihr Verhalten die Freiheit Gottes und das Wirken des Heiligen Geistes bezeugen, der in jedem Menschen das Verlangen wecken kann, über sein ihm unmittelbares Dasein hinauszuwachsen" (‚Proposer la foi').[59]

„Wer mit Kirche zum ersten Mal in Berührung kommt, sollte damit rechnen können, willkommen zu sein" (‚Zeit zur Ausaat').[60] Das sind Sätze, die ohne den Durchbruch des Konzils so nicht geschrieben worden wären. Allerdings: Angesichts solcher pluralitätskompatiblen und freiheitseröffnenden Formulierungen verwundert es, dass in keinem der erwähnten Dokumente GS 44 als Referenz auftaucht.[61] Man muss auch nicht verhehlen, dass gerade ‚Evangelii Nuntiandi' durchaus von Passagen gekennzeichnet ist, die einen doch wieder integralistischen Unterton tragen.[62] Mehr noch: Die ‚Lehrmäßige Note zu einigen Aspekten der Evangelisierung' der Vatikanischen Glaubenskongregation vom Dezember 2007 sieht sogar die Notwendigkeit, Fehlverständnisse der interkulturellen und -religiösen Begegnung zurückzuweisen (Nr. 3). Am Anfang heißt es

59 Französische Bischofskonferenz 2000: 60 (im Original teils kursiv).

60 Die Deutschen Bischöfe 2000: 40 (im Original teils hervorgehoben).

61 Vgl. Papst Paul VI. 1975: ‚Evangelii Nuntiandi' nimmt in der Nr. 23 wohl auf GS 42 und 45, an keiner Stelle aber auf die Theologie in GS 44 Bezug; der Text umkreist auch fast alle Ziffern von ‚Ad Gentes', nicht aber die zu GS 44 ähnliche Passage in AG 22. Der Befund stimmt nachdenklich, da Papst Paul VI. sich in den Anfangsnummern deutlich auf das Erbe des Konzils besinnt und als grundlegendes Problem die Frage aufwirft: „Ist die Kirche – ja oder nein – nach dem Konzil und dank des Konzils (...) fähiger geworden, das Evangelium zu verkünden (...)?" (Nr. 4). Diese Frage soll ‚Evangelii Nuntiandi' beantworten – und kann dies offensichtlich ohne Erwähnung des ‚lex evangelizationis' aus GS 44.

62 Vgl. Kongregation für die Glaubenslehre 2007: Etwa die Nummer 63 der ‚Lehrmäßigen Note' behandelt direkt den Ausgangspunkt von GS 44, zitiert GS hier aber gerade nicht. Vielmehr wird die in GS 44 und AG 22 betonte Wechselseitigkeit des Offenbarungslernens in das gewohnte Frage-Antwort-Schema gebracht: Die Kirche hat bereits vor dem Kulturkontakt eine unwandelbare Botschaft; die Kultur fragt danach; die Kirche ist bereit, Sitten und Gebräuche didaktisch in die Verkündigung einzubeziehen; letztlich aber geht es um das Verkünden der Einen und das Hören der Anderen.

zwar: „Das Dokument setzt die gesamte katholische Lehre über die Evangelisierung voraus, die im Lehramt von Paul VI. und Johannes Paul II. ausführlich behandelt worden ist (...)" (Nr. 3). GS 44 aber kommt nicht als Zitat, schon gar nicht als theologische Leitfigur vor. Vielmehr fallen Sätze wie der folgende: „Auch wenn das Evangelium von allen Kulturen unabhängig ist, vermag es doch alle zu durchdringen, freilich ohne sich ihnen zu unterwerfen" (Nr. 6; vgl. auch Nr. 8). Oder: Evangelisierung ist „der Einsatz dafür, die Fülle des Heils, die Gott dem Menschen in der Kirche anbietet, bekannt zu machen und frei annehmen zu helfen" (Nr. 10). Viel ist vom Respekt die Rede, von Freiheit und von dem Dienst an der Humanisierung der Weltverhältnisse. Trotzdem: Die Pointe entfällt, die in GS darin bestand, dass das Heil, die Wahrheit, die Fülle usw. ohne das vitale und gleichberechtigte commercium mit den Anderen von der Kirche selbst nicht voll gewusst werden kann; dass man nicht nur vorschlägt, sondern selber lernt.

Der Befund ist also der: Das Konzil als Ausübung des höchsten Lehramtes verabschiedet nicht eine Nebenbemerkung, sondern eine normative Leitlinie für die Verkündigung der Kirche, eine ‚lex evangelizationis' – und die Konzilsrezeption des Lehramtes nimmt in den Folgedokumenten hierauf kaum noch Bezug, schon gar keinen konstitutiven. Dies muss man nüchtern konstatieren. Es kann als weiteres Kennzeichen gewertet werden: erstens, dass GS 44 wirklich einen revolutionären Neuansatz für die theologische Erkenntnislehre, für geistliches Wachstum in der pluralen Postmoderne und für wirklich ernst gemeinte Kulturkontakte bietet; zweitens, dass an diesen Neuansatz aber weiter zu erinnern und für ihn zu streiten sein wird. Natürlich bleibt zu problematisieren, dass sich das Evangelium im Vollzug des ‚proponere' nicht einfach mit den Bedürfnislogiken der ‚Leute' verrechnen lassen darf. Hier geht es nicht um einen Joghurt, den man an den Meistinteressierten verkauft.[63] Auch der prophetische Impuls der Botschaft Jesu ist für diese unaufgebbar: seine energische Widerständigkeit gegen zu viel Trägheit, Fatalismus, Egozentrik und Missbrauch. Trotzdem bedeutet kulturelle Pluralität – und

---

63 Dieses Beispiel bringt ausgerechnet der Chef der bekannten Werbeagentur ‚Zum goldenen Hirschen' Marcel Loko 2012.

hierzu will GS 44 wie überhaupt Gaudium et spes befähigen: Es gibt keinen letzten sicheren Zugriff auf das ‚Richtige', ‚Wahre' oder ‚Offenbarte'. Das, was als ethisches oder religiöses Kriterium gelten will, kann seine Plausibilität nicht aus der Behauptung ableiten, selbständig als Wahrheit erkannt worden zu sein. Genau dieser Erkenntnisanspruch muss durch den kulturellen Dialog, durch die Ränke der Macht, der Empirie und der faktischen Kontingenz, unter der menschliches Leben nun einmal steht. Es gibt Wahrheit, dies ist theologisch als Gottesprädikat festzuhalten. Aber wie sie erkannt werden kann, was sie bedeutet und wie man sie umsetzt, das muss gemeinsam verhandelt und mühsam gefunden werden.

Die Kirche kann und muss also ihren Dialogpartnern Werte, Handlungen, sogar die komplette biografische Neuorientierung, die Metanoia vorschlagen; sie kann und muss, sogar mit lauter Stimme und im Namen der von Entscheidungen ungerecht Benachteiligten, Korrekturen verlangen; sie kann und muss ihre kulturellen Partner dahin motivieren, den Zumutungen der Wahrheitssuche nicht auszuweichen. Aber all dies tut sie als Partner des gleichen Spiels, nicht als selbsternannter Schiedsrichter. Und darum tut sie gut daran, inmitten ihrer Kultur zu stehen, breite Kontaktflächen auszubilden und hohe lernbereite Ansprechbarkeit zu demonstrieren. Nur so verpasst sie den vielleicht entscheidenden, kleinen, unscheinbaren Impuls nicht, der von unerwarteter Seite kommt und der ihr ganz neu aufschließt, was man von Gott heute wissen und glauben kann.[64]

64 Vgl. zum Ganzen einer pluralitätskompatiblen Kirche auch Wenzel 2009 sowie nochmals Theobald 2006. Beide Autoren beziehen sich auf einen grundlegenden und beeindruckenden Aufsatz von Karl Rahner über das Problem der Säkularisation (Rahner 1967b). Rahner kann hier zeigen, dass die säkulare Gesellschaft für die Kirche deswegen begrüßenswert ist, weil sie ihr die Falschheit eines bestimmten theologischen Integralismus vor Augen führt. Falsch ist dieser, weil er die Freiheit der Menschen missachtet (These 1) und eine (Selbst-)Idealisierung betreibt, die die Last des Daseins unzulässig abmildert (These 5) . Akzeptiert man aber Freiheit als Grundbestimmung des Gotteswillens, sind die Konsequenzen beträchtlich: Kirche wird selbst zu einer pluralen Größe (These 2); ihr Auftrag der Gesellschaft gegenüber ist ein prophetischer – und damit ein inhaltlich bestreitbarer (These 3); eine neue theologische Disziplin wird nötig, eine Pastoraltheologie, die jene Erkenntnisse beibringt, die für das Handeln der Kirche unabdingbar, aus eigenen Offenbarungsquellen aber nicht erschließbar sind (These 4).

3 Kurzes Fazit und Ausblick auf den weiteren Gedankengang

Soweit die zunächst im Konzeptionellen verbleibende Vorstellung des neuen pastoraltheologischen Dreischrittes, wie er sich aus der ganzen Pastoralkonstitution und vor allem aus ihrer Nummer 44 ergibt. Die Perspektive bleibt in diesem ganzen Teil I klassisch theologisch, und manche Leserin, mancher Leser wird ungeduldig darauf warten, dass endlich die Milieuforschung behandelt wird. Zwar ist sicher deutlich geworden, in welcher Funktion diese zum Einsatz kommen wird: nämlich als operative Durchführung jener Kontextbezogenheit, deren Konstitutivität für die kirchliche Selbsterkenntnis in den zurückliegenden Gedankengängen hergeleitet wurde. Aber es braucht noch etwas Zeit, dies konkret durchzuführen. Erst ab Kapitel 5 wird die soziologische Milieutheorie als diejenige Wissenschaft identifiziert, die es in hervorragender Weise erlaubt, dem Auftrag von GS 44 nachzukommen, sich als Kirche in die gegebenen kulturellen Kontexte einzustellen und die eigene Identität von dieser Dezentrierung der Perspektive her zu gewinnen. GS 44 ist eine Programmatik, die die Theologie von sich aus sowohl inhaltlich wie methodisch in die Interdisziplinarität verweist. Dabei dürfte deutlich geworden sein, dass – in diesem Fall – die Soziologie mehr ist als eine reine Hilfswissenschaft, eine Magd (ancilla) der Theologie. Denn wir haben gesehen, dass die Kontexterkenntnisse die Offenbarung erschließende Informationen bedeuten, gerade weil sie aus jener nicht abgeleitet werden können. Man verlässt darum auch nicht das Gebiet der Theologie, wenn man soziologische Milieuforschung betreibt – jedenfalls dann nicht, wenn das Erkenntnisziel des ganzen Unternehmens darin liegt, die je aktuelle Selbstmitteilung Gottes besser erfassen zu wollen.

Wie der pastoraltheologische Dreischritt operativ durchgeführt werden kann; inwiefern soziologische Milieuforschung das ,auscultare', ‚commercium' und ‚proponere' der Kirche präzisiert und zu verarbeitbaren Daten macht, das ist Gegenstand der Kapitel ab der Nummer 5.

Davor liegt ein weiterer notwendiger Zwischenschritt, den das Kapitel 4 durchführt. Hier ist das vor allem an Empirie interessierte Leseinteresse um Geduld zu bitten – oder um das Vorblättern. Denn es bedarf neben der konzilsgeschichtlichen noch einer systematischen Sondierung. Wenn man es genauer betrachtet, war die bisherige Argumentation eine ‚ad auctoritatem'. Ihre Kraft lag in dem Hinweis auf eine externe Autorität, nämlich der eines ganzen ökumenischen Konzils der Weltkirche und damit auch der lehramtlich höchst denkbaren. Die aktivierte Logik war: Das Konzil hat den Text so verabschiedet, also müssen wir das auch so umsetzen. Nun sind Argumente ‚ad auctoritatem' eher schwach. Sie überzeugen den, der bereits dazugehört, weil er dieselbe Autoritätszuschreibung vornimmt wie der Argumentierende. Und auch wenn das Kapitel 2 neben der reinen Konzilsargumentation bereits einige offenbarungstheologische Analysen von Rahner und Theobald vorgelegt hat, so steht und fällt doch die Stringenz des Gedankenganges mit der Grundakzeptanz des Konzils und vor allem seiner Pastoralkonstitution. Wie wir gesehen haben, ist das aber prekär: Durchaus nicht jeder nachkonzilstheologische Ansatz ist der Meinung, dass ausgerechnet in GS 44 der Durchbruch, der ‚Anfang des Anfangs' liegt, sondern anderswo – oder, bei manchen, eben auch nirgendwo. Wenn selbst die lehramtlichen Nachfolgedokumente ganzer Synoden und Kongregationen zur Evangelisierung ohne jeden Hinweis auf das ‚lex evangelizationis' aus GS 44 auskommen und die dort gegebene plurale Perspektive in die gewohnte integrale zurückdrehen, ist zwar nach wie vor an das lehramtliche Gewicht des Konzilstextes zu erinnern. Trotzdem tut man gut daran, noch mehr Substanz aufzubieten.

Schließlich geht es um etwas. Die Frage nach einer substantiellen theologischen Begründung der soziologischen Milieutheorie findet ja nicht ihr Ziel darin, irgendein Milieumodell in den Rang einer Glaubenswahrheit zu erheben. Es geht im Kern noch nicht einmal um Milieus. Vielmehr ist es das Ziel, in der Praxis der

Pastoral und in der Theorie der Pastoraltheologie pluralitätsfähig zu werden. Es geht um die Erschließung neuer Informationspotenziale über das Geheimnis Gottes in unseren Tagen. Hierzu benötigt man Unterstützung, und es wird zu zeigen sein, wie hilfreich dazu das Instrumentarium der Milieuforschung ist. Wir brauchen Hilfe beim entschlossenen Verlassen der integralistischen Perspektive, in die wir als Theologinnen und Theologen, aber auch als Glaubende so dermaßen einsozialisiert sind, dass es massiver Impulse bedarf, uns hier zu Alternativen zu drängen. Diese Impulse werden uns, so GS 44, von unserer Gegenwartsgesellschaft geliefert, und genau das ist ja überhaupt der Initialpunkt für die Einberufung des Konzils gewesen. Natürlich haben sich seit den frühen 1960er Jahren die damaligen Problemanzeigen radikalisiert: etwa unsere Unfähigkeit heute, unseren Glauben so zu versprachlichen, dass unsere Kulturen diesen nicht nur als diskutabel, sondern sogar als attraktive biografische Option bewerten; unsere anthropologische Ratlosigkeit gegenüber den Durchbrüchen in Biotechnologie, Apparatemedizin oder Robotertechnik; unsere behördliche Schwerfälligkeit, neu entstehenden Stilen von Partnerschaft, Lebensführung, Konsumverhalten oder ästhetischer Selbstbestimmung Vertrauen zu schenken; unser Stress, in den großen moralischen Fragen unserer Zeit wie Armut, Abtreibung, Umweltzerstörung und Waffenhandel aus der Rolle der Moralistin herauszukommen und mit den anderen Kräften der Humanisierung wirksam allianzfähig zu werden; usw.[65]

Die Ausgangslage heute ist jener der Konzilszeit ähnlich. Wenn dem aber so ist, und wenn die Neuheit theologischer Erkenntnis prominent über Kulturkontakte gewonnen werden kann, dann muss eine neue Verhältnisbestimmung zur Gegenwartsgesellschaft gefunden werden. Und dies muss eine sein, die auch den gesellschaftlichen Ort der Kirche selbst verändert. Dann muss Kirche neu zur Welt kommen. Das war und ist das Projekt von Gaudium et spes. Integralistisch ist dabei die Idee, die Gegenwartsgesell-

---

65 Eine ausführliche Bestimmung heutiger (hoffentlich) theologieproduktiver ‚Zeichen der Zeit' bietet Hünermann 2006a.

schaft sei quasi die öffentliche Abholstelle des Paketes, das die Kirche mit Offenbarung vollpackt und freundlicherweise an ihre Kulturen adressiert. Wer so tut, als hätte man etwas, was die anderen nicht haben (können); wer die Welt so modelliert, dass alle Anderen entweder auf diese exklusive Leistung warten oder im Falle des Nichtwartens defizitär sind; wer sich selbst ein Sonderwissen zuschreibt und nicht verständlich machen kann, woher er das hat und warum nur er es empfing, der steht im Verdacht, Integralismus zu brauchen, weil er Pluralität nicht akzeptiert oder nicht aushält.

Also ist die systematisch-theologische Herausforderung eine erkenntnistheoretische.[66] Die These von GS 44, dass die für die Kirche identitätsstiftende Erkenntnis des Offenbarungswillens Gottes geschichtlich verfasst ist[67] und nicht ohne wechselseitige kulturelle Lernprozesse vollständig sein kann, bedeutet bis heute ein enormes Forschungsprogramm für die Ekklesiologie, die Offenbarungstheologie oder den interreligiösen Dialog. Interessanterweise hat aber die nachkonziliare Theologiegeschichte die Kulmination der Herausforderung in der theologischen Anthropologie gefunden. In der Freiheitsphilosophie der Neuzeit und der unhintergehbaren Freiheitssignatur modernen Lebens sieht ein wesentlicher Teil der Theologie ab 1965 den entscheidenden Startpunkt auch für die Gotteslehre.

Insofern ist das Programm von GS 44 im Folgenden mit dem Traktat aktueller theologischer Anthropologie zu kontrastieren. Dies liegt auch insofern nahe, als ja die ganze Pastoralkonstitution selbst anthropologisch aufgehängt ist (vgl. nur Nr. 3, 45 f, 91). Zum an-

---

66 Dies ist bei Rahner sehr klar auf den Punkt gebracht. Wer seine hier bereits zitierten Aufsätze liest, bemerkt, dass Rahner die neue Situation der Theologie nach dem Konzil als genuin erkenntnistheoretische Anstrengung präzisiert. Auch Rahners Widerstand im Entstehungsprozess von Gaudium et spes war über weite Strecken von speziell erkenntnistheoretischer Skepsis geprägt; vgl. oben Anm. 19.

67 Dazu Hünermann 2006b; ein Text, der die Neuheit der Konzilstheologie des Vatikanum II gegenüber der des Vatikanum I gerade wegen der akzeptierten radikalen Vergeschichtlichung des Glaubens aufzeigt: Theologie wird zur ‚interpretatio temporis‘ und verbleibt damit im Raum der immer zweideutigen kulturellen Zeichen.

deren kann auch die Milieutheorie als Ethnologie betrachtet werden, die wiederum eine Unterwissenschaft der Kulturanthropologie darstellt.

Das Ziel des folgenden Kapitels ist damit dreifach: Die theologische Dignität einer pastoralsoziologischen Aufnahme der Milieuforschung soll weiter begründet werden; der als unhintergehbar ausgewiesene Übergang integraler zu pluraler theologischer Argumentation wird weiter plausibilisiert; und die Notwendigkeit soziologischen Differenzierungsdenkens (Anthropologie *als* Ethnologie) soll aufscheinen. Um das Ergebnis vorwegzunehmen: Es wird sich zeigen, dass wichtige gegenwärtige Ansätze theologischer Anthropologie zwar dahin drängen, den Menschen als jemanden zu zeigen, der in den Gesten seiner freiheitlichen Lebensführung Signale sendet, die über seine reine Daseinsbewältigung hinausweisen und daher transzendent zu deuten sind. Trotzdem verbleiben die meisten Theologien weiter bei der These eben ‚des Menschen‘, also einer integralen Perspektive, die die Differenz der realen ‚Leute‘, ‚Leben‘ und ‚Kulturen‘ gerne auf eine essentialistische Folie bringen. Dies führt dazu, dass man im Wesentlichen, Allgemeinen, Prinzipiellen stehenbleibt – wodurch unklar wird, wie der reale Beitrag wechselseitiger kultureller Kommunikation zur ‚angepassten Predigt‘ aussieht. Es ist ja hilfreich zu hören, dass ‚der Mensch‘ in seinen Alltagsgesten seine auch religiös bestimmbare ‚Freiheitssehnsucht‘ ausdrückt. Aber wie genau macht er das? Welcher Mensch, welche Freiheit? Und welche Signale? An wen? All dies wäre im Sinne von GS 44 wichtig zu wissen; es bleibt aber unbestimmt, denn die Antworten auf diese Fragen kann kirchliche Erkenntnis nicht aus sich heraus – also aus Schrift, Tradition, Lehramt usw. – generieren. Soll theologisch-anthropologisches Sprechen nicht im Ungefähren stehenbleiben, benötigt es eine doppelte Hilfe: Sie muss sich konsequent auf die Standards pluraler, das heißt kontingenter Wissenschaft einlassen; und sie muss neugierig sein auf spezifisch empirische Forschungsdesigns und ihre Ergebnisse.

4 Zweiter Angang: Theologische Anthropologie

Der oben entfaltete pastoraltheologische Dreischritt im Gefolge von GS 44 ist Ausdruck und auch weiterer Impuls einer paradigmatischen Wende der Theologie als Ganzer, die niemand so folgenreich, ja: so „waghalsig"[68] ins Wort gebracht hat wie Karl Rahner. Rahner publiziert 1967 einen Aufsatz mit dem Titel ‚Theologie als Anthropologie', in dem er zeigt, „dass die dogmatische Theologie heute theologische Anthropologie sein muss, dass eine solche ‚anthropozentrische Wendung' notwendig und fruchtbar ist"[69]. Die Begründung für die Ausgangsthese verläuft – neben anderen Strängen – erkenntnistheoretisch und geschichtlich-epochal. Im Rahmen seiner transzendentalen Erkenntnistheorie zeigt Rahner, dass man gar keine Aussage treffen kann, die nicht selbst formatiert und limitiert wird durch die notwendigen Bedingungen der Erkenntnis im aussagenden Subjekt. Insofern haben auch theologische Aussagen apriorische Bedingungen, die im Subjekt liegen. Jenseits dieser Bedingungen kann von Gott oder seinem Heilswillen gar nichts ausgesagt werden. Der Umkehrschluss ist dann klar: Jede theologische Aussage ist daraufhin zu prüfen, an welcher Stelle sie im modernen Selbstbewusstsein des Menschen andockt, dass also „die transzendentale Seite an der Erkenntnis nicht übersehen, sondern ernst genommen wird"[70]. Die Rede über Engel oder über Trinität kann also nur dann vor dem Verdacht der Mythologie bewahrt werden, wenn man zeigen kann, wie sich der Mensch über diese Thesen in seinem Selbst- und Weltverständnis besser begreifen kann.

---

68 Hilberath 1995: 82.
69 Rahner 1967c: 43. Pröpper 2012: 97 legt Wert auf den Hinweis, dass Rahner die ‚Wende' zwar durchsetzt, diese aber in den Arbeiten von Blondel, Marechal, de Lubac und der sog. ‚Nouvelle Theologie' ihre Wegbereiter findet.
70 Ebd.: 45.

Rahner geht es hier nicht um eine billige Verwertung der Dogmatik für angenehmeres Menschsein. Vielmehr will er die Theologie auf den Standard epochaler philosophischer Selbstverständigung bringen. Hier heißt das, die ,kopernikanische Wende' Kants und die ihr nachfolgenden neuzeitlichen Philosophien theologisch aufzunehmen – und dies nicht taktisch (etwa, um *up to date* zu sein), sondern weil hier schlagend aufgewiesen wird, dass der Mensch immer selbst Grenze und Ort seiner Welterkenntnis ist. Er kann eben in jeder Aussage nicht zu den ,Dingen an sich', sondern nur zu sich selber vorstoßen. Insofern fragt ,der Mensch' nach sich, wenn er nach Gott fragt; er fragt aber – theologisch gesprochen – auch nach Gott, wenn er nach sich fragt. Denn er steht zu sich selbst immer schon im Licht einer Gnade, die kein Ding neben anderen Dingen ist, sondern diese transzendentale Verwiesenheit des Menschen selber *ist*.

Im Gefolge dieses rahnerschen Spitzentextes sind wichtige Ansätze theologischer Anthropologie entstanden und dies nicht nur in der systematischen, sondern auch in der biblischen oder praktischen Sektion der Theologie.[71] Gerade die von vielen befürchtete Infragestellung des Menschseins, etwa durch Biotechnologie, moderne Medizin, Waffentechnik oder Ressourcenmangel, drängt zu einer auch theologisch immer wieder neu zu justierenden Selbstvergewisserung. Allerdings stehen nicht nur die extremen Gefährdungen moderner Vergesellschaftung im Fokus pastoraltheologischer Reflexion, sondern auch die normalen kulturellen Vollzüge und Routinen. „Der Mensch ist der Weg der Kirche", formulierte Papst Johannes Paul II. Und somit wird ein theologisches Denken vom Menschen notwendig, das die Anthropologie nicht dualistisch von der Gottesrede abschneidet, sondern vielmehr die epochalen Entwicklungen menschlicher Selbstverständigung als theologieproduktive Chancen akkomodiert; das im Vollzug dieses Unternehmens aber nicht in abstrakten Generalformeln und ethischen Alarmismen verbleibt, sondern sprachfähig wird, wie sich gegenwärtiges Menschsein in seiner je gegebenen Kultur ausdrückt

---

71 Vgl. nur für die Exegese Frevel 2010; für die praktische Theologie Grümme 2012.

und je neu erfindet. Dies alles ist eine Frage des theologischen Menschenbildes und der hieraus resultierenden selektiven Perspektive: Wie erscheint das heutige Menschsein unter der Prämisse eines sich als unbedingte Liebe beständig offenbar haltenden Gottes?

Man kann die theoretische Herausforderung, die hier vorliegt, durchaus als Konkurrenz wettstreitender Menschenbilder von Wissenschaften verstehen. Auch wenn etwa Sozial- oder Naturwissenschaften nicht essentiell, sondern höchstens funktional von ‚Menschenbildern‘ ihrer Disziplinen sprechen, gibt es sie eben doch: die regulativen Ideen der Wissensorganisation, wie sie etwa in der Idealvorstellung eines ‚homo oeconomicus‘, eines ‚homo geneticus‘ oder eines ‚homo faber‘ vorliegen. Der Mensch erscheint hier als ‚nutzenmaximierendes‘, ‚genetischen Erfolg optimierendes‘ oder einfach ‚technikgebrauchendes‘ Subjekt. Diese Bezeichnungen sind – zumindest in wissenschaftstheoretisch seriösen Ansätzen der Ökonomie, Biologie oder Ingenieurwissenschaft – keine Wesensaussagen über den Menschen, sondern methodologische Selbstbeschränkungen: Der Mensch wird in den Blick genommen, *als ob* er reiner Nutzenmaximierer, Genoptimierer oder Technikgebraucher wäre. Vor allem sind mit diesen Reduktionen seriöserweise keine Sollensaussagen verbunden, nach dem Prinzip: Nur dann wäre der Mensch ganz Mensch oder gar guter Mensch, wenn er in der Rationalität eines ‚homo oeconomicus‘ handelte. Es geht hier nicht um Normativität, sondern um Modellierung.

Umso erstaunlicher ist dann aber schon die intendierte Reichweite solcher ‚Menschenbilder‘. Es ist durchaus möglich, etwa altruistische Handlungen als Grenzfall der Nutzenmaximierung oder Selbstschädigung als Grenzfall der Genoptimierung darzustellen. Moderne Wissenschaften sind sozusagen imperialistisch: Aussagen über den ‚homo oeconomicus‘ oder den homo geneticus können durchaus das Sachgebiet der Ökonomie oder der Biologie verlassen. So lässt sich das Verhalten im Straßenverkehr – ein Bereich, der sich zunächst nicht ausgerechnet biologischer Analyse anbietet – als genetische Optimierungsstrategie rekonstruieren. Oder ein Beispiel aus der Ökonomie: Nicht nur Wirtschaftsunternehmen, sondern auch Kirchen können durchaus mit Gewinn als institutionelle Akteure auf einem religiös-ideologischen Markt modelliert werden. Auf diesem Feld der Menschenbilder sind innerhalb einer ideologiekritischen Theologie viele Kämpfe geführt worden. Die Diskussion kann hier nicht referiert werden.[72] Trotzdem drängt sich natürlich die Frage auf, was denn die Theologie zum Menschen sagt. Auch hier werden wir ja sowohl den erwähnten Reduktionismus und paradoxerweise gleichzeitigen Imperialismus der Aussagereichweite erwarten dürfen, wie er auch für andere Wissenschaften gilt. Theologische Anthropologie trifft Aussagen über den Menschen, *als ob* er von Gott in seinem Sohn Jesus von Nazareth angesprochen und geliebt sei – das ist die große These der Christen, die sich in den Streit der wissenschaftlichen Zugriffe auf das Menschsein einbringt.[73] Schließlich müssen auch theologische Aussagen methodisch kontrollierbar bleiben und ausweisen, von welchen Prämissen sie ausgehen. Und selbst, wenn Theologie im Unterschied zu empirischen Disziplinen ihre anthropologischen Aussagen als vollständig, wahr und hinreichend im umfassenden Sinn versteht, muss es Akzente, Zuspitzungen, Definitionen geben, die sich als nachprüfbar ausweisen – wenngleich diese Nachprüfbarkeit hier nicht durch Experimente geleistet werden kann, sondern durch den Aufweis etwa von Plausibilität, Logik oder Textbezügen.[74]

---

72 Vgl. die reflektierte Debatte, die auf dem Feld der Wirtschaftsethik zur Reichweite eines ‚homo oeconomicus' geführt wurde. Eine gute Erstinformation bieten Homann/Suchanek 2000: 414–437. Für die Theologie bereits Rahner 1984: 35–42.

73 Vgl. aber Rentsch 1996: 244: „Religionsphilosophien des Als-ob sind abzuweisen." Rentsch bestreitet, dass religiöse Sätze Postulate oder Fiktionen seien, bezieht sich jedoch auf den Selbstbezug des religiös Sprechenden, also auf die „authentische Ebene religiöser Selbstverständnisse" (ebd.: 246). Dieses wird nicht sagen können: „Ich lebe als Christ so, als gäbe es Gott" und dieses ‚Als-ob' fiktional im Sinne einer bloßen Möglichkeit meinen. Der *wissenschaftliche Beobachter* des so religiös Sprechenden aber wird den Satz sehr wohl sagen können: Christen leben und verstehen sich so, als stünden sie im Heilswillen eines sich auf sie beziehenden Gottes.

74 Es geht, um an Rahner zu erinnern, immer um eine theologische Erkenntnistheorie, die sich gemäß neuzeitlicher Standards als rational ausweisen kann und nicht in Mythologien flüchten muss, die eben einfach zu glauben seien.

Was also sagt theologische Anthropologie? Wie fasst sie den Menschen? Was kennzeichnet den ‚homo theologicus'?[75] Inwiefern ist dies ein Angang zur hier angestrebten theologisch inspirierten Ethnologie? Und wie kann die in der kultursoziologischen Milieuforschung ermöglichte ethnologische Erkenntnisgewinnung die klassische theologische Anthropologie erweitern und präzisieren? Diese Fragen können hier nur in hoher Kondensation beantwortet werden. Wer den dogmatischen Traktat der Anthropologie studiert hat, der kennt die sehr voluminösen Bücher eines Wolfhart Pannenberg, die transzendentalphilosophischen Gipfelflüge eines Karl Rahner oder die ausgreifende Freiheitstheorie eines Thomas Pröpper. Es wäre ganz und gar unangemessen, diesen Gedankengebäuden hier gerecht werden zu wollen. Skizzen aber sollten möglich sein. Die Grundaxiome der genannten Autoren – sie gelten als wichtige Referenzgestalten des Diskurses – können hier genannt werden. Das Projekt ist dabei bescheiden: Zielpunkt der folgenden Abschnitte ist es, an die Stellen zu kommen, an denen eine substantielle dogmatische Reflexion auf kulturelles Ausdrucksverhalten die Portale zu empirisch-ethnologischen Sondierungen freigibt und begründet.[76]

---

75 Es ist bemerkenswert, dass sich dieser Terminus nur selten findet und ganze Anthropologien ohne ihn auskommen. Vgl. aber die ‚Lutherstudien' von Gerhard Ebeling 1989: 566–581, der den Begriff an prominenter Stelle platziert.

76 Grundlage des Folgenden ist neben den Originaltexten und einigen sekundären Erschließungen vor allem eine faszinierende Anthropologie-Vorlesung ‚meines' Bonner Professors für Dogmatik, Josef Wohlmuth, sowie die Lektüre des Lehrbuches eines seiner Schüler, Erwin Dirscherl (2006). Dirscherl ist es auch, der in seinem Buch die Ansätze von Rahner, Pannenberg und Pröpper als die entscheidenden des einschlägigen Diskurses vorstellt. Ich danke zudem für kurze, aber sehr hilfreiche Gespräche mit Hans-Joachim Sander und meinem Bochumer Kollegen Georg Essen.

4.1 ‚Dasein als Vorgriff': Der Mensch als Wesen des Geheimnisses bei Karl Rahner

Puristen haben es eher schwer mit der Theologie Rahners. Wenn er etwa definiert, der Mensch sei die „zu sich selbst gekommene Undefinierbarkeit", die „Chiffre Gottes" oder einfach das „Wesen der Transzendenz"[77], dann scheint seine Sprache eher zu vernebeln als zu klären. Tatsächlich hat Rahner des Öfteren über die Aussagereichweite von Sprache und Reflexion an sich nachgedacht und alle Versuche skeptisch beurteilt, die den Menschen auf den Begriff und das Prinzip zu bringen suchen. Genau das ist dann aber auch Programm, nicht Defizit der Anthropologie Rahners: zu betonen, dass der Mensch sich jedem epistemologischen Zugriff entzieht; dass er mehr ist als die Illustration oder Anwendung einer Größe außerhalb von ihm; dass seine Freiheit immer mehr Potenzial aktualisiert, als man abstrakt für deduzierbar hielt; dass er also im eigentlichen Sinn unausrechenbar ist.

Dies ist zum einen Größe, zum anderen Fluch. Denn wenn dem Menschen an sich nichts Auffindbares entsprechen kann und auch er niemandem so ganz entspricht, dann ist er jedem Prinzip, aber auch jedem Anderen und sogar sich selbst gegenüber ein letztlich Fremder. Er erfährt sich, und hier meldet sich existenzialistisches Denken, als vor sich selbst und vor die Welt gestellt. In sich ist der Mensch eine Ausdehnung des Fragens und Nicht-Verstehens, die seine Fassung übersteigt, ihn also aus sich heraus auf eine Welt zukatapultiert, die wiederum in ihrer Endlichkeit die Unendlichkeit der menschlichen Frage nicht aufnehmen kann. Insofern ist der typische menschliche Seinsmodus der der Öffnung, der Verwiesenheit, der Unbehaustheit, der Sorge. Diese Offenheit, diese Existenz als ‚Vorgriff', wie Rahner das nennt, konstituiert erst eine Sonderstellung des Menschen als Person, als Subjekt.[78] Es geht ihm dabei um den Modus der Vorgrifflichkeit überhaupt. Material bezieht er diesen etwa auf Gott

77 Rahner 1984: 215. 222–225. 46. Vgl. zum Folgenden Hilberath 1995: 53–96; sowie Dirscherl 2006: 216–232.
78 Vgl. Rahner 1984: 42–46.

als dem absoluten Geheimnis oder auf die unumgreifliche Fülle der Wirklichkeit. Die Sinnspitze aber ist die Performativität: Der Mensch ist immer schon über sich hinaus; indem er ist, greift er sich und seiner Welt vor.

Dasein als Vorgriff – welche Implikationen hat diese These? Menschliches Sein, so Rahner, ist nie ganz bei sich, traktiert immer eine letzte Fremdheit inmitten alles Immanenten. Darum ist der Mensch das Wesen der Gottbegabtheit: Immer schon greift er vor auf das, was alles sprengt. Dieses kann von ihm weder gemacht noch letztendlich gedacht werden. Vielmehr muss es so sein, dass sich der Horizont des Unendlichen von sich her der in dieser Unendlichkeit fragenden Existenz zusendet. Das ist Heil, so Rahner: dass die unermessliche und unbegrenzbare Daseinsfrage eine Instanz findet, die ihr antwortet. Ja mehr noch: dass diese Instanz sogar der Grund für die Daseinsfrage war. Der Mensch sendet sich als Frage zwar in einen unendlichen, aber eben nicht leeren Raum; ihm antwortet eine ebenso unendliche Sehnsucht, die ihn meint. Heilsgeschichte ist nichts, was von außen in die Geschichte mythologisch eingreift, sondern „die Geschichte selbst (...) [ist, MS] die Geschichte dieses Heils"[79]. Im Dasein als Vorgriff, gesteigert in Liebe, Mystik oder Tod, in dieser Fassungslosigkeit, erfasst der Mensch, dass er von jemandem umfasst ist, der ihm gleicht und dem er gleicht – bei aller Verborgenheit und eschatologischen Vorläufigkeit. Eine seltsame Logik: außer sich sein, um zu sich zu kommen, weil man zu dem kommt, für den man außer sich ging. Dabei muss diese Vorgrifflichkeit überhaupt nicht der alltäglichen Selbsterfahrung als handelnder Mensch entsprechen, ja: kann sogar vom Subjekt negiert werden. Als Vorgriff da zu sein, ist vielmehr eine Grunderfahrung in jeder Kleinerfahrung, ein begleitendes, basierendes Mit-Wissen, während man sein Leben lebt. Es geht um jene transzendentale Dimension, die nicht einfach ein additives Moment an der menschlichen Existenz ist, sondern diese überhaupt erst fundiert. Hier wird die rahnersche Anthropologie im obigen Sinn imperialistisch: Er denkt *jeden* Menschen in seiner transzendentalen Verfasstheit, ganz unabhängig davon, ob

79 Ebd.: 52.

der Einzelne dies weiß, akzeptiert, glaubt oder gar aktiv gestaltet. Es ist eine Setzung, ein Modell, eine methodische Annahme. Für das Projekt einer theologisch inspirierten Kulturethnologie im Ausgang von GS 44 handelt es sich um eine äußerst attraktive These. Denn hier wird die Chance geboten, das Höchste und das Alltäglichste zusammen zu denken. Rahner gesteht sofort zu, dass sich die transzendentale Würde des Menschen nie an sich zeigt, sondern immer im Amalgam des konkreten Lebensvollzuges, des Kategorialen, vorliegt. Viele Rahner-Studien sind durch die typische Mixtur dieser Theologie gegangen, die sehr rasch hochspekulative Drehungen der Theoriespirale auf ganz basale Lebensreflexionen folgen lassen kann und umgekehrt. Rahner betont unablässig, dass diese unendliche Höhe und Auszeichnung des menschlichen Seins, sein transzendentales Genom, sich immer und ausnahmslos in der geschichtlichen, kategorialen, phänotypischen Verwirklichung zeigt. Dies bewirkt aber gerade keine Banalisierung der hohen Berufung zum Menschsein, sondern eine geradezu kernige Wertschätzung des menschlichen Alltags. Rahners Theologie, so poetisch sie sein kann, ist oft von einem geradezu schroffen Realismus gekennzeichnet. In seinem bekannten ersten Gang des ‚Grundkurses' hat er kein Problem damit, die normale Daseinserfahrung des Menschen als „hart" zu kennzeichnen; als „unheimliche Unendlichkeit, in die er fragend ausgesetzt ist"; als „weltliche Selbstentfremdung".[80] Gerade weil Rahner in der Freiheit den Dreh- und Angelpunkt der Gottebenbildlichkeit und auch der Gottfähigkeit (potentia oboedentialis) des Menschen sieht, kann er im Handeln der Freiheit auch den konkreten Aufweis hierfür finden.

Erfahrung wird somit zur Zentralkategorie. Sich seinen Lebensaufgaben, sich seiner je persönlichen Freiheits-Wahrheit zu entziehen, wird zum „Existential der Schuldbedrohtheit"[81]. Der (auf-) gegebenen Freiheit zu entsprechen, wird zu Glück, zu Sinn, zu Heil der kategorialen Erfahrung. Der konkrete Lebensvollzug wird somit zur wichtigsten Daten- und Selbstvergewisserungsquelle für

---

80 Ebd.: 38. 43. 51
81 Dirscherl 2006: 228.

die Tatsache der Undefinierbarkeit. In jeder Tat, sei sie noch so banal, symbolisiert und kreiert der Mensch sein Freiheitsvermögen, seine Weltverwiesenheit und seine (unthematische) Bezogenheit auf Gott. Dogmatik wird konkret: Es ist aus Sicht der praktischen Theologie, die ohnehin Rahner so viel zu verdanken hat,[82] schon bemerkenswert, dass dieser keine Scheu hat, in seinem ‚Aufriss der Dogmatik' von 1964 eine ‚Theologie der menschlichen Zustände und Vorkommnisse' zu fordern. Die Inhalte: „Geburt. Lebensalter. Essen und Trinken. Arbeit. Sehen. Hören usw. Reden. Schweigen. Lachen. Weinen. Künste (Musik, Tanz usw.). Grundvollzüge des geistigen Lebens. Kultur. Der Tod (als naturhaftes Phänomen). Das natürliche Jenseits (...).“[83]

Der Mensch als Wesen des Vorgriffes, dessen Handlungen und Gesten gerade in ihrer Alltäglichkeit eine Signatur des Ausgreifenden und Resonanzbedürftigen demonstrieren – was für eine Steilvorlage für ein ethnologisches Forschungsprogramm, das genau hier ansetzt und fragt, wie genau welche Menschen welches Signal in ihren Alltagsgesten codieren! Rahner selbst hat diese Konkretionen grundgelegt, selbst aber nicht soziologischsystematisch durchgeführt. Im ‚Grundkurs' schreibt er vielmehr, bezogen auf die Gestalt des einen, ganzen Existenzvollzuges: „Wie sich das in der raumzeitlichen Breite und Länge eines geschichtlichen Daseins auch in die Konkretheit der Pluralität des menschlichen Lebens hinein vollzieht, das ist eine Frage, die wir nicht genau entscheiden können.“[84] Nun, hier kann eine pastoraltheologische Kulturforschung heute Anregungen geben. Mit theologisch erschlossenen ethnologischen Theorien und Instrumenten kann nicht nur weitere anthropologische Illustration zugeführt werden, sondern es wird auch – sonst wäre man nicht auf der Höhe konziliarer Theologie – ein theologischer Entdeckungsort erschlossen. Hierzu will dieses Buch einen Beitrag leisten.

---

82 Vgl. nur Laumer 2010.
83 Rahner 1964a: 35 f. vgl. auch die einschlägigen Literaturhinweise bei Neumann 1980: 157 f.
84 Rahner 1984: 49.

Über Rahners These der Vorgrifflichkeit allen Handelns und damit Seins ist eine überzeugende Spur gelegt, wie symbolisches Ausdruckshandeln theologisch verstanden werden kann. Mit Rahner kann nun über ihn hinaus gefragt werden: Wie genau machen Menschen das, dass sie in ihrem Lachen, Essen, Sterben, Tanzen usw. die Vorgrifflichkeit ihres Daseins anzeigen? Und wem zeigen sie es eigentlich an? Nur sich selbst? Rahner modelliert den Menschen ja auf bestimmte Weise recht einsam, in seiner letzten Selbstbezogenheit (die ihn freilich, wie gesehen, wieder über ihn hinaus an die Welt verweist). Wie aber kann vorstellbar werden, dass ein Sein als Vorgrifflichkeit auch in den sozialen Kosmos hinein signalisiert werden muss und die Vorgrifflichkeit selbst eine auch soziale Tatsache ist? Zu letzterer Frage hat Wolfhart Pannenberg luzide Analysen angeboten.

4.2 ‚Der bergende Grund': Der Mensch als das zu seinem Selbst erwachende Ich bei Wolfhart Pannenberg

Ähnlich wie Rahner verfolgt auch Pannenberg die Intention, die religiöse Dimension des Menschseins nicht postulativ gegen, sondern dialogisch mit den modernen Humanwissenschaften aufzuzeigen: „Was den Menschen angeht, hängt die Wahrheit christlichen Redens von Gott dem Schöpfer daran, dass die Wirklichkeit des Menschen mit Recht als durch sich selbst schon auf Gott bezogen in Anspruch genommen werden kann."[85] Theologische Anthropologie ist also aus dem empirischen und interpretativen Material über den Menschen heraus auszuweisen und kann keine arationalen Postulate einfach behaupten wollen. Dieses Forschungsprogramm ist erkennbar voluminös und erfordert eine Sichtung und Durchdringung verschiedenster Wissenschaften von philosophischer Anthropologie über Entwicklungspsychologie bis hin zur Kultursoziologie, der sich Pannenberg in beeindruckender

---

85 Pannenberg 1983: 92.

Weite und Umsicht stellt. Thomas Pröpper, selber wahrlich kein Wenig-Schreiber, spricht anerkennend von den „riesigen Materialschlachten, die (...) [Pannenbergs, MS] Bücher stets absolvieren"[86].

Zwei zentrale Linien, angedockt an die traditionellen Themen der biblischen Anthropologie, bestimmen den ersten der drei großen Hauptteile des Buches: Das Theorem der ‚Gottebenbildlichkeit' wird aus den Befunden der philosophischen Anthropologie (Plessner, Scheler, Gehlen) heraus als Ex-Zentrizität des Menschen modelliert; und der Begriff der ‚Sünde' scheint auf als Konflikt zwischen der Bestimmung zur weltoffenen Exzentrizität und der starken Neigung der Ich-Zentralität. Insofern bildet die Identitäts- bzw. Nicht-Identitätsthematik den roten Faden des ganzen Buches.[87] Für unseren Zusammenhang ist nun entscheidend, in welcher Drift Pannenberg über Identität nachdenkt. Die mythologische Theorievariante, die Identität von einem wie auch immer gesetzten Urzustand herleitet, kann ihn schon deswegen nicht überzeugen, weil sie mit einem historisch aufgeklärten und zum Beispiel archäologisch präzisierten Bewusstsein unvereinbar erscheint. Insofern argumentiert er evolutiv und rekonstruiert die menschliche Identität von einer finalen Größe her. Der wichtigste Referenzpunkt: Johann Gottlob Herder. Dieser versteht menschliche Werdung nicht als Zustandsbeschreibung, sondern als kreatives Handeln, als dynamische Zielbestimmung.[88] Der Mensch soll ‚werdender Mensch' sein; dies aber ist eher weniger ein Prozess der naturalen Selbstvervollkommnung als einer der Bildung und Erziehung. Pannenberg greift diese Theorie auf und kann zeigen, dass die Ergebnisse philosophischer, aber auch biologischer Anthropologie es erlauben, eine im Menschen anzunehmende, evolutive Zielbestimmung zu behaupten. Natürlich ist diese unspezifisch und muss

---

86 Pröpper 2012: 414.
87 So auch ebd.: 425f; vgl. die ganze Analyse ebd.: 414–437.
88 Es geht also um die Fokussierung auf Kreativität, Wachstum, Potenzial. Vgl. hierzu auch die Handlungstheorie von Hans Joas (1996), der ebenfalls bei Herder ansetzt. Wichtig für den einschlägigen Zusammenhang einer pastoraltheologisch interessierten Ethnologie ist es, dass Joas Herder als theoretischen Kronzeugen aufruft, wenn es um die anthropologische Kreativitätsdimension des ‚Ausdruckes' geht (ebd.: 113–127).

wohl auch auf die ganze Gattung ‚Mensch' bezogen werden. Trotzdem geht sie nicht in einem rein biologistischen Modell der Arterhaltung oder der genetischen Optimierung einfach auf. Vielmehr, so jedenfalls Pannenberg, ist die finale Ausrichtung des menschlichen Seins eine Grundkonstante seiner Identitätsbildung. Der Mensch, auch als Individuum, ist von einer Idee seiner selbst geprägt, fühlt in sich Antriebe, die realisiert werden *sollen* und weiß in bestimmter Hinsicht, dass in ihm etwas angelegt ist, was er verfehlen kann. Auch wenn er ahnt, dass er sich selbst nie restlos realisieren wird, gibt es doch biografische Momente, in denen er der Identität mit sich selber näher kommt, und andere, in denen er sich von ihr entfernt. Auch die Übernahme von Verantwortung kann nur dort erfolgen, wo jemand einen bestimmten Prozess als für sich erwünscht oder sogar als verpflichtend akzeptiert.

Pannenberg berührt hier die bereits bei Rahner skizzierte Theorie der Weltoffenheit und Vorgrifflichkeit, kann sie aber um eine fundamentale Dimension erweitern. Denn nach den genannten Diskursdurchgängen drängt gerade die Entscheidung für ein evolutives Theoriedesign ja in die Frage, woher denn diese dynamische Zielbestimmung bezogen wird. Diese Frage kann klassisch transzendentalphilosophisch kaum beantwortet werden, da dieses Denken implizit bei einem bereits identischen Ich ansetzt, das sich als solches fragend in die Welt entwirft.[89] Wie aber entsteht dieses Ich? Es scheint ja, so wie es da ist, immer schon geworden zu sein und ist also immer auch ein Ergebnis vorangegangener Entwicklungsprozesse – wer aber hat dieser Entwicklung eine Zielbestimmung mitgegeben, wie ging das vor sich und um welches Ziel handelt es sich? Im Zuge der Beantwortung dieser Themen referiert Pannenberg sowohl entwicklungspsychologische Säuglingsforschung wie Sprachanalytik und idealistische Philosophie und kommt zu einer verblüffenden Thesenfolge: „Das momenthaft, in Gestalt der momentanen Bewusstseinseinheit auftretende ‚Ich' kann seine synthetische Funktion der Aneignung seiner Gegenstände für ‚sich' nur erfüllen auf dem Umweg über das ‚Selbst'. Das

---

89 Pannenberg 1983: 205f.

Ich als solches wird erst spät bewusst."[90] Personalität ist zu bestimmen als: „Gegenwart des Selbst im Ich"[91].

Der Begriff des ‚Selbst' wird dabei von George Herbert Mead bezogen.[92] Der Begründer des sogenannten ‚Symbolischen Interaktionismus' ist bekannt für seine bahnbrechenden Analysen zur Sozialpsychologie, in denen er der Frage nachgeht, wie Menschen es überhaupt schaffen, sich trotz ihrer hochindividuellen Triebkonflikte in Gruppen so zu organisieren, dass sie ihre Individualität wie ihre Sozialität konstruktiv ausagieren können. Die berühmte meadsche Rollentheorie kann hier nicht entfaltet werden, wohl aber der Grundgedanke, den auch Pannenberg anthropologisch weiterdenkt: Der Mensch ist in der Lage, die Reaktionen des Interaktionspartners auf sein Verhalten antizipierend vorauszusehen und sein Kommunikationsverhalten entsprechend dieser Interpretationen zu balancieren. Dies ist möglich, weil das Selbstbild des Menschen von sich direkt bipolar generiert wird: Das Ich (bei Mead: ‚I') weiß von seiner Triebnatur. Deren Befriedigung ruft Reaktionen der Umwelt hervor, die als Wissen um die eigene Reaktivität in das Selbstkonzept eingespeist wird (bei Mead: das ‚Me'). Dieses ‚Me'-Wissen wird in der Entwicklung immer pluraler: die Erfahrung der Bewirkung auf die Umwelt wird von immer mehr Personen gespiegelt. Die vielen ‚Me' der externen Sphäre werden daher zu einem generalisierten Außen (‚generalized other'), zu einem Selbst (‚self') aggregiert und komponiert. Die Person greift auf sich nunmehr immer über den ‚Umweg' einer internalisierten Wahrnehmung seiner selbst und seines Selbst innerhalb der sozialen Sphäre zu.

Für Pannenberg ist diese Theoriereferenz bei Mead wichtig, um die Finalität der menschlichen Identitätsentwicklung nicht nur als empirisches Faktum, sondern auch als prinzipiell denkbare Weltoffenheit für eine menschliche Bestimmung im Glauben denken zu können. Der Mensch ist werdend nicht nur auf die soziale Sphäre hin, der er sich verdankt. Vielmehr wird gerade hierdurch die

---

90 Ebd.: 213.
91 Ebd.: 230; ähnlich 513.
92 Zu Mead vgl. den Überblick bei Joas 2000 (mit Lit.).

generelle Verwiesenheit des Menschen auf auch andere bergende Gründe deutlich: auf ideale Bestimmungen, eschatologische Entlastungen, Gottesbegegnungen usw. Das ‚Grundvertrauen', aus dem der Mensch entstammt, ist für Pannenberg eine sichtbare Spur zu seiner religiösen Grundausstattung. Es ist ihm „von vornherein ein religiöses Phänomen. (...) Gott ist der eigentliche Gegenstand des Grundvertrauens schon in seinen Anfängen."[93] Wie weit diese deutlich theonome Bestimmung des Menschseins tragen und ob sie die ganze Dramatik des menschlichen Freiheits- und Entscheidungsgeschehens einfangen kann, muss hier nicht entschieden werden.[94]

Für eine ethnologische Sondierung menschlichen Kulturvollzuges, wie GS 44 sie anregt, ist jedenfalls die These sozialer, präreflexiver Gründe der individuellen Gestalt elektrisierend. Zum einen gilt Mead selbst als wichtige Referenzfigur des ‚cultural turn' der Kultursoziologie, in den sich ja auch die Milieuforschung eingebettet sieht. Es sei nur kurz darauf verwiesen, dass Mead Ende der 1880er Jahre bei Wilhelm Wundt in Leipzig studierte, der schon früh mit seinen Studien über ‚Gebärden' die ethnologische Analyse von Ausdrucksgesten vorbereitet hat. Zum anderen gewinnt Pannenberg neben der individuellen eine weitere Ausdrucksdimension kulturellen Handelns hinzu. Er verweist darauf, dass die Identität von Personen und Dingen nur dann vollständig erkannt ist, wenn ihr Verweischarakter auf ihren sozialen Entstehungsgrund mitbedacht wird. In jeder Ausdrucksgeste, jedem Kulturvollzug, sind die Signale der Individuierung eingebettet in Signale des sozialen Zugehörigkeitswunsches. Menschen verdanken sich einem bergenden Grund, dessen sie sich handelnd permanent vergewissern und den sie auch permanent handelnd weiterinterpretieren und -entwickeln. Die soziale Kausalität der personalen Identität macht sich zudem auch normativ bemerkbar in einer Art idealer Finalität. Menschen signalisieren in ihren Gesten, wer sie

---

93 Ebd.: 224; vgl. den ganzen Abschnitt ebd.: 217–235.
94 In diese Richtung gehen jedenfalls die einschlägigen Kritiken an Pannenberg; vgl. nur Pröpper 2012: 431–437; Essen 2012: 1129–1131; Dirscherl 2006: 246.

sein wollen und zu wem sie gehören wollen; und Letzteres gibt einen wichtigen Bezirk an, der ihre Identitätswerdung zugleich stimuliert wie begrenzt.

Das Projekt einer theologisch inspirierten Ethnologie bezieht von Pannenbergs Analysen daher eine reiche Erweiterung. Sie hat von Rahner gelernt, dass menschliche Kulturäußerungen immer auf mehr aus- bzw. vorgreifen, als der reine Akt zu implizieren scheint. Menschliches Handeln, so unscheinbar es sein mag, lässt sich theologisch mindestens potenziell rekonstruieren als unthematische Frage nach dem Ganzen, der Fülle, der Suche nach Integration zwischen unendlicher Anlage und nur endlicher Erfüllung. Die Vermittlung dieses Artikulationsüberschusses wird und kann nur über endliche, kategoriale Erfahrung verlaufen. Die sieht auch Pannenberg: „Der Weg des Menschen zu der (göttlichen) Wirklichkeit, in der er sein exzentrisches Dasein letztlich gründen und so seine Identität gewinnen kann, ist also vermittelt durch die Erfahrung der äußeren Welt."[95] Neu aber ist nun die Betonung, dass menschliche Ausdrucksgesten eine weitere Signalqualität aufweisen: Sie resultieren aus der Erfahrung eines sie bergenden Grundes, der sich in sozialen Mikrokosmen verdichtet und an den sie sich auch wieder zurückwenden. Neben die transzendente tritt die soziale Ausdrucksdimension.[96]

Natürlich setzen auch hier, ähnlich wie bei Rahner, die eigentlich konkreten und ethnologisch zu klärenden Fragen erst ein: Wie machen Menschen das, dass sie sich auf das beziehen, was Pannenberg ihren ‚bergenden Grund' nennt? Wie bilden sie ihre sozialen Signale gestisch ab? Und wie kommt es, dass andere Individuen diese Gesten lesen können? Gibt es etwa kollektive Großmuster, die diese ‚Gründe' bilden und die überhaupt nur wegen ihrer kollektiven Zugänglichkeit sozialisatorische Effekte er-

---

95 Ebd.: 67.

96 Damit soll nicht behauptet werden, dass Rahners Anthropologie diese Dimension nicht auch betonen würde. In seiner Theorie der ‚kommunikativen Verfasstheit' des Menschen kommt er ihr sogar sehr nah. Pannenberg aber kann deutlicher und faktenreicher die relationale Dimension der Entstehung dieser Verfasstheit zeigen, die sich seiner These folgend eben keinem intentionalen Freiheitshandeln, sondern einer vorvoluntativen Sphäre verdankt.

zielen? Gibt es eine Verschiedenheit dieser ‚bergenden Gründe‘ und wie verhalten sich diese dann zueinander? Solche Fragen sind nicht Gegenstand der pannenbergschen ‚Materialschlachten‘. Sie näher zu bearbeiten wird Kompetenz einer pastoraltheologischen Ethnologie sein können.

4.3 ‚Die sich performativ ereignende Liebe‘: Der Mensch als unbedingte Freiheit bei Thomas Pröpper

Der bisher verfolgte Gedankengang hat der Bemühung, theologisch den ‚Roman des Körpers zu schreiben‘[97], ein bereits stabiles Fundament gegeben. Es wurde deutlich, dass das menschliche Ausdruckshandeln aus theologischer Sicht immer eine mindestens unthematische Transzendentalität (Rahner) sowie eine sozial grundierte Finalität (Pannenberg) aufweist. Theologisch gesehen, kann in menschlicher Kreativität und Gestik ein Bezug zu einem als unendlich zu denkenden Horizont rekonstruiert werden – dies ist die Vorgrifflichkeit (Rahner) jedes Handelns. Diese erste Bezugsdimension kann präzisiert werden als zielgebende Bezugnahme auf einen sozialen Kosmos, ebenden ‚bergenden Grund‘ (Pannenberg), von dem her und auf den hin handelnde Menschen Signale abgeben. Beide Autoren erschließen diese impliziten Bezugsdimensionen von der grundlegenden anthropologischen Idee der Weltoffenheit her; und beide verweisen auf die Indikationsqualität kategorialen Weltgebrauchs: Nur über die konkrete Handlung, die situative Konstellation, die endliche Realisierung lassen sich die genannten transzendentalen bzw. finalen Bezugsdimensionen erschließen.

Thomas Pröpper fügt in seinen anthropologischen Reflexionen eine weitere wichtige Präzision hinzu: Man kann sie als ‚intersubjektive Performativität‘ des Handelns bezeichnen.[98] Er stimmt zunächst den beiden letztgenannten Startannahmen der Weltoffenheit und des immer nur kategorial möglichen Weltgebrauches zu.

---

97 Vgl. oben die Einführung in dieses Buch.
98 Vgl. zum Folgenden auch Dirscherl 2006: 246–255.

Seine zentrale Theoriereferenz ist aber nicht die Gnadentheologie (Rahner) oder das Problem der Identitätswerdung (Pannenberg), sondern die neuzeitliche Freiheitsphilosophie. Auch wenn sich diese natürlich mit der Gnaden- und der Identitätsthematik schneidet, kommt durch den dann auch noch formal geführten Rekurs auf Freiheit eine kritische Widerständigkeit zu den beiden genannten Ansätzen ins Spiel. Pröpper kritisiert an Rahners Transzendentalphilosophie, dass sie in bestimmter Weise die inhaltlichen Qualifizierungen der biblisch bezeugten Selbstmitteilung Gottes (Reich-Gottes-Botschaft, Wunder, Kreuzestod usw.) vernachlässigt und die grundlegende Hinordnung des Menschen auf das bereits in ihm angelegte Gottesverhältnis so (über-)betont, dass Freiheit wohl nur noch heißen kann, etwas bereits latent Erfolgtem einfach zuzustimmen. Rahner denkt nach Pröpper die menschliche Freiheit so stark im Licht der göttlichen Gnade, dass ihm der freie Entschluss des Menschen gegen Gott nur als Selbstwiderspruch der Freiheit in den Blick kommt. „Unter Rahners Voraussetzungen dürfte es schwer sein, die Dialektik der Freiheitsgeschichte zu begreifen und die bestimmte Auseinandersetzung mit dem Freiheitsdenken der Neuzeit zu führen."[99]

In eine ähnliche Richtung geht die Kritik an Pannenbergs Idee einer finalisierten Berufung des Menschen zur Menschwerdung: Hier droht das Geschehen der Freiheit zu schnell sozusagen evolutionslogisch zu werden und zu einer Art natural gegebener Kompetenz des Menschseins herabzusinken. Pröpper kritisiert an Pannenberg, dass er mit seinen Studien zwar die humanwissenschaftliche Relevanz der Gottesfrage ungebrochen plausibel machen kann, hierbei aber das Freiheitsgeschehen dogmatisch in gewisser Weise vereinnahmt. Pannenberg kann die Rationalität und die Plausibilität der These von der menschlichen Gottesverwiesenheit zeigen; ob damit aber dieser Gott wirklich sei und ob der freie Mensch diese seine Verwiesenheit existenzleitend werden lässt, ist selbst noch durch den fulminantesten Aufweis nicht entschieden. „Also bleibt es dabei, dass es sich bei Pannenbergs Thesen, soweit sie die Wirklichkeit

---

99 Pröpper 1988: 271 sowie ebd.: 123–137; vgl. auch ders. 1985: 90f. 137–139. 142–144 (= FN 106. 169. 185); sowie neuerdings ders. 2012: 403–414.

eines von der Welt unterschiedenen Gottes betreffen, um philosophisch unbewiesene Annahmen handelt."[100] Man sieht an beiden Kritikansätzen: Freiheit ist das Grundwort bei Pröpper, und zwar formale Freiheit als selbstursprünglicher, unableitbarer und ausrechenbarer Konstitutionsakt des Menschseins. Man kann nach Pröpper auf Freiheit gar nicht irgendwie wesensmäßig angelegt sein, und man kann aus Freiheit nichts zwingend deduzieren. Vielmehr ist die Möglichkeit zur selbstgesetzten Freiheit jene Ur-Überraschung des Menschen, aus der heraus er sich entwirft. Natürlich entsteht sie in sozialen Prozessen und wird auch an diese Bergungsgründe immer wieder adressiert. Aber die Berufung auf die im Existenzvollzug gegebene Freiheit ist positiv selbstursprünglich.[101] Sie ist ein Ereignis, das sich selbst begründet, erklärt und erfüllt, wenn es geschieht. Freiheit ist unbedingt: „In ihrer ursprünglichen Aktualität und reflexiven Struktur entzieht sich Freiheit jeder Begründung, ja weist sie zurück."[102] Denn nur als formal selbstursprüngliche ist sie frei. Auch in Pröppers Schriften findet man daher zwar transzendentale und finale Argumentationsmuster. Sein Einwand gegen Rahner und Pannenberg ist kein prinzipieller, sondern ein formaler. Pröpper will nachweisen, dass über das Freiheitsgeschehen des Menschseins eine philosophisch legitime Plausibilität für die These im Raum steht, dass es Gott deswegen wirklich gibt, weil der Gedanke einer selbstursprünglichen Freiheit sich als Antwort einer anderen, freisetzenden Freiheit verstehen kann – dies aber gerade nicht dadurch, dass die menschliche Freiheit Gott auch wählt oder anerkennt, sondern in radikal freier Differenz zu ihm. Das transzendentale Freiheitsdenken ist das „philosophische Prinzip theologischer Hermeneutik" und kann „insofern tatsächlich als die der Offenbarungswahrheit gemäße Denkform" ausgewiesen werden.[103]

---

100 Pröpper 2012: 430; vgl. ebd.: 414–437.
101 So Essen 2012: 1130 in seiner kritischen Auseinandersetzung mit Pannenberg.
102 Pröpper 1985: 98.
103 Pröpper 2001: 16; vgl. den ganzen Aufsatz ebd.: 5–22. Ausführlich vgl. die „Freiheitstheoretische Erschließung der Bestimmung des Menschen" in ders. 2012: 488–656.

Damit erfährt der hier eingeschlagene Denkweg eine weitere Zuspitzung: Die Transzendentalität und Finalität menschlichen Ausdruckshandelns bezeugt sich erst in der Performativität eines aktualisierten Freiheitshandelns. Anthropologisch informativ sind daher vor allem Situationen freien Handelns, denn gerade in ihnen kristallisieren sich jene typisch theologisch ausdeutbaren Dimensionen.

Pröpper bezieht diese Grundthese der selbstursprünglichen Freiheit aus einer ausgedehnten Debatte mit der neuzeitlichen Philosophie, die hier nicht nachvollzogen werden kann. Für den hier einschlägigen Zusammenhang sind aber zwei Theoriewendungen weiterführend. Zum einen gewinnt Pröpper den zentralen theologischen Beleg für das anthropologische Phänomen selbstursprünglicher Freiheit aus der biblisch bezeugten Geschichte Jesu; zum anderen gerinnt der an Jesusgeschichte und Freiheitsphilosophie gewonnene Praxisbegriff zu einer Theorie darstellenden und anerkennungsorientierten Handelns.

Zunächst zur Jesusgeschichte. Pröpper formuliert als Grundanforderung an jede Theologie, dass sie christologisch rückbezogen sein müsse. Denn die Basiswahrheit christlicher Theologie ist es, dass sich in der Geschichte Jesu die unbedingt für die Menschen entschiedene Liebe Gottes faktisch *erweist*, und zwar als Selbstoffenbarung dieses Gottes.[104] Dies ist ein so gehaltsreicher Satz, dass er aufwändig erklärt werden müsste. Die für ein ethnologisches Programm entscheidende Sinnspitze liegt in der oben bereits notierten Performativität. Gott offenbart sich durch ein reales geschichtliches Geschehen: „In Jesu Verkündigung, Tod und Auferweckung *geschieht* ja, was offenbar wird …"; es geht um eine Deutung der Geschichte als „*offenbarendem Geschehen* und *Geschehen des in ihm Geoffenbarten*".[105] Die ganze Menschwerdung, der ereignishafte Gesamtvollzug von Jesu Leben, Wirken, Sterben und Auferstehen bilden den Erlösungszusammenhang. Form und Inhalt der Offenbarung gehören unlösbar zusammen; die mensch-

---

104 Vgl. Pröpper 2012: 68–79 sowie ders. 2001: 5–22. 40–56 (Hervorhebung im Text).

105 Beide Pröpper 2012: 72 f; Hervorhebung im Text.

liche Geschichte Jesu ist nicht irgendwie ,Beleg', ,Ableitung' oder
gar ,Dekoration' eines von ihr prinzipiell ablösbaren Gotteswillens; sondern Gott selbst macht sich in dieser Geschichte eines
Menschen restfrei antreffbar, verletzbar und deutbar. Jesu Leben
wird als Form zum ersten und alles begründenden Inhalt der Gottesrede.

Pröpper liest somit das Leben und Sterben des Jesus von Nazareth
sowohl historisch wie normativ: Jesus wird zum exemplarischen
Menschen der Freiheit, der sich wie niemand sonst mit extremem
Selbsteinsatz und daher hochriskant auf die anerkennende Liebe
des Vaters verlassen hat. Es ist gerade die vom Osterglauben bezeugte Faktizität seiner Auferweckung, die etwas Neues bringt,
was eben nicht in transzendentalem Großschwung und (allerdings
dann schlechter) Rahner-Nachfolge als natural-gnadenhafte Hinordnung des Menschen auf das absolute Geheimnis zu überlesen
ist. Vielmehr muss die Performativität des Osterereignisses beachtet werden: Die Liebe Gottes, auf die Jesus sich bis in den Tod verließ, die er glaubend als wahr setzte, *erweist* sich tatsächlich als
rettende Liebe. Pröpper nennt dies sogar die „entscheidende Statusänderung der Menschheit".[106] Ihre Bezugnahme gilt existentiell und nicht konfessorisch: Nicht das Faktum, ob jemand sich in
seinem Credo zu Jesu Lebensentwurf der vertrauenden, risikobereiten Liebe bekennt, sondern ob er so lebt, wird zur entscheidenden Größe.

Hier gelangt der Gedankengang zu einem weiteren Akzent: Pröpper plausibilisiert die an der Jesusgeschichte hervorragende Gleichzeitigkeit von Form und Inhalt an der Logik menschlicher Liebe.
Jesus wird zum Lehrer der Freiheit, weil er liebt; denn Liebe ist der
höchste und deutlichste Freiheitsgebrauch des Menschen. In der
Liebe geschieht Fünffaches: Eine selbstursprüngliche Freiheit entscheidet sich, eine andere, ihr gegenüberstehende und ebenfalls
selbstursprüngliche Freiheit zu bejahen und in ihrem Selbstsein
zu fördern. Dieser Einsatz von Freiheit ist riskant – denn zwar
hofft er auf eine wechselseitige Entsprechung, kann diese aber weder erzeugen noch sicher erwarten. Insofern ist Liebe innovativ –

---

106 Pröpper 1985: 116; vgl. ebd.: 107–110.

sie will andere Freiheit geradezu hervorrufen. Somit bleiben drittens alle Partner der Liebe sowohl einzeln frei und bei sich selbst; sie bilden aber gerade dadurch eine mindestens virtuell intendierte Gemeinschaft. Glaubwürdig ist solch ein „Selbsteinsatz innovatorischen Handelns"[107], wie Pröpper das nennt, aber nur in der wirklich geschehenden Tat. Liebe muss also, obwohl zuhöchst innerlich, äußerlich real gezeigt werden. Und dies führt fünftens zur Schönheit wie zum Dilemma symbolischen Handelns: Der Andere ist als Person gemeint, als Selbstsein, und kann doch nur mit einer Geste, einem Geschenk, einem Versprechen, einer kontingenten Tat erreicht werden – eben nur mit einer Form. Diese ist immer fragmentarisch und muss vom Anderen zu einer Gesamtgestalt ergänzt werden. Die Form kann nur *etwas* offenbaren – ob es eine *Selbst*offenbarung ist, kann vom Anderen nur geglaubt und dadurch konstruiert werden.[108] Liebe liefert sich aus, und dass sie das kann, ist ein Geschehen der Freiheit; gerade die bejahende Übereignung der eigenen Freiheit an die Bestimmung durch einen anderen und das Vertrauen in dessen Fähigkeit zu derselben Risikofähigkeit zeigt den höchsten Selbstbesitz.

Halten wir fest: Pröpper geht aus vom Phänomen selbstursprünglicher Freiheit, sieht deren Potenzial aber nur in ihrer intersubjektiven Verfasstheit adäquat ausgedrückt. Freiheit will die Freiheit des Anderen, und zwar in derselben Qualität der Unbedingtheit, wie man sie für sich selber erhofft. Erst in der aktiven Affirmation und passivem Empfangen anderer Freiheit kann die eigene Freiheit real erfahren werden. Freiheit ist also Anerkennungshandeln. Dies kann zwar immer nur fragmentarisch, symbolisch geschehen und muss dem anerkennenden Anderen letztendlich geglaubt werden. Gerade darum aber, weil Freiheit in die Intersubjektivität drängt und dies das ganze Risiko menschlicher Existenz einspielt – schließlich kann Vertrauen brutal missbraucht werden –, wird die Freiheitsdynamik zum anderen ansprechbar für die Idee einer realen, bergenden, stimulierenden, aber unverfügbaren unendlichen Freiheit.

107 Ebd.: 106.
108 Vgl. Pröpper 2001: 49–54.

Solch eine externe unverbrüchliche Freiheitszusage ist der Inhalt der christlichen Gottesidee. Pröpper kann zeigen, dass jeder Freiheitsgebrauch implizit bereits diese antizipatorische Dimension aufruft: Dort, wo freie Anerkennung intersubjektiv erfahrbar wird, lebt das diese Erfahrung begründende Handeln davon, „dass es das, was es darstellt und realisiert, schon voraussetzt."[109] Anerkennungshandeln unterschreibt dem Anderen sozusagen einen Scheck, ohne dessen Deckung genau zu kennen. Ohne dieses Risiko aber wäre ebenjene intendierte Anerkennung gar keine, wäre kein voller Freiheitsgebrauch und unterböte sich selbst. Liebe ist das Wort, das hier fallen muss: „Liebe kann nur gelingen, wo zugleich an Liebe geglaubt wird." Sie lebt „von einem Vertrauen, das – erstaunlich genug – mit ihr selbst da ist."

Mit dieser Phänomenologie kann weiterhin gezeigt werden, welche Bedeutung die Jesusgeschichte für eine Freiheitsanthropologie hat. Pröpper spricht davon, dass Gott in Jesus sich selber wie den Menschen definiert hat[110] und dass er es bezweifelt, Gott hätte einen anschaulicheren, wirksameren, verständlicheren Weg der Selbstoffenbarung wählen können als den, selbst in die menschliche Freiheit einzutreten und sich durch sie vollständig bestimmen zu lassen.[111]

Eine ethnologisch interessierte Theologie erfährt durch diese Begründungsleistungen eine neue Drift und vielfältige Ansatzpunkte. Sie kulminieren in Pröppers Begriff des darstellenden Handelns. So wie es die menschliche Bestimmung ist, sich zu seiner selbstursprünglichen Freiheitsbegabung zu verhalten, so sehr wird das Feld des faktischen Handelns als Konsequenz der Freiheit zur Arena der Symbole. Auch dies ist an Jesus ablesbar, der in seinem faktischen Handeln – den Wundern, den Gleichnisreden, den Heilungen, seinem Tod – bekanntlich symbolisch die bereits geschehene Ankunft des Gottesreiches verstanden wissen wollte. Liebe, Freiheit, Anerkennung, Selbstbesitz, Weltverortung, Glaube, Spiritualität, selbst Gerechtigkeit, Versöhnung, Frieden – jede mensch-

109 Pröpper 1985: 105; ebd. auch die beiden folgenden Zitate.
110 Vgl. Pröpper 2012: 65.
111 Vgl. Pröpper 2001: 49f.

liche Realität ist nur darstellend fassbar. Das heißt: Ein Gehalt gilt bereits vor seiner ihn signalisierenden und immer begrenzenden Gestalt, kann sich aber nur durch diese und in dieser zeigen, ohne sich in ihm zu erschöpfen.[112] Das eben ist Segen und Fluch von Freiheit in den Bedingungen von Pluralität: Die enorme Vielfalt möglicher Ausdrucksformen bei letzter Unaussagbarkeit des Eigentlichen – was immer der Einzelne darunter erfasst. Im Symbol, in der Darstellung, kommen die Unbedingtheit des Subjektes und die Endlichkeit seiner Realisierung so zusammen, dass Freiheit und Anerkennung als wechselseitige, sozusagen elliptische Ermöglichung gedacht werden können und gerade nicht als sich vermindernde Antipoden.

Über den Begriff des darstellenden Handelns kommt Pröpper schlussendlich zur Praxis.[113] Der ‚homo symbolicus‘, der sich hier zeigt, weiß, dass er sich freien Anerkennungsbeziehungen verdankt, und will in solche eintreten; er will gesellschaftliche Systeme wie Recht, Arbeit, Wirtschaft usw. im Sinne von Anerkennungslogiken gestalten;[114] er leidet darunter, großzügig Bejahung und Wohlwollen anbieten zu wollen und doch immer wieder vor dem Risiko des Selbsteinsatzes zurückzuschrecken. Er will seine Freiheit artikulieren und für sich und andere nutzbar machen, ohne sich zu verlieren. All dies artikuliert er in seinem symbolischen Handeln.

Ganz von selbst gelangt man über diesen Denkweg auf das Feld der Alltagsethnologie und der Semiotik – ganz ähnlich, wie wir es oben auch bei Rahners ‚Theologie des Alltages‘ gesehen haben. Wer aber so offensiv wie Pröpper dem darstellenden Handeln des

---

112 Vgl. ebd.: 51 f.

113 Pröpper 2001: 21 gibt einen Hinweis „auf die zentrale Bedeutung einer ‚Theorie gläubiger Praxis‘, für die der Begriff des ‚darstellenden Handelns‘ grundlegend ist" (Hervorhebung im Text). Gemeint ist die Reflexion auf jene Wahrheit, die im gläubigen Handeln darstellend-praktisch beansprucht wird und die die Dogmatik ausdrücklich zu thematisieren hätte. Umgekehrt wäre es dann Aufgabe der Pastoraltheologie, dogmatische Gehalte schon vor der Praxis auf ihr Darstellungspotenzial hin zu bedenken und die Dogmatik kritisch zu begleiten, wo sie mögliche Darstellungsimplikationen des Volkes Gottes invisibilisiert oder gar verhindert.

114 Vgl. ebd.: 57–71.

Menschen Raum gibt, und wer dies theologisch sogar mit der als exemplarisch ausgewiesenen Jesus-Geschichte und der darin sich erweisenden göttlichen Selbstoffenbarung verbindet, der steht dann auch vor der für die ethnologische Weiterführung entscheidenden Frage: Welche Rolle bekommt das die Darstellungszeichen interpretierende Subjekt? Gerade wenn sich Offenbarung ereignen soll, muss erfragt werden, ob das adressierte Subjekt eine aktive Rolle der Interpretation bekommt oder ob Offenbarung im Großen und Offenbarung im Alltag dann doch am Ende wieder objektivistisch gedacht werden. Gibt es da eine Matrix unveränderlicher Lerninhalte, sozusagen ein göttliches Curriculum, das am Ende – in welcher didaktischen Verpackung auch immer – vom empfangenen Subjekt zu inhalieren ist? Muss die These vom ‚Wesen und der Bestimmung *des* Menschen' am Ende doch wieder alle Subjekte über den gleichen Kamm scheren und sich in Abstrakta flüchten (‚*Der* Mensch liebt, symbolisiert, erkennt an' usw.), die so übergreifend sind, dass sich jeder ein bisschen, aber niemand so richtig in ihnen ausgedrückt fühlen kann? Mit anderen Worten: Bleibt die so aufwändig betonte Freiheit des Menschen als „*Gegenüber*"[115] der Offenbarung auch im Rezeptionsgeschehen der Jesusgeschichte selbstursprünglich?

Pröpper erkennt, dass mit diesen Fragen nach der Interpretationshoheit über das Angebot der Offenbarung in gewissem Sinn das Ganze seines Ansatzes auf dem Spiel steht, und formuliert eine für die Ethnologie enorm wichtige „Zwischenbemerkung zur Dogmatik als wahrheitsverpflichteter Hermeneutik des Glaubens"[116]. Sie soll als letztes Theoriestück zur Sprache kommen.

Pröpper bekräftigt zu Beginn, dass erst das je individuelle Verstehen der kollektiv zugesagten Glaubensbotschaft von der unbedingten Liebe Gottes den Glauben zu einem echt personalen Akt der Freiheit machen kann. Insofern ist der Glaube tatsächlich immer eine Mixtur aus dem, was ein Mensch qua seiner biografischen Erfahrung an Wirklichkeitsverständnis schon mitbringt, und der Zusage des Glaubens. Die Wahrheit des Glaubens ist als

---

115 Pröpper 2012: 88; Hervorhebung im Text.
116 Pröpper 2001: 13–15.

solche erst vollzogen, wenn sie vom Subjekt verstehend angeeignet und als bedeutungsvoll erkannt wurde. Mit anderen Worten: Auch die Glaubensverkündigung vom unbedingt liebenden Gott wird vom Subjekt als darstellendes Handeln eines Anderen (des Verkündigers) codiert und erst einmal nur als Fragment erkannt. Die ‚frohe Botschaft' wird nur im Fall des kommunikativen Gelingens als Symbol für Größeres und Wahreres geglaubt und so weiterverarbeitet; genau dies aber geschieht individuell. Wie aus dem gehörten Fragment eine biografisch bedeutsame Größe wird, kann von außen nicht letztgültig erkannt oder gar hergestellt werden. Pröpper eröffnet eine Art Differenztheorie der Evangelisation, wenn er schreibt: „Was ein Mensch für überzeugend und wahr hält, geht in sein Verständnis des Glaubensinhaltes ein. Immer ist das vollzogene Glaubensverständnis eine Synthesis aus dem, was Menschen zugesagt wird und wie sie es denken. (...) [Es, MS] gibt eben die schon interne Bestimmtheit eines Denkens, durch die alle Inhalte, die es aufnimmt, ihrerseits bestimmt werden, so wie es umgekehrt selbst durch sie weiterbestimmt und möglicherweise auch zur Revision veranlasst wird."[117] Mit diesen ‚internen Bestimmungsgründen' meint Pröpper jene hochpersönlichen, manchmal bewussten, meistens aber unbewussten „Auslegungen der Gesamtwirklichkeit, die dann als ‚Vorverständnis' bei allem weiteren Verstehen von Wirklichkeit fungieren"[118]. Sowohl die Dogmatik wie die konkrete Art und Weise der Glaubensverkündigung hätten sich auf diese je eigenen Bestimmungsgründe zu beziehen und eine Vermittlung anzubieten. Gelingt dies, „wird die Glaubenswahrheit unbeschadet ihres bleibenden Geschenkcharakters in das aufgenommene Denken ‚übersetzt' und dieses zu einem Denken erweitert sein, in dem der Inhalt des Glaubens in einer mit dem nichttheologischen Wissen zusammenstimmenden Weise ‚verstanden' ist und somit der Verstehende als Subjekt seines Glaubens wie seines vernünftigen Denkens und Erkennens mit sich *identisch* sein kann."[119]

---

117 Ebd.: 13.
118 Ebd.
119 Ebd.: 14. Hervorhebung im Text.

Deutlich erkennbar reformuliert das letzte Zitat den im Gedankengang dieses Buches bereits absolvierten Dreischritt einer pastoralen Theologie gemäß Gaudium et spes 44. Pröpper zeigt Respekt vor den je individuell gegebenen Verstehensbedingungen des Subjektes: *zuhören*. Diese Kontextbedingung wird nicht einfach paternalistisch übergangen oder (schlecht) sokratisch auf das eigene Ziel gebogen, sondern sie geht als Bedingung der Möglichkeit einer Erweiterung in den Akt des Glaubensverstehens ein: *austauschen*, oder *zusammenstimmen*, wie Pröpper das nennt. Drittens aber gibt es eben auch die Möglichkeit der Erweiterung, sogar der Revision. Mit der Zusage des Glaubens wird dem Subjekt eine Option angeboten, die ihm die Möglichkeit unterbreitet, verändert zu werden und gerade darum mit sich identisch zu bleiben: *vorschlagen*.

Als Ergebnis sei festgehalten: Über Rahner und Pannenberg hinaus kann Pröppers Anthropologie eine ethnologische Pastoralforschung orientieren, wenn es dieser nicht nur darum geht, die bereits vorhandenen kulturellen Vollzüge und Gesten von Subjekten zu sichten und zu interpretieren, sondern ihr Potenzial auch von der Glaubenszusage des Evangeliums her zu erweitern. Dies gelingt durch die Verbindung aus philosophischer Freiheitstheorie und biblisch gegründeter Christologie. Im Anschluss an Pröpper kann man sagen: In ihrem performativen Ausdruckshandeln werden Menschen transzendental deutbar als Subjekte, die sich (implizit, unthematisch) auf eine ideale Anerkennungsordnung beziehen, von der her sie ihre Bestimmung zur Freiheit empfangen. Biblisch heißt solch eine Anerkennungsordnung: Liebe. Ihr exemplarischer Agent ist Jesus, der Christus, der ganz Freie, weil der ganz Liebende. Insofern kann eine ethnologische Theologie danach suchen, wie das beobachtete Ausdruckshandeln sich vom Ideal der in Jesus dargestellten Liebe lesen ließe – und wie sich diese Erweiterung in die bereits bestehende Lebenslogik, die ‚internen Bestimmungsgründe' einpasst. Von der außerordentlichen Darstellungsqualität der Jesusgeschichte her lässt sich in jedes Leben eine Botschaft hineinsagen, die dieses Leben um die Möglichkeit der noch größeren Freiheit, der noch intensiveren Liebe und der noch authentischeren Individualität bereichert.

Auch diese Arbeitsanweisung gilt natürlich wieder nur in dem weiter oben notierten typischen Imperialismus der jeweiligen anthropologischen Theorie. So wie die Theorie des ‚homo oeconomicus‘ nicht meint, alle Menschen seien vom Wesen her egoistische, raffgierige Nutzenmaximierer, sondern nur entdeckt, dass man alles menschliche Verhalten unter der Modellannahme der Vorteilsakkumulation betrachten kann, so ist es auch hier: Die heuristische Anweisung, in jedwedem menschlichem Ausdrucksverhalten – und sei es noch so selbstbezogen – sei eine potenzielle Aktualisierung des (jesuanischen) Liebesideals antizipier- und rekonstruierbar, heißt gerade nicht, dass die ethnologisch beobachteten Subjekte alle ‚gute Menschen‘, fromm und lauter seien. Es wird nur gesagt, dass alles Verhalten unter dieser Modellannahme rekonstruiert werden kann, *als ob* Menschen nach liebenden Anerkennungsverhältnissen streben würden. Hier geht es zunächst gar nicht um Ethik, sondern um anthropologische Theorie.

5 Von der Anthropologie zur Ethnologie

Der Durchgang durch die anthropologische Dogmatik hat zwei grundlegende Ergebnisse erbracht. Tatsächlich drängt die anthropologische Reflexion wie von selbst in die Dynamik der pluralen Kulturbegegnung: Der Mensch wird als darstellend Handelnder, als kreatives Ausdruckswesen sichtbar, das seine Bestimmung sucht, indem es seine Selbst- und Weltverortungen nach außen signalisiert, kommunizieren will und kommunizieren muss. Doch zweitens reißen die befragten voluminösen Ansätze den Horizont der pluralen Kulturbegegnung nur auf, erschließen ihn aber nicht. Sie befassen sich nicht mit der Frage, wie sich diese grundlegenden Signalqualitäten der conditio humana nun genau ausgestalten. Hierzu müsste man den kollektiven Singular in der Rede von ‚dem Menschen‘, ‚der Menschheit‘ oder ‚dem Wesen‘ verlassen – und dies wird nicht unternommen.

Für Rahner und Pannenberg wurden die weiterführenden Fragen einer am genauen Phänomen interessierten Pastoraltheologie bereits gestellt. Und sie sind zu archivieren, um sie mittels ethnologischer Theorieinstrumente zu beantworten (vgl. 5.1, 5.2). Für das Denken bei Pröpper ist dies bisher nur angedeutet. Und hier erlebt man eine Überraschung, die ein weiteres Mal aufmerken lässt, wie schwer offenbar der Wechsel von (latent) integraler zu pluraler Theologie fällt. Denn wie gesehen plädiert das Denken Pröppers vehement dafür, die Freiheitsidee der Moderne gerade in ihrer unhintergehbaren Pluralität zum Startpunkt der theologischen Rede vom Menschen zu machen. Doch je konkreter und phänomenologischer sich diese Freiheit dem Denker darbietet, desto mehr scheint er zurückzuschrecken. Pröpper ist zu befragen, was genau das für ‚interne Bestimmungsgründe‘ sind, die in jedem Subjekt die Rezeption der externen kulturellen Impulse imprägnieren und die als Rezeptionsfolie auch theologischer Impulse zu respektieren seien. Dies ist ja ein ethnologisch unmittelbar anschlussfähiger

Gedanke. Geht es hier um dasselbe wie bei Pannenbergs ‚bergenden Gründen'? Wie werden sie gelernt – und aufgrund welcher Anreizdynamik werden sie verändert? Es ist mindestens missverständlich, wenn ein so luzides Freiheitsdenken wie das Pröppers zu folgendem Satz kommt: „Hermeneutisches Ziel kann deshalb nur sein, ein Denken und eine Sprache zu finden, in der Menschen *sich wahr gemacht finden* können und die sich *zugleich* als geeignet erweist, den gegebenen, irreduziblen Inhalt des Glaubens angemessen zu artikulieren."[120] Das klingt ja sehr ähnlich wie das in GS 44 Gesagte – aber ist dasselbe gemeint? Kann man denn von außen wahr gemacht werden und sich als Subjekt darin einfinden? Können *ein* Denken und *eine* Sprache das schaffen? Welcher Inhalt des Glaubens ist das? Wer hat ihn festgelegt, so dass er irreduzibel daherkommen kann? Über welche Verständigungsmedien macht sich dieses Denken, dieser irreduzible Glaubensinhalt sozial verständlich? Welchen Einfluss haben zudem kulturelle Definitionseliten bei der Interpretation dessen, was hier ‚Wahrheit' sein soll? Wie viel Pluralität, wie viel Autonomie der Interpretation bleibt bei den Leuten?

Die Irritation intensiviert sich, wenn man bemerkt, dass Pröpper auffällig polemisch gegen genau jene kultursoziologischen Theorien zu Felde zieht, an die er sich von seiner zuletzt referierten ‚Zwischenbemerkung' her inhaltlich eigentlich angenähert hat. In ganz klassischer kulturkonservativer Manier warnt er etwa vor dem ‚herrschenden Bewusstsein und Zeitgeist'[121]; vor synkretistischer Religiosität; ja sogar vor Pluralismus.[122] Neu, so Pröpper, sei nicht „das *Problem* des Relativismus, sondern wie aus der Not eine fröhliche Tugend gemacht und der *definitive* Pluralismus als Freiheitszuwachs gefeiert wird". Der Spätmoderne „weiß nicht mehr, was er denken soll, weil er alles denken kann. (...). Toleranz, einst eine höchst anstrengende Tugend, ist zum augenzwinkernden Verständnis erschlafft (...). Man ist liberal, weil man den Zusammenhang nicht mehr begreift, man erzieht antiautoritär, weil einem

---

120 Ebd.
121 Pröpper 2001: 14.
122 Vgl. zum Folgenden ebd.: 34–36.

nichts anderes einfällt (...)." Hiernach geht es direkt um die kulturellen Ausdruckssprachen der Gegenwart: „Die Kultur – ein fröhliches Durcheinander der Zeiten und Stile; die Bilder Tizians, der röhrende Hirsch, der Harlekin Picassos, das Softgirl von Hamilton: alles Kultur. Über den Rang entscheiden objektiv Marktwert und Einschaltquoten, subjektiv meine momentanen Impulse. Und überall der Zerfall des Bewusstseins: Bilder statt Sprache, Feeling statt Denken – vom unverdauten Informationssalat ganz zu schweigen."

Offenbar kann man den Wert und die Kraft subjektiver Autonomie in höchster philosophischer Auflösung aufzeigen und dann trotzdem vor der von ebenjenen Subjekten faktisch gewählten Vielfalt kultureller Autonomie kapitulieren. Pröpper kann offenbar nicht denken, dass es wirklich freie Akte der ästhetischen Selbstwahl sind, die entweder zu Tizian, zum röhrenden Hirsch, Picasso, Hamilton führen. Ihm fehlt etwas, das im idealen Irgendwo zu liegen scheint – eine Sphäre der Selbstsetzung, die sich irgendwie in einem existentiellen Ernst fundiert, den er bei seinen Zeitgenossen zu vermissen scheint. Auf der einen Seite argumentiert Pröpper, dass jede Selbstwahl sich durch symbolische Formen nach außen sichtbar macht – auf der anderen Seite müssen es dann doch offenbar Formen sein, die bestimmten Kriterien genügen. Wer aber setzt diese mit welchem Recht fest? Dass existentieller Ernst durchaus erlebnisgesellschaftlich biografisiert werden kann, scheint Pröpper jedenfalls weder zugänglich noch akzeptabel. Und dass es redliche Gründe, vor allem aber epochale Erfahrungen dafür geben mag, im Menschen keine ‚Ganzheit', kein ‚Wesen' usw. mehr zu vermuten und genau dies das existentielle Drama unserer geistigen Gegenwart ausmachen kann, kommt bei ihm als Defizit, fast als luxurierende Denkfaulheit in den Blick.[123]

Um Späteres vorwegzunehmen: Vom Milieubefund her zeigen diese Polemiken deutlich die soziale Gravitation des Konservativ-Etablierten. Hierzu gehören die Vorliebe für Hochkultur; die Ableitung

---

123 Vgl. nur den Aufschlag zur großen ‚Theologischen Anthropologie' mit ihrer ironischen, fast polemischen Abwertung der empirischen Wissenschaften, speziell der Kulturanthropologie; vgl. ders. 2012: 25-30.

von allgemein gültigen Idealen aus prinzipiellen Überlegungen; den überlegen gegenwartskritischen Habitus des Kulturpessimismus; die Beschwörung jener vergangenen Zeiten, in denen vorgeblich die Vernunft noch etwas gegolten habe; ein Bedrohungsgefühl gegenüber Vielfalt.[124] Im Grunde geschieht, wie Lieven Boeve dies zeigen konnte, eine Ideologisierung des Gegners.[125] Am Ende dominiert der Eindruck, dass es offenbar ein weiter Weg ist von einer eher abstrakt angelegten Anthropologie und einer vehementen Beschwörung des neuzeitlichen Freiheitsgedankens mitsamt der ihn ausdrückenden kulturellen Pluralität – sei es bei Rahner, Pannenberg oder Pröpper – hin zu einer auch wirklich durchgeführten Anstrengung, in welchen „Vorstellungswelten und Sprachen" (GS 44) denn die gegenwärtigen Kulturen wirklich ihr Leben verstehen, verarbeiten und kommunizieren. Das vorliegende anthropologische Denken scheint auf eine konstruktive Würdigung von Pluralität hinauszulaufen und hat dann doch Probleme mit den typischen Markern pluraler Gesellschaften wie polyzentraler Selbststeuerung, kultureller Optionenvielfalt, Konsumentenfreiheit, Massenästhetik und weltanschaulichem Indifferentismus.

Das Fazit des Durchgangs lautet daher: Es bedarf einer Erweiterung der theologischen Anthropologie. GS 44 weist den Weg: Es sollte eine Erweiterung sein, die von den ‚vielfältigen Sprachen der Völker' her gefunden wird. Was wir benötigen, sind die Denkmittel einer ethnologisch inspirierten Pastoraltheologie. Hierzu

---

124 Vgl. nur ebd.: 28: „Soll die (...) Leerstelle im Herzen der eigenen Kultur nur ästhetisch verhüllt und ausgestopft werden? Und verschleiert vielleicht auch das Nichts, das schon längst in uns lauert, so wie es uns ganz real und vielleicht schon unaufhaltsam auch von außen bedroht?" Einen so ausgewiesen reflektierten Denker wie Pröpper muss man fragen: Welche Leerstelle? Warum nur *eine* Leerstelle? Welches Herz? Welcher eigenen Kultur? Warum ausgerechnet der Verdacht gegenüber der ästhetischen Bewältigung von Existenz? Welches Nichts? Wo lauert es? Welche Bedrohung?

125 Vgl. Boeve 2012. Bouve plädiert dafür, nicht in –ismen zu denken und zu sprechen (wie hier Pröpper, der Relativismus, Pluralismus, Ästhetizismus usw. unterstellt), sondern bei Deskriptionsbegriffen (Relativierung, Pluralisierung, Ästhetisierung, Säkularisierung usw.) zu bleiben. Die Rede in –ismen unterstellt der Kultur ideologisches Potenzial.

ist generell in den interdisziplinären Dialog einzusteigen – zum Beispiel mit der kultursoziologischen Milieutheorie.

5.1 Vier Arbeitshypothesen für eine ethnologische Weiterführung der theologischen Anthropologie

Im Zentrum einer ethnologischen Studie steht die Beobachtung und Interpretation sozialen Verhaltens eines bestimmten Bevölkerungssegments unter Beachtung ihrer kulturellen Rahmung.[126] Verhalten wird als Ausdruckshandeln modelliert, so dass sich die Frage anschließt, auf welchen Diskurs man welche Ausdrucksgesten hin einliest. Die Regentänze eingeborener Naturvölker, um das klassische Klischee aufzurufen, können zum Beispiel als Ausdruck der Stammdynamik (Diskurs Soziologie), als Beispiel für kollektive Körperbewegung (Diskurs Sportwissenschaft), als meteorologische Intervention (Diskurs Klimatologie) oder als Ritualkomplex (Diskurs Religionswissenschaften) interpretiert werden. Wie oben notiert, sind dann neben je differenzierenden wissenschaftlichen Methoden auch je verschiedene ‚Menschenbilder' und erkenntnisleitende Forschungsprogramme zu beachten.

Das hier einschlägige ‚Menschenbild' ist ein theologisches. Unser ethnologisches Interesse geht dahin, was kulturelle Artikulationen in spezifisch theologischer Hinsicht aufrufen, auf welche spezifisch theologisch deutbaren Signalqualitäten hier zu achten wäre. Die Analyse dreier bedeutender und weit ausgreifender Ansätze theologischer Anthropologie konnte dazu genauso folgende Konkretionen beibringen, aus denen erste Arbeitshypothesen des weiteren Vorgehens gewonnen werden können.

(1) Der Mensch artikuliert sich als ‚Wesen der Transzendenz' (Rahner). Er entwirft sich auf einen ihm letztlich unergründlichen Horizont hin. In seinen Taten und symbolisierten Handlungen geht er nie ganz auf; immer gilt eine Art ‚Überschuss-Annah-

126 Vgl. als Einführung in Begriffe und Grundannahmen der Ethnologie Heidemann 2011.

me', der ethnologisch weniger durch Beobachtung als durch hermeneutische ‚Exegese' entsprochen werden kann. Menschliche Handlungen haben Vorgriffs-Charakter. Die theologisch-ethnologische Analyse kann, ja soll den Ausgriff auf Transzendenz aus den einzelnen Handlungen herauslesen. Als Arbeitshypothese darf gelten: *Die gegebene Artikulation ist immer mehr, als sie zu sein scheint.* Sie transportiert zum einen den Bezug auf so etwas wie eine biografische Gesamtgestalt, zu der sich das handelnde Subjekt wie auch immer (bewusst realisierend, bewusst abwehrend, unthematisch aufrufend u. a.) verhält. Zum anderen transportiert sie den Bezug auf so etwas wie einen gesamtweltlichen Horizont, einen Kosmos. In diesen sendet sich das Subjekt aus, indem es handelt, und dieses Handeln fundierend, schickt dieser sich ihm zu.

So weit die Systematik. Die praktische Theologie wüsste hier gerne Genaueres. Als weitergehende Frage ergibt sich: Wie genau machen Menschen das – sich transzendent artikulieren? Ist das immer explizit religiös? Oder gibt es bestimmte Wortschätze, bestimmte Auslöser, bestimmte Lernleistungen? Können solche Gesamtgestalten überhaupt irgendwie unterschieden werden? Ist jede Alltagsgeste gleich indikativ für die biografische und die kosmische Gesamtdimension? Oder gibt es besonders signalintensive Situationen? Kann man diese Gesten verstehen, dekodieren, ohne ihre Individualität zu zerstören? Und wenn ja: mit welcher Methodik?

(2) Der Mensch ist das zu sich erst erwachende Ich (Pannenberg). Er verdankt sich einem bergenden Grund und ist final auf eine Selbstgestalt ausgerichtet, die er nie einholt, aber immer implizit anzielt (und sei es ex negativo). Diese Idee einer sowohl kollektiven wie individuellen Selbstgestalt wird sozial gelernt, vor allem in Prozessen der Sozialisation. Diese Positionierung im sozialen Mikrokosmos, im Selbst, wird permanent rekonstruiert, neu justiert und nach je wählbaren Anteilen zum sozialen wie zum individuellen Pol hin ausbalanciert. Genau dies ist theologisch-ethnologisch zu erheben. Als zweite Arbeitshypothese kann gelten: *Die gegebene Artikulation ist in ihrer generellen biografischen bzw. transzendenten Indikatorqualität*

(= 1. Arbeitshypothese) immer auch auf einen sozialen Bezug hin finalisiert. Sie ist nicht einfach als hochindividuelle, hochvirtuose Ausdrucksgeste zu lesen. Vielmehr will sie ein gelerntes soziales Muster sowohl individualisieren wie ihm entsprechen. Wenn Personalität die Gegenwart des Ich im Selbst ist, muss im konkreten Verhalten immer ein soziales Signal impliziert sein. Es gibt einen bergenden Grund, den auch ein sich als Individuum verstehendes Subjekt nicht verlassen will. Der Spielraum der individuellen Artikulationsfreiheit ist damit vom Subjekt her begrenzt: Es bezieht sich auf soziale Schemata und will von diesen her verstanden werden. Es benutzt also eine dekodierbare Ausdruckssprache, eine Art Wortschatz, eine auch von anderen benutzbare Artikulationsgrammatik.

Wiederum beginnt das Geschäft einer ethnologisch ausgerichteten praktischen Theologie hier erst. Die weiterführenden Fragen lauten: Wie genau bilden sich diese ,Sprachen‘, wie genau werden sie gelernt? Wie steht die einzelne Geste im Zusammenhang des Musters, das sie aufruft? Gibt es sehr viele dieser Muster oder eher wenige? Wie evoluieren diese Muster? Und kann man sie irgendwie analytisch zu fassen kriegen, obwohl sie ja nirgendwo kodifiziert sind, von niemandem definiert, immer im Fluss, da dauernd je neu individuell interpretiert?

(3) Der Mensch ist das Wesen der Möglichkeit einer sich performativ ereignenden Liebe (Pröpper). In seinen Ausdruckshandlungen symbolisiert er seine Herkunft aus und seine Ausrichtung auf Anerkennungsbeziehungen. Denn nur diese realisieren das ganze Potenzial der Freiheit, zu der der Mensch sich befähigt erfährt. Mit dieser Freiheit kann der Mensch sich zu sich selbst, zu seinem sozialen Kosmos und zu seiner ,Gesellschaft‘ sowohl kritisch in Distanz wie affirmativ in Beziehung setzen. Gerade daran, dass nichts ihn ganz ausdrückt, nichts ganz auf ihn zugreift bzw. zugreifen darf, erkennt der Mensch seine Freiheit. Glück besteht in erfüllenden Vertrauensbeziehungen, die zwar deswegen Qualität haben, weil sie einem den Schritt des sich riskierenden Selbsteinsatzes nie ersparen; die aber ebendiesen Schritt nicht ins Leere laufen las-

sen, sondern vertrauensvoll aufnehmen und ihrerseits mit einem Wagnis der Anerkennung beantworten. Dies ist das unbegründbare Geschehen intersubjektiver Liebe als der höchsten Möglichkeit, Freiheit zu realisieren. Das Modell schlechthin für diese Freiheitsqualität ist das Leben und Wirken Jesu in seiner trinitarischen Dynamik des Sterbens, der Auferweckung durch den Vater und der Weitergabe dieses Lebensgeistes. Jesus von Nazareth kann somit zum einen als exemplarischer Prototyp des höchstmenschlichen Freiheitsgebrauches modelliert werden. Seine Fähigkeiten zur Liebe, zum Gottvertrauen und zur Hingabe können biografisch orientieren. Sie zeigen, was Menschen möglich ist. Zum anderen zeigt das Leben Jesu, dass jeder Gebrauch von Freiheit sich von einer trinitarischen Liebesordnung der Schöpfung her ermöglicht, ermutigt und geschützt wissen kann. Beide Aspekte werden in menschlichen Ausdruckshandlungen theologisch rekonstruierbar. Hieraus ergibt sich als dritte Arbeitshypothese einer ethnologisch inspirierten Theologie: *Es ist zu prüfen, ob eine Artikulation unter subjektiven Freiheitsbedingungen steht. Im Normalfall ist dies dann gegeben, wenn Wahlmöglichkeiten bestehen und kein externer Zwang diese Wahlsituation so stark imprägniert, dass das Subjekt die erfolgte Wahl als unfrei empfindet. Eine so gegebene Artikulation ist rekonstruierbar von der Anerkennung, die sie an relevante Andere vermittelt, und derer, die sie von relevanten Anderen erwartet.*
Hier ist ein Zwischengedanke zu setzen, der für den Übergang integraler zu pluraler Theologie entscheidend ist. Es geht im kulturellen Ausdruckshandeln nicht um den Vollzug abstrakter Sozialität, sondern letztlich um konkrete Menschen, zu denen man gehören bzw. von denen man sich abgrenzen will. Ausdruckshandeln – auch das heiligste – reagiert auf reale Machtbeziehungen genauso, wie sie sie hervorbringt. Die Milieutheorie fasst dies unter die Theorie ‚sozialer Distinktion‘. Letztere ist in den gesichteten Entwürfen einer theologischen Anthropologie eher wenig thematisiert. Aber es liegt in einer Logik der Anerkennung, dass diese konfliktiv ist. Nur dann übrigens ruft sie ja das Risiko ab, das sie erst zum Freiheits-

handeln qualifiziert. Anerkennung unter den Bedingungen endlicher Freiheit kann sich nicht real auf alle Sozialpartner zugleich beziehen. Insofern muss soziale Distinktion immer mitgedacht werden. Anthropologien der anerkennenden Freiheit stehen nur dann nicht unter Romantikverdacht, wenn sie die Kontingenz von möglicher Aufmerksamkeitsverteilung und von Macht- und Positionsasymmetrien in menschlichen Beziehungen einrechnen. Hierzu gehört wie gesehen auch die geschärfte Aufmerksamkeit darauf, welche Definitionseliten mit welchen (ausgewiesenen oder unsichtbar bleibenden) Kriterien bestimmen, wie sich ‚Anerkennung' kulturell genau vollziehen soll.

(4) Diese Präzision bahnt den Weg für eine vierte Arbeitshypothese: *Theologisch können von der Grundannahme idealer Anerkennungsverhältnisse in und durch Gott Kriterien gewonnen und vorgeschlagen werden, wie ein gegebenes Ausdruckshandeln noch stärker die ihr innewohnende Freiheitsqualität realisieren kann. Die gegebene Artikulation sendet also ein Signal nicht nur an reale Interaktionspartner, sondern sie ist auch lesbar als Antizipation idealer Anerkennungsordnungen im Zeichen der realen Liebeserfahrung Jesu Christi.*[127] Zum Hinter-

---

127 Bei allen vieren, besonders aber bei den letzten beiden Arbeitshypothesen ist genau auf den Wortlaut zu achten, denn es handelt sich um imperialistische ‚Als ob-Behauptungen' im oben erklärten wissenschaftstheoretischen Sinn. Ein Erkenntnisgang soll organisiert und transparent gemacht werden, mehr nicht. Die These lautet *nicht*, dass sich Subjekte in ihrem Freiheitsgebrauch aktiv, bewusst oder gar bekennend am Leben Jesu normativ orientieren. Sie besagt nur, dass von der freiheitstheoretischen Erschließung der Jesusgeschichte her spezifisch theologisch modelliert werden *kann*, dass jeder immanente, subjektive Freiheitsgebrauch von einer übergreifenden (hier: trinitarischen) Freiheitsidee her deutbar ist. Die Modellannahme lautet: Der ‚homo theologicus' handelt so, *als ob* er in der Perspektive des freiheitsliebenden und -lebenden Gottes steht. Erst dies erlaubt die normative Konzeption in Hypothese 4, die nicht zuletzt den pastoraltheologischen Schritt des ‚Vorschlagens' in Teil II dieses Buches fundiert. Wenn die Wissenschaftstheorie des ‚als ob' geklärt ist, braucht man theologisch keine Scheu vor folgendem imperialistischen Satz haben: Das ‚Sein der Welt' – was immer das ‚ist', wie immer man das erkennen soll und wie immer man das versprachlicht – kann betrachtet werden, *als ob* es Liebe sei. Die Jesushistorie ist von ihrem Geltungsanspruch her theologisch kein Moment innerhalb eines ge-

grund: Gerade wegen ihrer Machtförmigkeit können kulturelle Ausdruckshandlungen theologisch nicht einfach naiv rezipiert werden. Auch wenn das ethnologische Projekt vor allem deskriptiv und nicht sofort normativ angelegt ist, müssen Unterscheidungskriterien der Bewertung gefunden werden. Schließlich sieht auch GS 44 als dritten Schritt das ,Vorschlagen' vor, das ja je passender zu denken ist, je mehr es zum einen auf die Spezifik des Gegenübers eingeht, zum anderen aber aus einer bestimmten Werteordnung erwächst. Wichtig ist allerdings auch hier der Hinweis, dass natürlich diese Kriterienfindung selbst wieder unter machtförmigen Bedingungen stattfinden wird. Und: Von GS 44 her kann auch diese Kriterienfindung nicht einfach ohne Beteiligung der kulturellen Partner durchgeführt werden. Auch hier handelt es sich ja letztlich um eine Deutung der gegebenen Offenbarungsquellen, die – wie ausführlich dargelegt – ohne die ,Hilfe der in der Welt Stehenden, seien sie gläubig oder ungläubig', defizitär ausfällt.

Indem also Menschen leben und nach transzendenter (Rahner), bergender (Pannenberg) und anerkennungsorientierter (Pröpper) Selbst- und Sozialerfahrung streben, ist ihr Handeln deutbar als interpretatorische Vorwegnahme des Ideals der jesuanischen Liebe im Kontext der trinitarischen Dynamik. Gerade weil das ,Heil', die ,Gnade', die ,trinitarische Präsenz' usw. keine sach-ontologischen ,Dinge' meinen, sondern in die Ge-

gebenen Weltrahmens; vielmehr konditioniert sie ihn. Was in der Welt geschieht, kann damit auch von diesem Lebenszeugnis und seiner trinitarischen Kontextualisierung her ausgesagt werden; und zwar so, dass zugleich in gar nichts die freie Selbstbestimmung des Immanenten in Frage steht, sondern diese sogar erst in ihr Eigenrecht versetzt ist. Nur so können dem kulturellen Diskurs unter Pluralitätsbedingungen normative Kriterien angeboten werden. Denn nun bezieht man sich transparent auf eine weltanschauliche These und leitet aus ihr Urteilskriterien gegenüber anderen Entwürfen ab. Sowohl die These wie die Ableitung aber geschieht öffentlich und ist sowohl diskutier- wie nachprüfbar. Die große These der Christen, dass in diesem Sein Liebe möglich sei, weil Gott Liebe ist, führt dann grundsätzlich zu dem normativen Ansatz, jedes gegebene Freiheitsverhalten von seiner Realisierung der in Jesus ansichtig gewordenen Liebesmöglichkeit her zu beurteilen, zu unterscheiden und ggfs. zu korrigieren.

schichte handelnder Menschen koevolutiv[128] eingeschrieben sind; gerade weil die Momente der Selbstmitteilung Gottes in die Selbstaussagen der solchermaßen befreiten Menschen eingehen; darum können diese Selbstartikulationen auch heuristisch in diesem Kontext gelesen werden. Einfacher gesagt: Weil Menschen in theologischer Perspektive immer schon so betrachtet werden, *als ob* Gott sie so liebt, wie er das in Jesu Leben und Sterben vorgemacht hat, können ihre Artikulationen auch interpretiert werden, *als ob* sie Artikulationen von Geliebten wären.

Daher gilt: Wo Menschen sich selbst aussagen: wo sie ihre Selbstpositionierung in ‚ihrer' Welt vornehmen und nach außen signalisieren (Rahner); wo sie sich auf ihren ‚bergenden Grund', ihren sozialen Kosmos beziehen und diesen sowohl lernen wie verändern, einfach, indem sie leben (Pannenberg); wo sie einer Grammatik der Anerkennung folgen (Pröpper); kurz, wo Menschen ihr Leben erleiden, sich an und in ihm abarbeiten, sich in ihm feiern oder sich in ihm langweilen, sich jedenfalls implizit oder explizit zu ihrem Lebensgang als Ganzem verhalten; wo sie den ‚Roman ihres Körpers' (Camus) schreiben und diesen in einem ganzen Lebensprogramm oder in einer alltäglichen Kleingeste ausdrücken – da wird ihre Lebensspur zur heuristischen Quelle darüber, als wer sich Gott heute offenbaren und wie er seine Offenbarung neu verständlich machen will. Diese so gelesenen und gedeuteten Ausdrucksspuren sind das ‚Material', das erst durch eine pastoral-ethnologische Analyse so richtig erschlossen wird.

So kann die Theologie, die Kirche, der Glauben je neu, je überraschend und je verstörend lernen, was Heilsgeschichte, was Offenbarung meint (GS 44) – und zwar am gegebenen Ort.

---

128 So thematisiert Rahner das Verhältnis von Heils- und Weltgeschichte; vgl. Rahner 1984: 51 f. sowie ausführlich Rahner 1964b.

5.2 Von den Arbeitshypothesen zur soziologischen Milieuforschung

Wer sich mit den obigen Arbeitshypothesen ausrüstet und die Ausdrucksgesten seiner Kultur lesen möchte, um dem Dreischritt aus GS 44 zu entsprechen und Neues über die Bedeutung der Gottesoffenbarung zu erfahren, der käme nicht weit, wenn er bei den klassischen theologischen Erkenntnisquellen bleibt. Denn wie gesehen kann die Theologie den Weg zwar weisen und begründen, bietet aber aus sich heraus keine Instrumente an, mit denen man ihn gehen kann. Das muss sie auch nicht, solange sie sich interdisziplinär versteht und sich dankbar auf die Arbeitsteilung etwa mit der Psychologie, der Soziologie oder der Medientheorie einlässt.

Im hier einschlägigen Fall landet man beim Diskurs der Kulturwissenschaft, genauer einer kulturanthropologisch fundierten Kultursoziologie in Form der Lebensweltforschung, der Sozialstrukturanalyse, der Alltagssemiotik oder der Sozialethnologie. Als Oberbegriff wird im Folgenden der Begriff der Milieuforschung verwendet.[129] Die These lautet, dass sowohl Begrifflichkeit wie Methodik der aktuellen Milieuforschung bestens dazu geeignet sind, jene Fragen weiter zu verfolgen, an denen die theologische Anthropologie in die phänomenologische Konkretion drängt. Der Arbeitsschritt des ‚auscultare‘ wird in einer Feinheit durchgeführt und in einer Korrektheit methodisch abgesichert, von der theologische Arbeiten nur gewinnen können. Jeder Nutznießer dieser Forschungen kann die hier angebotenen Ergebnisse für sein eigenes Lernen, sein ‚commercium‘ einsetzen und Themen bzw. Maßnahmen konzipieren, die er an die Lebenswelten wieder heranträgt: ‚proponere‘.

Bekanntlich ist der theologischen Kirchengeschichtsschreibung der Milieubegriff überaus vertraut. Der ‚Arbeitskreis für kirchliche Zeitgeschichte‘ rund um den Bochumer Kirchenhistoriker Wilhelm Damberg beschreibt mit der Milieuvokabel die in typischer

129 Ganz korrekt müsste man hier die Milieuforschung als Unterdisziplin der soziologischen Sozialstrukturanalyse bezeichnen. Weitere Zuordnungen können aber für den Zusammenhang des Buches unterbleiben.

Weise versäulte Lebens- und Sozialform des deutschen Katholizismus in den letzten beiden Jahrhunderten. In der Zeit zwischen den beiden Markern ‚Reichsdeputationshauptschluss' 1803 und dem Ende des Zweiten Weltkrieges 1945 bilden die Katholiken – ähnlich aber auch die Protestanten oder die Arbeiter – weltanschaulich verfestigte Bevölkerungsblöcke aus, die von einer gemeinsamen Sinndeutung von Wirklichkeit geprägt sind, diese normativ für sich in Geltung setzen und über einen alltags- und gruppenprägenden Kranz von Riten, Symbolen und Institutionen abstützen. Es entstand das ‚katholische Milieu', eine Art eigene Welt mit allem, was dazugehört: eigene Rezepte, eigene Feiertage, eigene Chöre, eigene Partnerschafts- und Erziehungsideale, eigene Kaufgewohnheiten, eigene politische Willensvertretung und natürlich eigene religiöse Routine.[130] Stärker als die anderen sozialmoralischen Großmilieus des Kaiserreiches wie das Bürgertum oder die Protestanten schlossen sich die Katholiken in ihrem Milieu gegen die Gesamtgesellschaft ab, von der sie sich strukturell benachteiligt und diskriminiert erlebten. Dies erhöhte Wichtigkeit und Kraft der innerkatholischen Kohäsion.

Katholizismusforscher wie Wilhelm Damberg oder Karl Gabriel konnten zeigen, dass diese kulturelle Milieuformation bereits ab den 1950er Jahren erodiert und mit dem Markierungsjahr 1968 endgültig anderen sozialen Normierungen weichen muss.[131] Trotzdem hat sich die Milieubegrifflichkeit durchaus bewährt, um die Differenzierungsphänomene sich modernisierender Gesellschaften einfangen zu können und gegenüber den überkommenen Modellen von Klassenbildung oder sozialer Schichtung an Präzision

---

130 Vgl. AKKZG 1993; Begriffsbestimmung ebd.: 606. Eine wichtige forschungsleitende Studie liegt vor mit Damberg 1997. Folgende Kurzskizze in Anlehnung an den Milieubegriff des AKKZG liefert Liedhegener 2011: 193: „Eine gemeinsame, umfassende religiöse Deutungskultur der Wirklichkeit, eine katholische Sozialisation in Kirche, Schule und Elternhaus, Erfahrungen katholischer Gemeinschaft in Liturgie, Caritas und religiösen wie weltlichen Festen und Treffen, ein dichtes Netz katholischer Vereine und Organisationen, die politische Repräsentation in der Zentrumspartei in Landesparlamenten und im Reichstag banden die Lebenswelt des Einzelnen in einen dichten katholischen Kosmos ein."
131 Gabriel 1998.

zu gewinnen. Die heutige Sozialstrukturanalyse macht aber die Milieubildung nunmehr weniger an gemeinsamer, klar kodifizierter und sogar bekenntnisförmig gelebter Weltdeutung fest als an den Gemeinsamkeiten des Lebensstils. Ein Milieu wird dementsprechend rekonstruiert, wo einem bestimmten Bevölkerungsausschnitt eine erhöhte Binnenkommunikation sowie „Gemeinsamkeiten des expressiven (Freizeitaktivitäten, Konsummuster usw.), interaktiven (Geselligkeit, Heiratsverhalten usw.), evaluativen (Wahlverhalten, Wertbindungen usw.) und kognitiven (Selbstidentifikation, Wirklichkeitswahrnehmung) Verhaltens"[132] nachgewiesen werden können. Milieus sind also durchaus abgrenzbare Bevölkerungsgruppen. Wichtig ist allerdings, dass diese nur aufgrund der externen soziologischen Modellkonstruktion als ein solcher Sozialzusammenhang erscheinen. Milieus bilden von sich aus weder einen Interaktions-, Intentions- oder gar Organisationszusammenhang aus. Es ‚gibt' sie als Milieu nur in der Rekonstruktion der Soziologie. Als solche sind Milieus weder adressierbar noch kollektiv kampagnenfähig. Ihre ‚Mitglieder' – wie man merkt, ein sehr unpassendes Wort – fühlen sich in ihrer Selbstbeschreibung nicht als ‚Konservative' oder ‚Hedonisten'. Milieus sind also keine Vereine, Freunde, Interessengruppen oder Organisationen. Vielmehr handelt es sich um so etwas wie ‚Lagerungen im sozialen Raum'. So drückt es der Wissenssoziologe Karl Mannheim aus, dessen Analysen der Milieuforscher Michael N. Ebertz für seine Milieudefinition heranzieht. Diese ‚Lagerungen' begrenzen den subjektiven Denk-, Erlebens- und Handlungsspielraum; gehen meist mit bestimmten sozialen und generativen Positionierungen einher; bedingen bestimmte Abgrenzungen zu anderen Lagerungen; ermöglichen innerhalb ihrer selbst ‚konjunktive' Erfahrungen des gemeinsamen Fühlens, Bewertens, Kommunizierens; begrenzen genau dies aber zwischen den spezifischen Lagerungen und erlauben hier allenfalls ‚kommunikative Erfahrungen'.[133]

---

132 Gabriel 2009.

133 Vgl. Ebertz 2006a; Ebertz / Wunder 2009: 31–35. Ebertz bietet hier wichtige Anregungen zum Verstehen, aber auch zur Weiterentwicklung des Milieukonzeptes der bekannten SINUS-Milieus.

Der große Vorteil der Milieuforschung gegenüber anderen Modellen der Sozialstrukturanalyse ist die präzise Erkundung der Mesoebene in modernen Vergesellschaftungsprozessen. Im Hintergrund steht eine gleichzeitige Abwendung von radikalen Individualisierungs- wie Vermassungstheorien. Die Milieuforschung – so heterogen sie sich im Einzelnen darstellt – insistiert darauf, dass gerade hochdifferenzierte Kulturen mit einem hohen Wahlangebot an Konsumgütern und Lebensstilistiken eine bestimmte soziale Bereichslogik ausbilden, in denen überraschend breite Kohäsionserfahrungen gemacht werden. Man sucht und inszeniert die Ähnlichkeit zu den als relevant erwählten (anonymen) Anderen genauso, wie man die Abgrenzung zu den persönlich Irrelevanten erstrebt und zeigt. Moderne oder postmoderne Subjekte willigen faktisch in durchaus große Einschränkungen ihrer individuellen Wahlmöglichkeiten ein, um dem sozialen Raum Zugehörigkeit und Distinktion zu signalisieren: sie sind gekleidet wie Ihresgleichen, sie zeigen ähnliches Urlaubs-, Fernseh- oder Lektüreverhalten; sie wohnen dort und wählen das, wo und was Ähnliche wohnen und wählen.

Der ganze Ansatz der zeitgenössischen Milieusoziologie kann hier nicht nachvollzogen werden. Fachliteratur ist aber reichlich und gut zugänglich vorhanden.[134] Darum sei an dieser Stelle nur noch kurz die Basislogik der Milieuforschung skizziert. Als ihr Leitsatz kann formuliert werden: *Menschen benutzen in für sie wahlförmigen Situationen das Reservoir der für sie kulturell vorfindlichen Ausdrucksmedien, um in der Situationsbewältigung ihre Grundwerte für andere Menschen sichtbar zu machen und so mit den für sie relevanten Menschen ähnlich bzw. mit den für sie nicht relevanten Menschen unähnlich zu werden.*[135] Dieser Leitsatz zeigt schlagend, warum die von ihm her organisierte Forschung für die ethnologisch interessierte Pastoraltheologie so weiterführende Ergebnisse verspricht. Gemäß diesem Ansatz sind die alltagsästhetischen Manifestationen der ‚Leute' das zentrale Auskunftsmaterial. Gerade in wahlförmigen Situationen und unter den Bedingungen relativer oder ausgeprägter

---

134 Vgl. nur Hradil 1987; Schulze 1992; Hartmann 1999; Ott 2005.
135 Vgl. ausführlich Sellmann 2007c.

Optionsvielfalt sind es die faktischen ästhetischen Entscheidungen, aus denen heraus gelesen werden kann, wie sich das Subjekt vor sich selbst, vor seiner sozialen Sphäre wie vor der ‚Welt‘ entwirft. Laut diesem Basissatz ästhetisiert das Subjekt in seinem gesamten Habitus nämlich nicht einfach Launen oder rein situative Faktoren, sondern seine Grundwerte. Dies geschieht sowohl positiv – als Zugehörigkeitssignal – wie negativ – als Signal negativer Distinktion.

Gesten also sind es, die durch die Milieuforschung so eindrücklich ins Licht gehoben werden: individuelle Gesten, die einen kollektiven Grund bezeugen. Hier ist ein Forschungsprogramm konsultierbar, das eine sehr konkrete Beziehung herstellt zwischen den ‚vielfältigen Sprachen unserer Zeit‘ (GS 44) und den ihnen innewohnenden großen, vergemeinschaftenden Wertkomplexen. Wer ernsthaft zuhören, lernend austauschen und Passendes vorschlagen will, dem öffnet sich hier ein faszinierender Daten- und Interpretationspool.

Vor allem drei Vorzüge sollen im Folgenden charakterisiert werden, die sich direkt von der anthropologischen Sondierung in Kapitel 4 her auszeichnen: Die Milieuforschung hat Erfahrung mit einer besonderen ethnografischen Methode, der ‚dichten Beschreibung‘. Diese erlaubt es, das von Rahner konturierte ‚Dasein als Vorgriff‘ in seiner genauen Phänomenologie zu beschreiben. Diese Beschreibungen fallen deswegen nicht in die Willkür des reinen Phänomens auseinander, weil sie mit dem Konzept der ‚sozialen Gravitation‘ verbunden werden. Letzteres kann präziser und pluraler als die theologische Anthropologie ausleuchten, was der ‚bergende Grund‘ (Pannenberg) modernen Subjektseins ist. Schließlich kann die Milieuforschung mit der Theorie der ‚fundamentalen Wirklichkeitsinterpretation‘ eine Brücke schlagen zu der von Pröpper entdeckten Möglichkeitsdimension der liebenden Anerkennung.

‚Dasein als Vorgriff‘ (Rahner) und ‚Dichte Beschreibung‘ (Geertz)

In der oben unter 5.1 aufgestellten ersten Arbeitshypothese wurde im Anschluss an Rahners transzendentale Analyse der Existenz postuliert: *Die gegebene Artikulation ist immer mehr, als sie zu sein scheint.* In ihr und durch sie ereignet sich die Vorgrifflichkeit des Daseins – und an ihr ist sie daher auch abzulesen. Dies führte Rahner zur Forderung einer dogmatischen Theologie des Alltags.

Fragt man nun, wie ein solches Projekt ethnologisch unterstützt werden kann, stößt man auf einen der wichtigsten Vertreter der sogenannten interpretativen Ethnologie: den Nordamerikaner Clifford Geertz (1926–2006).[136] Ihm verdanken die Kulturwissenschaften den einflussreichen Begriff und die Methode der ‚dichten Beschreibung' (thick description), über die Geertz seine Fachdisziplin profiliert. In einem gleichnamigen Aufsatz aus dem Jahr 1973 stellt er das Forschungsprogramm der dichten Beschreibungen vor. Was ist hiermit gemeint?[137]

Geertz plädiert für eine Ethnologie, die sich theoretisch über ihre Fundamente versichert und vor allem von der Semiotik profitiert. Damit wird Geertz identifizierbar in der Tradition der Soziologie nach Max Weber: „Ich meine mit Max Weber, dass der Mensch ein Wesen ist, das in selbstgesponnene Bedeutungsgewebe verstrickt ist, wobei ich Kultur als dieses Gewebe ansehe. Ihre Untersuchung ist daher keine experimentelle Wissenschaft, die nach Gesetzen sucht, sondern eine interpretierende, die nach Bedeutungen sucht." (9) Mit dem Hinweis auf ‚Interpretation' und ‚Bedeutung' ist die Antipode zu einer Fülle alternativer ethnologischer Ansätze gegeben. Geertz wendet sich gegen die Idee der ‚dünnen Beschreibung', dem Katalogisieren physischer, messbarer Effekte im kulturellen Raum. Er ist Gegner einer hypostasierenden Ethnologie, die aus Einzelbeobachtungen große Globaltrends herauslesen zu können vermeint. Er kritisiert eine kognitive Ethnologie, die ge-

---

136 Vgl. zu Werk und Person Kumoll 2006. Nur ein Beleg für die Popularität des Terminus ‚dichte Beschreibung' ist das bekannte Werk ‚Klassiker der Soziologie', herausgegeben von Dirk Kaesler. Im Vorwort referiert er, dass er die Autoren gebeten habe, in ‚ihren' Klassiker im Stile einer dichten Beschreibung einzuführen; vgl. Kaesler 2000: 7. Auch die im kirchlichen Raum bekannt gewordenen Milieustudien beziehen sich auf Geertz; vgl. nur Ebertz/Wunder 2009: 59–89; Wippermann 2011: 209 (beachte aber das Fehlen des Namens ebd.: 52 f) sowie Wippermann/Calmbach 2008: 19.

137 Vgl. zum Folgenden Geertz 1987: 7–43; die Seitenzahlen in Klammern beziehen sich auf diesen Text.

gebene Ausdruckshandlungen nur als Exempel eines formalisierbaren kulturellen Skripts betrachtet. Und er polemisiert gegen subjektivistische Verkürzungen, in denen Ethnologen einfach ihrem folkloristischen Überschwang frönen. All diese Ansätze erbringen keine dichten Beschreibungen.

Denn diese betreffen die symbolischen Bedeutungen, die beobachtete Kulturen hervorbringen und die ihr Verhalten beeinflussen. Diese müssen nach Geertz ethnografisch erfasst, gedeutet und niedergeschrieben werden. Dabei greifen fünf Kennzeichen: 1. Die dichte Beschreibung setzt an der *informellen Logik des normalen Lebens* an (21. 25). Ihr Gegenstand ist nämlich weniger die bereits von den Handelnden selbst als Symbol erkannte und zum Beispiel rituell begangene Bedeutungsstruktur, sondern die sich faktisch aus ihren Handlungsbezügen ergebende. Dieses wird im Normal- und Banalbereich des Lebens besser deutlich als in den außergewöhnlichen Kultursituationen wie den Festen oder den Zeremonien. Dabei bleibt aber die Analyse möglichst dicht an die Selbstverständnisse der Handelnden gebunden und wird ihnen nicht einfach aninterpretiert (21 f). 2. Die dichte Beschreibung *deutet* diese Phänomene. Dabei trifft sie auf eigentümliche Schachtelungen und Hierarchien, eine „Vielfalt komplexer, oft übereinandergelagerter oder ineinander verwobener Vorstellungsstrukturen, die fremdartig und zugleich ungeordnet und verborgen sind und die er zunächst einmal irgendwie fassen muss" (15; ähnlich 12). Ihr Interesse ist interpretativ, was die Ethnografie in eine nicht ganz auflösbare Zwischenstellung zwischen der Erfassung und der aktiven Beeinflussung einer sozialen Realität bringt. Auf der einen Seite ist die dichte Beschreibung ganz nah dran an den Phänomenen; auf der anderen Seite abstrahiert sie von ihnen, eben, um der symbolischen Bedeutung auf die Spur zu kommen. Dies ist das dritte Kennzeichen. 3. Die dichte Beschreibung deutet den „Ablauf des sozialen Diskurses". Die Aufgabe besteht darin, „Vorstellungsstrukturen, die die Handlungen unserer Subjekte bestimmen – das ‚Gesagte' des sozialen Diskurses –, aufzudecken und zum anderen ein analytisches Begriffssystem zu entwickeln, das geeignet ist, die typischen Eigenschaften dieser Strukturen (...) gegenüber anderen Determinanten menschlichen Verhaltens herauszustellen" (39). Geertz behandelt derlei Vorstellungsstrukturen wie ‚Texte', ‚scripts', die die handelnden Subjekte im Handeln befolgen und damit gleichzeitig etablieren wie evoluieren. Es geht in der ‚dichten Beschreibung' darum, diese ‚Texte' in ihren ‚Kon-Texten' zu identifizieren und in ihrer bedeutungsgebenden Kraft zu erschließen.[138] 4. Diese Erschließung ist die eigentliche Arbeit des Ethnologen: Er muss schreiben, er muss festhalten (28). Denn das „Deuten besteht darin, das ‚Gesagte' eines solchen Diskurses dem vergänglichen Augenblick zu entreißen" (30). Geertz plädiert im Zuge dieser Forderung dafür, möglichst situativ und anschaulich zu schreiben. Denn nicht Kohärenz, schon gar nicht Induktion in höhere Abstrakta könne das Ziel sein. Hier wird Geertz fast beschwörend. Der Ethnograf müsse uns in seiner Darstellung davon überzeugen, dass er ‚mittendrin' war (26); dass er sich in die Menschen gefunden hat (20); dass er das Rätsel um die Leute zu lösen weiß (24); dass er uns mit dem Fremden berührt (24); dass er die Gebärden zu lesen weiß (11); dass er den „Sprung mitten hinein" (43) nachvollziehbar macht.[139] Das literarische Genre der Wahl ist ihm daher der Essai (36). 5. Denn der Essai lebt vom gedeuteten Fragment. Die ethnologische Mikroskopie ist das fünfte und letzte Bestimmungselement der ‚dichten Beschreibung'. Auch den großen Symbolstrukturen möge sich der Ethnograf „von der sehr intensiven Bekanntschaft mit äußerst kleinen Sachen her" (30) annähern. Denn hier kondensiert das Typische, Konkrete, Plurale der untersuchten Kultur – und man vermeidet den Fehler, das sogenannte Kleine doch wieder nur als letztlich austauschbaren Beispielfall der sogenannten großen, globalen Trends zu diskreditieren.[140]

138 Gerade dieser Ansatz, Kulturen als Texte zu betrachten und zu erforschen, hat Geertz enorme Widerstände eingehandelt; vgl. dazu Kumoll 2006: 282–287.

139 „Wir haben die Triftigkeit unserer Erklärung nicht nach der Anzahl uninterpretierter Daten und radikal verdünnter Beschreibungen zu beurteilen, sondern danach, inwieweit unsere wissenschaftliche Imagination uns mit dem Leben von Fremden in Berührung zu bringen vermag" (24).

140 Eine bekannte und wirklich vor Leben strotzende essayistische Schilderung eines solchen Fragments gelingt Geertz mit seiner Deutung des Hahnenkampfes auf Bali; vgl. ders. 1987: 202–260.

So weit die Kurzvorstellung der Merkmale, die eine Beschreibung von einer dünnen zu einer dichten werden lässt. Ohne den disziplinären Sprung von einer normativen zu einer deskriptiven Wissenschaft zu vernachlässigen, sieht man doch, dass dieses Konzept dort weitermachen kann, wo Rahner aufgehört hat. Wie Rahner postuliert auch Geertz, „dass soziale Handlungen mehr als nur sich selbst kommentieren" (34); bei beiden geht es um die Ethnografie der Normalität, also des Alltages; beide wehren sich gegen integrale Welterklärungen, die stets nur Ableitungen des immer schon Gewussten gestatten; und beide bewerten die versprachlichte, diskursivierte Selbstäußerung der Menschen hoch. Geertz und mit ihm der ganze *cultural turn* der Kultursoziologie kann eine Methode beibringen, die das ‚Dasein als Vorgriff‘, das symbolische Handeln des Menschen, erschließt. Genau auf solche bedeutungsgebenden ‚Texte‘ ist sie ja, wie gesehen, scharfgestellt. Eine Pastoraltheologie, die im Gefolge von GS 44 und der kulturhermeneutischen Wende des ganzen Konzils in einen wechselseitigen Lernprozess mit der Gegenwartsgesellschaft eintreten möchte, wird diese Angebote dankbar zur Kenntnis nehmen und sich selbst an dichten, symboldeutenden Beschreibungen abarbeiten.[141] Der folgende Satz von Geertz ist von seinem Pathos her unschwer an das anzudocken, was auch GS 44 einer nachintegralen Kirche wünscht: „Die eigentliche Aufgabe der Ethnologie ist es nicht, unsere tiefsten Fragen zu beantworten, sondern uns mit anderen Antworten vertraut zu machen, die andere Menschen (...) gefunden haben, und diese Antworten in das jedermann zugängliche Archiv menschlicher Äußerungen aufzunehmen" (43). Trotzdem wird auch überdeutlich, welcher Preis zu zahlen ist. Und speziell Rahner hatte ja schon geahnt, dass es „unheimlich" werden wird, weil Manipulation, Vorläufigkeit, Subjektivität in die Theologie einziehen. Dies ist bei Geertz unübersehbar, der mit entwaffnender Lakonie den hochambivalenten Theoriestatus der interpretativen Ethnologie umreißt. Diese sei dem Wesen nach unvollständig, in hohem Maße anfechtbar, immer von „Intuitiona-

---

141 Die Milieuporträts im Teil II des Buches verstehen sich als anfanghafte ‚dichte Beschreibungen‘.

lismus und Alchimie" (43) bedroht; man steht auf unsicherem Grund; sie kommt nie bis ins Letzte (vgl. 41–43).[142] Der Übergang von der integralen und homologen Perspektive zur Anerkennung von Pluralität bedingt eine bestenfalls nur noch mittelfristige Theoriegültigkeit. Man verliert also den Gesamtüberblick, und man gewinnt das Fragment. Oder, abschließend mit Geertz so wie anfänglich mit Camus: Man verliert den Kontinent, gewinnt aber den Körper (vgl. 29 f).

,Bergender Grund' (Pannenberg) und ,Soziale Gravitation' (Wippermann)

Insofern die ,dichte Beschreibung' wichtige Hinweise für die Dokumentation ethnologischer Beobachtungen erbringen kann, ist das Konzept der ,sozialen Gravitation' wohl das zentrale inhaltliche Theorem der Milieutheorie überhaupt. Erst diese anspruchsvolle Modellierung erlaubt es überhaupt, zu symbolischen Bedeutungs*strukturen* zu kommen, die paradoxerweise gerade deswegen über das Individuum hinausgehen, weil dieses sich in ihnen ausdrückt. Kurz zur Erinnerung: Die unter 5.1 aufgestellte zweite Arbeitshypothese hatte im Anschluss an Pannenberg betont, dass subjektive Ausdrucksgesten immer auch einen sozialen Bezug aktualisieren. Sie richten sich zurück auf einen ,bergenden Grund', von dem her sie sozialisiert sind und den sie als wirkende Kraft aufrufen – sei es bestätigend, verändernd oder ablehnend. Pannenberg musste dies im Abstrakten lassen, obwohl er mit seinem zentralen Theoriezeugen George Herbert Mead bereits die *chicago school of sociology* konsultierte, aus der heraus zentrale Vertreter des *cultural turn*, des symbolischen Interaktionismus und der Kulturanthropologie hervorgetreten sind. Clifford Geertz ist nur einer von ihnen.

---

142 Ähnlich konzediert Schulze 1992: 274 f, dass interpretative Sozialforschung nur „eine schwache Form von Erkenntnissicherheit" aufweist, wenn sie sich mit komplexen Deutungssystemen beschäftigt. Nach dem Durchgang durch Kapitel 4 wird man aber sagen können: Man kommt aber immerhin näher an die Phänomene heran als die systematische Theologie, die ja ebenfalls nur eine hermeneutische Erkenntnissicherheit beanspruchen kann.

Es dürfte einleuchten, welcher hermeneutische Aufwand nicht nur hinter der These steht, es gäbe solche Muster, die die jeweils einzelnen und spontanen Artikulationen von Subjekten umgreifen. Auch die Erforschung dieser Muster, ihre Erfassung, Versprachlichung und permanente Neujustierung erfordern höchsten methodologischen und auch philosophischen (genauer: phänomenologischen) Aufwand.[143] Die Rede ist hier von einer interpretativen, qualitativen Sozialforschung, die in wenigen ausgewählten Einzelfällen jenes Typische aufzufinden vermag, das über den Einzelfall hinausgeht, aber sprachfähig ist zur Erkenntnis weiterer, nicht untersuchter Einzelfälle. „Die Einzelfallanalysen dienen (...) der schrittweisen Entdeckung allgemeiner Strukturen sozialen Handelns."[144]

Erneut muss dieses Buch um Verständnis dafür bitten, dass zum Schutz des roten Fadens die ganze Debatte um Forschungsdesign und -reichweite der qualitativen Hermeneutik hier nicht referiert werden kann. Ein Autoritätsargument muss hier reichen, welches gerade für die Religionsforschung den Konsens betont, dass man in diesem hoch symbolproduktiven Feld auf derlei hermeneutische Daten nicht mehr verzichten kann. Für unseren Zusammenhang ist jedoch das Konzept der ‚sozialen Gravitation' näher vorzustellen. Es ist sozusagen die kultursoziologisch präzise Übernahme der abstrakten Formel vom ‚bergenden Grund'.

Der Lebensweltforscher Carsten Wippermann beobachtet, dass sich die verschiedenen Ausdrucksgesten einer Person zurückführen lassen auf eine Art organisierendes Grundmotiv. Beispielsweise lässt sich zeigen, dass eine Person das Grundmotiv der ‚Ordnung' nicht nur im Wohnstil exploriert, sondern auch etwa beim Waldspaziergang darauf achtet, dass der Förster alles übersichtlich beschildert. Der Hund ist ordentlich gepflegt; der Zeitrhythmus der

---

143 Man beachte nur, wie viele in sich selbst wieder differenzierte Forschungsansätze Wippermann 2011: 197–205 aufzählt, um seine eigene Milieukonstruktion forschungsprogrammatisch einzubetten: Grounded Theory, Inhaltsanalyse, Motivanalyse, Deutungsmusteranalyse, biografische Selbstpräsentation, ethnografische Semantik u.a., aber auch Werteforschung oder Systemtheorie (vgl. ebd.: 52. 203).

144 Wippermann 2011: 203; zitiert werden hier Soeffner/Hitzler.

Tagesgestaltung ist klar getaktet; man fährt in ‚ordentliche‘ Urlaubsländer; man wählt Parteien, die für ‚geordnete Verhältnisse‘ sorgen, usw. Umgekehrt zeigt die Person klare, zum Teil sogar instinktive Abwehrreflexe, wenn sie Chaos, also das Gegenteil von Ordnung erlebt: etwa bei pöbelnden Menschengruppen, lauter Musik oder unstatthaften Kleidungsstilen. Im Kontakt mit dieser Person erkennt man Dreifaches:

Erstens könnte man einfach von einem hier wirkenden Grundwert ‚Ordnung‘ sprechen und hätte damit wenig Originelles herausgefunden. Ist nicht unser Verhalten immer von fundamentalen ethischen Entscheidungen beeinflusst? Diese Art ethisch-moralischer Reduktion ist für das hier Gemeinte zu wenig. Die Milieutheorie sieht hier in gewissem Sinn mehr als das, was wir üblicherweise als bestimmende Werte betrachten. Beobachtet wird ein Einfluss, der bis in vorrationale und vorvoluntative Gründe hinabreicht. Über die Figur der ‚Ordnung‘ wird in gewissem Sinn das ganze Selbst- und Welterleben gefiltert und geleitet. Das explizite Wertegerüst einer Person ist zwar Teil des Grundmotivs; dieses erschöpft sich aber nicht in Werten. Hier wirkt eine Art weltanschauliche Disposition, die den ganzen Habitus der Person imprägniert. Dies geschieht öfter unbewusst als bewusst und zudem auch in Daseinsbereichen, die man auf den ersten Blick gar nicht mit dem Grundmotiv verbunden hätte.[145] Ja etwa die disponierende Kraft des Motivs ‚Ordnung‘ kann so stark sein, dass sie Handlungen bewirkt, die dem rein ethischen Gehalt sogar entgegenstehen können.[146]

Zweitens ist dieses weltanschauliche Grundmotiv ein soziales. Hier liegt die eigentliche Überraschung einer interpretativen Sozialforschung. Auf der einen Seite ist das Subjekt freier Regisseur seiner Akte: *In welch genauer Konkretion* es das Grundmotiv alltagsästhetisch exploriert (Urlaub in Österreich oder in Schottland; Dackel oder Collie; Die ZEIT oder FAZ usw.), macht es zum unaus-

---

145 Zum Beispiel resultiert aus dem Gravitationsmotiv ‚Ordnung‘ ein sehr anderes Zeitungsleseverhalten als aus dem Gravitationsmotiv ‚Ganzheitlichkeit‘.

146 Wenn etwa, um Ordnung durchzusetzen, sehr viel Unordnung (z.B. Nachbarschaftskonflikte) verursacht wird.

rechenbaren und unverwechselbaren Individuum; *dass es aber* in diesen Akten überraschend konsistent das Grundmotiv ‚Ordnung' artikuliert, lässt die modellhafte Rekonstruktion dieser Person zu einer Gruppe zu. Soll heißen: Es ‚gibt' nicht so viele dieser Grundmotive wie einzelne Personen, sondern erheblich weniger. Denn über die Erkennung, Bestätigung, Ablehnung dieser Grundmotive in den millionenfachen Ausdrucksgesten der Personen in unserer Gesellschaft ‚funktioniert' die Grammatik unseres Zusammenlebens. Diese Grundmotive sind Sozialisations- und Generationseffekte. Es sind ‚Lagerungen im sozialen Raum', wie Michael N. Ebertz im Anschluss an Karl Mannheim formuliert. Menschen, so Mannheim, offenbaren „eine Tendenz auf bestimmte Verhaltungs-, Gefühls- und Denkweisen, die aus *dem eigenen Schwergewicht* der Lagerung heraus (...) verstehend erfassbar ist ..."[147] Auch wenn es (meistens) unbewusst bleibt: Die betrachtete Person lässt sich den eigentlich sehr weiten Möglichkeitsbereich ihrer Artikulationen erheblich verengen, um in den sozialen Raum hinein als Träger des Grundmotivs ‚Ordnung' verständlich zu erscheinen.[148] Dies ist

147 Ebertz 2006a: 261 mit Zitat von Mannheim (Hervorhebung MS). In ähnlicher Metapher spricht Schulze 1992: 267 dass sich bei Individuen „konsistenzerzeugende Schwerkraftbereiche" erkennen lassen.

148 Es ist zu betonen: Dies ist keine Manipulationstheorie des Sozialen und auch keine Gegenthese zu einer elaborierten Freiheitsphilosophie. Hier geht es nicht darum, dass ‚die Gesellschaft' irgendwen dazu zwänge, den gegebenen weiten Raum möglicher Selbstartikulationen auf ein kleineres Segment zu beschränken. Vielmehr müsste man darüber sprechen, wie viel dauernde individuelle Varianz eine Gesellschaft überhaupt decodieren und verarbeiten kann; ab wann es sozusagen unsozial ist, zu individuell zu sein; und welch feine, aber wirksame Sanktionen wir uns ausdenken für die, die dauernd anders sind als erwartet. Etwas mehr Überraschungstoleranz im sozialen Verkehr wäre sicher wünschenswert, gerade in stark von systemischen Codes geprägten Organisationen. Wie erfrischend ist es etwa, wenn ein Bahnschaffner im ICE plötzlich seine Ansage mal in Kölsch vornimmt – gegen jedes DB-Leitbuch für Zugansagen. Wichtiger ist aber wohl die Beobachtung, dass Personen sich aus Gründen des freien Selbstentwurfes in ihren individuellen Möglichkeiten einschränken. Ein nicht zu unterschätzendes Argument ist dabei sicher dieses: Es ist auf die Dauer einfach zu anstrengend, seiner Umwelt dauernd erklären zu müssen, als wer man sich gerade sieht und als wer man kommuniziert werden möchte.

übrigens auch bei Trägern des Grundmotivs ‚Stimulation und Abwechslung' so.

Diese Beobachtungen führen drittens zu der Frage, wo und wann diese Motive gelernt werden. Die Milieutheorie sieht hier für den personalen Bereich normale Sozialisationseffekte, die ab den ersten biografischen Großentscheidungen (Partnerwahl, Ausbildungsentscheidungen, Hausbau, größere Anschaffungen usw.) motivprägend werden. Sehr richtig wird darum auch in der Jugendstudie U27 nicht von jugendlichen Milieus gesprochen, sondern von Milieu*tendenzen*.[149] Für den generativen Bereich wird eine Dreistufigkeit großer Wertströmungen behauptet, die markante Epochenereignisse als kollektive Sozialisation bewertet: Krieg und Kriegsende, die Revolution der 1968er, der Fall der Mauer usw. Hieraus bilden sich ganze Wertegenerationen, in denen große Leitwerte die jeweils individuelle Biografie imprägnieren. Dies sind im Sinus®- bzw. DELTA®-Modell Werte der Traditionalisierung, der Selbstverwirklichung oder des Selbstmanagements.[150]

Viertens liegen die Grundmotive zueinander nicht auf derselben logischen Ebene. Sie sind, was angesichts ihrer vorrationalen, vorvoluntativen Sphäre verständlich ist, auch nur behelfsmäßig zu versprachlichen. Wie im obigen Beispiel gesehen, trifft das Wort ‚Ordnung' nur ungefähr, was hier disponiert wird. Die Grundmotive sind ganze Bedeutungskomplexe, die in dieser Komplexität bewahrt werden müssen, um Sozialforschung nicht in Banalität aufgehen zu lassen. Mal betont ein Motivkomplex mehr etwas Inhaltliches (wie Ordnung), mal geht es um eine performative Qualität (wie Prozesshaftigkeit, Kreativität), mal um einen Modus des persönlichen Selbsterlebens (wie Authentizität, Ganzheitlichkeit). Dementsprechend ist die Erforschung komplex und muss auf semiotische Verfahren genau zurückgreifen wie auf Datenbefragungen, sozialpsychologische Manuale oder assoziative Collagetechniken. Nicht zuletzt ist es das Verfahren der ‚dichten Beschreibung',

149 Vgl. Wippermann/Calmbach 2008: 12 f. Calmbach u. a. 2012 sprechen bei den Jüngeren nur noch von ‚Lebenswelten'.
150 Eine ausführliche Beschreibung dieser Wertegenerationen bietet Sellmann 2007a: 449–455.

das die Möglichkeit bietet, das Grundmotiv vom alltagsästhetischen Fragment und umgekehrt her zu erhellen. Der Begriff des Milieus ruht auf der Beobachtung solcher überraschenden Konsistenzen im mannigfach verschiedenen Alltagsverhalten. Milieus sind in Form gegossene Reflexe auf sie prägende Tiefenstrukturen, weil sie um ein je eigenes Zentrum kreisen, eine Eigenlogik aufweisen und von hierher einen eigenen Rhythmus, eine eigene Weltanschauung, eine eigene Grunddisposition und einen eigenen Habitus erzeugen. In Kreisen milieusensibler Pastoral sagt (und weiß) man: Jedes Milieu ‚tickt' anders.[151] Jedes Milieu verarbeitet kulturelle externe Impulse je anders. Und jedes Milieu ästhetisiert diese Innenverarbeitung wiederum anders nach außen. Die Komplexität wird noch dadurch gesteigert, dass jedes Milieu sich selbst wiederum auch an der Wahrnehmung und der Distinktion der je anderen erlebten Milieus bildet; und dass es natürlich darüber hinaus gesamtgesellschaftliche Kollektiverfahrungen gibt, die die Milieus in eine Kohäsion zueinander bringen, ob sie das wollen oder nicht.[152]

Wippermann spricht mit einer geglückten Formulierung von den „‚Gravitationszentren der Milieus', um deutlich zu machen, dass die sozialen Milieus nicht zufällige soziale Formationen, sondern soziokulturelle Anker und Attraktoren sind"[153]. Gravitationskerne sind Kräfte, die immer nur unzulänglich in Begriffe gebracht werden können; sie sind diffus, aber trotzdem messbar; sie bewirken Anziehung und Abstoßung; sie zeigen die Eigenweltlichkeit eines sozialen Komplexes an. Sie sind „dynamische Zentren (...), die nicht nur reale Lebenswelten sind, sondern auch idealtypische Orientierungsmuster darstellen." Ein Wert wie ‚Sinnlichkeit' wird von der Gravitation der ‚Etablierten' ganz anders codiert und in Verhalten

---

151 Auch wenn natürlich darauf hinzuweisen ist, dass ‚das Milieu' natürlich nicht wie ein kollektives Subjekt oder wie ein Singular zu behandeln ist. Es ist aber gerade die gemeinsame Gravitation, die das je individuelle Verhalten von Personen zueinander so vergleichbar macht, *als ob* sie so eine gemeinsame Identität wären.

152 Als Beispiel kann die kaum aufkündbare Einbindung in das monetäre Wirtschaftssystem (Zwang zur Erwerbsarbeit, zum Geldtausch, zum Konsum usw.) genannt werden.

153 Wippermann 2011: 59; dort auch das folgende Zitat.

gebracht als in der Musterlogik der ,Postmateriellen'. Erstere bilden
in alltagsästhetischen Inszenierungen der Sinnlichkeit (wie z. B. ein
Schaumbad) das gravitationsbestimmende Motiv ,Rang und Hierarchie' ab, Letzere das der ,Ganzheitlichen Lebensführung'.[154]
Dieses Konzept sozialer Gravitationen bedeutet einen Meilenstein
für eine ethnologisch ausgerichtete Pastoraltheologie im Sinne
von GS 44. Nun wird es konkret, was damit gemeint sein könnte,
dass die Menschen in ihrer Kultur verschiedene Sprachkomplexe
ausbilden und dass diese auf ihre ,bergenden Gründe' verweisen,
von denen her sie ihre Welten begehen. Nun endlich kann man
wissen, was genau mit dieser wegweisenden, aber doch etwas
blumigen und abstrakten Metapher gemeint ist. Wer seine Zeitgenossen kennenlernen, wer ihnen und den durch sie markierten
kulturellen Trends ,eifrig zuhören' möchte, der studiere die Forschungen über die gegebenen sozialen Gravitationen. Denn hier
erfährt man nicht einfach nackte Zahlen: ,65 % aller Bundesbür-
ger essen gerne spanische Orangen.' Man erfährt biografische Bedeutungen. Diese Bedeutung wiederum erfährt man nicht nur einfach individuell: ,Frau Elfriede Meier aus Bottrop mag
Schaumbäder, weil der Geruch sie in ihre Kindheit entführt.' Das
ist für die Einzelbegegnung informativ, für die pastoraltheologische Situationsanalyse aber zu kleinteilig. Und: Man erfährt nichts
religiös oder kirchlich Voreingestelltes: ,Jungen Leuten ist es im
Gottesdienst langweilig.' Vielmehr eröffnen sich die weltanschau-
lichen Grundportale, die wirklich bewegenden Antriebe, die kollektiv prägenden Logiken, die ,echten' Horizonte, die wirksamen
Unterschiede zwischen den Leuten. Wer Religiosität oder Kirchlichkeit nicht an äußeren Daten festmacht (Kirchgang, abgefrag-
te Loyalität zu Glaubenssätzen), sondern in die Tiefenstrukturen
der Sozialität verlegt, findet in den sozialen Gravitationen reiche
und vor allem realitätsbildende Dialogpartner. Nunmehr kann in
der pastoralen Kommunikation der Mesobereich beschritten werden. Man kommt heraus aus der Individualdiagnostik, aber auch
aus der soziologisch fatalen Ableitung gesellschaftlicher Zustände aus individuellem Verhalten (,Der Wirtschaft geht es schlecht,

154 Vgl. zu dem Beispiel ebd.: Fn 48.

weil die Manager so gierig sind'). Umgekehrt müssen pastorale Impulse nicht mehr unterschiedslos an alle adressiert werden (,Alle 15-Jährigen mögen sich bitte zur Firmung anmelden'), sondern man kann präziser eingehen auf die Musterbildungen innerhalb der gegebenen Kultur.

,Liebende Anerkennung' (Pröpper) und ,Fundamentale Semantik' (Schulze)

Die grundlegende Information über die Selektivität der Kulturrezeption und der damit verbundenen Einschränkung möglicher Austauschprozesse (commercium) ist von größter Wichtigkeit für den dritten pastoraltheologischen Schritt des ,proponere'. Denn wenn es so ist, dass jedes Milieu von einem „archimedischen Punkt (...) ihres Selbst- und Weltbezuges"[155] her denkt, lebt und handelt, dann ist auch klar, dass ein externer Vorschlag zur Lebensführung in irgendeiner Weise diesen Punkt affizieren muss, um Resonanz zu erlangen.

Für pastorale Kommunikation ist dabei Zweifaches mit einzubeziehen: Religion kann in modernen Gesellschaften (erfreulicherweise) so gut wie keinen Systemdruck mehr aufbauen, so dass religiöse Situationen von großer Wahlfreiheit geprägt sind.[156] Dies macht religiöse Kommunikation prekär: Eine religiöse Zumutung (etwa: ,Du solltest sonntags in die Kirche gehen') kann weitgehend risikolos abgelehnt werden. Umso wichtiger ist es also, die Zustimmungswahrscheinlichkeit zu erhöhen, indem man es schafft, sich *innerhalb* der sozialen Gravitation resonant zu machen.

Dies bedeutet zunächst, dass man die einzelnen Gravitationen nicht in sich abwertet und als solche zum Beispiel moralisch diskreditiert. Innerkirchlich kann man das häufiger bei ,Hedonisten' oder ,Performern' erleben, deren Gravitationen moralisch abgelehnt werden, weil sie auf fundamentalen Werten wie ,Ver-

---

155 Wippermann 2011: 62.
156 So fasst Niklas Luhmann (2000: 285f) bekanntlich das Phänomen der ,Säkularisierung': Religion hat nicht mehr die Kraft, den Nichtgebrauch ihres zentralen Mediums ,Glauben' zu sanktionieren.

gnügen' oder ‚Macht' beruhen. Dies ist sehr bedenklich. Man muss bei solchen Bewertungen aufpassen, nicht den blinden Flecken der eigenen sozialen Distinktionen zum Opfer zu fallen. Außerdem weiß die Moraltheologie schon länger, dass nicht einzelne Werte ethisch prekär sind, sondern das Verhalten, das eventuell aus ihnen erfolgt. Und dann wäre auch noch zu fragen, was an ‚Vergnügen' oder ‚Macht' aus christlich-anthropologischer Sicht sofort problematisch sein soll. Im gegebenen Rahmen der Milieuforschung liegen mit den sozialen Gravitationen jedenfalls kulturanthropologische Konstanten vor, die empirisch einfach so vorfindlich sind. Sie als solche, also unabhängig von ihren Konkretionen abzulehnen, erfüllt den Tatbestand der Realitätsverweigerung.

Das heißt drittens aber natürlich nicht, dass man nicht konflikthaft kommunizieren könnte oder dürfte. Religiöse Kommunikation wird immer (auch) verunsichern, destabilisieren, korrigieren. Diese Impulse aber müssen von der ankommunizierten Gravitation innerhalb ihrer Codierung verarbeitbar sein. Darin liegt die pastorale Kunst. Man kann einem reichen Etablierten ruhig vorschlagen, er könne mit seinem Vermögen sozialer umgehen. Die Wahrscheinlichkeit der Gefolgschaft wächst aber erst mit der Chance, diesen Vorschlag mit einem Verhalten zu realisieren, das erfolgs-, qualitäts- und reputationsorientiert ist.[157]

Ist das nun viertens die so oft monierte ‚Auslieferung an den Zeitgeist', hier im Gewand einer vorgeblich milieusensiblen Pastoral? Oder berührt man den eigentlichen Punkt, an dem die christliche Gottesrede zutiefst von ihrer Menschlichkeit geprägt ist? Ist es, anders gewendet, nötig, der aus der Offenbarung resultierenden Verkündigung[158] eine Sondersprache zu geben, die den Sprachen der Menschen additiv hinzukommt? Oder ist die Offenbarung derart universal, dass sie sich in die menschlich gegebenen Artikulationspotenziale hineingeben und ihren Inhalt mit den dort an-

---

157 In diesen Adjektiven bestehen nach Wippermann 2011: 63 wichtige Bestandteile der etablierten Gravitation.

158 ...die man ja laut GS 44 auch wieder nur im kulturellen Dialog erarbeiten kann.

treffbaren Formen vollgültig und restfrei ausdrücken kann? Dass ‚Gott' und ‚Welt' klar zu differenzieren sind, ist eine Spitzenleistung jüdisch-christlicher Theoriebildung. Aber gilt das auch für die Versprachlichung des Glaubens? Muss, wer glaubt, eine Fremdsprache lernen? Und wenn ja: Wer kennt, wer lehrt diese? Wie verhindert der Lehrer, dass es dann doch die eigene Sprachlogik wird, die man nur als nicht-eigene lehrt? Und wie wird diese Fremdsprache des Glaubens lebendig und adaptierbar in die eigene Lebenssprache?

Erkennbar ist dies eine Grundfrage der Missionstheologie, die große fundamentaltheologische Erwägungen nach sich zieht. Diese können hier nicht geleistet werden. Es wird auch im Gefolge der hier bisher verfolgten Theologie einer geschichtlich erfolgten und geschichtlich wirksamen Selbstmitteilung Gottes (Rahner, Hünermann, Theobald u. a.) nicht verwundern, dass sich dieses Buch dafür ausspricht, die Offenbarung sozusagen für ein ‚weißes Licht' zu halten, dass sich im Prisma der konkreten Geschichte in die verschiedenen Farben des Lebens und seiner Gravitationen bricht.[159] Insofern die sozialen Gravitationen Ausdruck letzten existentiellen Ernstes sind und unumgängliche Strategien der faktischen Biografiegestaltung darstellen, kann eine Offenbarung nicht prinzipiell an ihnen vorbeigehen, die gerade im Freiheitsgebrauch der Menschen ihren zentralen Anknüpfungspunkt (mit Rahner: ihre potentia oboedientialis) findet.

Diese Zusammenhänge wurden oben in Kapitel 4 eingehend behandelt. Es zeigte sich dort, dass sich die transzendentale Erfahrung nur durch die kategoriale Immanenz vermittelt zeigen kann und in ihr und durch sie aufleuchtet. Es muss also ein ‚concretum universale' gedacht werden, wie Hans-Urs von Balthasar das nennt, eine Erkenntnis des Ganzen in der geschichtlichen Manifestation.[160] Für von Balthasar ist das ‚concretum' vor allem die Inkarnation des Gottessohnes, der als Menschgewordener in der Welt

---

159 Dieses faszinierende Bild, das dringend mystiktheologisch ausgedeutet werden sollte, stammt von der Gründerin der Fokolarbewegung, Chiara Lubich (1920–2008).

160 Für Medard Kehl (Kehl/Löser 1980: 18–20) findet man in dieser Grundformel sogar den Schlüssel zum Gesamtwerk von Balthasars.

bleibend anwesend ist – und somit in ihr einen Referenzpunkt auf das ‚universale' bildet. Ähnlich hatte auch Pröpper, wie oben gesehen, in der biblischen Jesusüberlieferung das exemplarische Modell dafür gesehen, wie Menschen in der Selbstüberlassung an das Geheimnis der Liebe (concretum) zur höchsten Aktualisierung ihrer generellen Freiheitsbegabung (universale) kommen können. Zu solchen metaphysischen Theoriereichweiten kann eine Kultursoziologie wie die Milieutheorie natürlich nicht gelangen. Als deskriptive Wissenschaft wird sie keinen Referenzpunkt erreichen können, von dem her universale Botschaften so an konkrete Lebenswelten zu adressieren wären, dass diese sie in ihre Gravitationslogik aufnehmen können. Und umgekehrt wird sie auch keine Sozialontologie betreiben können, nach der es etwa eine pröppersche Grammatik der wechselseitigen Anerkennung gäbe, nach der sich alle Milieus irgendwie explizit oder implizit ausrichteten. Die Annahme solch einer Art intrinsischer, naturwüchsiger Ausrichtung auf sozial verträglichen Freiheitsgebrauch stünde auch in großem Kontrast zu Pröppers These der unbegründbaren und selbstursprünglichen Freiheit.

Trotz dieser Einschränkungen kennt aber auch die Kultursoziologie das Phänomen homologer Wirklichkeitsmodelle und existentieller Weltanschauungen. Diese präzisieren das Konzept sozialer Gravitationen und zeigen, dass Milieus nicht einfach nur den sozialen Verkehr organisieren, sondern als kollektive Weltbildkonstruktionen im gesellschaftlichen Mesobereich anzusprechen sind. „Milieus sind soziokulturelle Gravitationsfelder mit eigenen Wirklichkeiten."[161] Sehr eindrückliche Forschungen zu diesen Tiefenstrukturen und zu ihrer Erforschbarkeit hat der Soziologe Gerhard Schulze vorgelegt, der auch im kirchlichen Bereich durch sein Buch ‚Die Erlebnisgesellschaft' große Bekanntheit genießt. Schulze hat in diesem Werk ja nicht nur eine Milieutypologie entwickelt, sondern ein ganzes Instrumentarium der sozialinterpretativen Forschung und ihrer Begrifflichkeit vorgestellt. Hierzu gehören unter anderem die Konzepte der ‚fundamentalen Seman-

---

161 Schulze 1992: 267.

tik', der ‚existentiellen Anschauungsweise' und ihrer ‚Verweisungszusammenhänge'.[162] Es sprengt den Rahmen dieses Buches, wollte man diese Konzepte hier näher vorstellen. Schulze kann mit diesen Begriffen zeigen, wie Subjekte angesichts überbordernder Optionen zu Kohärenzstrategien greifen und einen gemeinsamen Zeichen- und Handlungsraum im Mesobereich der Gesellschaft aufbauen, der es ihnen erlaubt, im sozialen Verkehr nicht dauernd ihre Individualität erklären zu müssen. Subjektive Welten sind träge, beobachtet Schulze: Gerade weil bürgerliche Freiheit herrscht, braucht es kollektive Navigationsbojen. Einmal gefundene primäre Perspektiven, ausgebildete Habitusformen, Ich-Welt-Bezüge und existentielle Semantiken werden in konservativem Sinne eingesetzt: Bestätigungen werden positiv und bevorzugt rezipiert, Irritationen negativ.[163] Über die Grundoperationen der Selbstbestätigung, der Imitation, der verifizierenden Kommunikation und der Selektion erarbeiten sich die Leute Großmuster kognitiver Ähnlichkeiten und bilden „Gemeinschaften der Wirklichkeitsinterpretation".[164] Mit einem schönen Bild heißt es bei Schulze: „Unter der aufgewühlten Oberfläche unserer Alltagseindrücke stehen unsere Deutungssysteme wie stilles Wasser."

Diese Annahme fundamental wirkender, ordnungssymbolischer Semantiken scheint zunächst an Pröppers Thesen mehrfach zu erinnern. Zum einen ist es in einem bestimmten Sinn richtig, wenn man die kollektiven Großmuster als Strukturen der Anerkennung interpretiert. Dabei kann natürlich kein materialer, ethischer Anerkennungsbegriff gemeint sein, sondern lediglich ein formaler. Der aber trifft durchaus zu: Schulze beobachtet schließlich sein ganzes Buch entlang, wie die Subjekte der modernen Gesellschaft auf vielen Ebenen fluide und fixe Ordnungen errichten und dabei symbolische Anerkennungsstrategien verwenden.[165] Zum Zweiten hat Pröpper in seiner oben referierten ‚Zwischenbemerkung' be-

---

162 Vgl. v. a. das Kapitel 5, 7 und 8 der ‚Erlebnisgesellschaft' sowie das Glossar.
163 Schulze 1992: 264f.
164 Ebd.: 266; vgl. den ganzen Abschnitt 265–267. Das nächste Zitat ebd: 268.
165 Zu diesen ordnungsarchitektonischen Thesen bei Schulze vgl. ausführlich Sellmann 2007a: 401–407.

reits darauf verwiesen, dass die Glaubensbotschaft von der zur Liebe erlösenden Freiheit auf ‚interne Bestimmungsgründe' trifft, mit denen sie amalgamiert wird. Solche Gründe können mit Schulze als ‚existentielle Anschauungsweisen' und ‚fundamentale Semantiken'[166] genau erfasst werden.

Hier liegt dann allerdings auch die Spannung der beiden Ansätze. Denn Pröpper will ja normativ mit dem Angebot ‚des Glaubens' nicht einfach ebenfalls eine eigene ‚existentielle Anschauungsweise' einbringen, sondern die bestehenden bereichern, vielleicht sogar fundieren oder korrigieren. Jedenfalls will Pröpper eine Ebene höchsten Kollektivwissens aktivieren, ein Wissen um das Menschsein, dessen Potenziale noch vor aller Brechung in konkrete Kulturen und gesellschaftliche Formationen zugänglich sind. Hiergegen bietet Schulze mit seiner deskriptiven Theorieanlage wichtige Argumente auf. Zunächst betont er, dass das Wissen hohen Kollektivitätsgrades, wie es typischerweise die Religion bereitstellt, genauso im Abschwung sei wie das sehr partikularer Kollektivität. Beide Enden nähern sich der Mitte zu, dem kollektiven Wissen im Mesobereich, zum Beispiel dem der sozialen Milieus. Die Bedingungen funktionaler und kultureller Differenzierung haben die Leistungskraft sowohl umfassendsten wie individuellsten Wissens geschmälert. Die Gesellschaft bildet daher Großgruppen, die aber weder von zu stark individuellem noch von zu stark homologem Wissen beeinflusst werden können und wollen. Der Grund dafür ist eine weitere Hürde für ein zu ideales Denken in Anerkennungsgrammatiken. Schulze kann zeigen, dass auch die Abwehr der je anderen Großgruppe eine überaus wichtige ordnungsstiftende Funktion übernimmt. Die moderne Gesellschaft bildet eine „Struktur des Nichtverstehens".[167] Große Wissensgruppen stehen sich gegenüber, die ihr existentielles Wissen darum nicht teilen können und wollen, weil sie es gerade in der Distanz zu den anderen Mustern ausbilden. Die Wahrnehmung voneinander ist verzerrt, die wirklichkeitsdeutenden Begriffe sind verschieden, die Routinen der Evaluation und Kommunikation

---

166 Vgl. zu den beiden Begriffen ebd.: 231–249. 736 f.
167 Ebd.: 271–273. 364–366.

sind einander entgegengesetzt. Soziale Distinktion wird zu einem unverzichtbaren Bestandteil der sozialen Gravitation. Man begreift einander nicht, und man begreift auch dieses Nichtbegreifen nicht.[168] Es herrscht zueinander Inkommensurabilität. Diese beruht weder auf bewusster, persönlicher Abneigung noch gar auf implizitem Gewaltpotenzial. Es droht kein Klassenkampf, kein Bürgerkrieg. Die Feindbilder sind schematisiert, nicht personalisiert. Man kultiviert den „sozialen Frieden gegenseitigen Nichtverstehens"[169]. Und der hat seine eigene Logik.

Diese These von der Inkommensurabilität der sozialen Milieus ist ein fester Bestandteil der Basistheorie und wird von ihren Vertretern immer wieder bekräftigt.[170] Vielleicht steckt hier das größte provokative Potenzial zu einer kirchlich-theologischen Sicht auf ‚die Gesellschaft'. Ekklesiologische Ideale wie die communio innerhalb der Gemeinde; sakramententheologische Deutungen von der Eucharistie als dem einen Bezugspunkt von allen; sozialethische Projektionen auf die eine Gesellschaft als solidarischer Verbund; spirituelle Vorstellungen von dem einen Geist in allen Dingen – all diese (und weitere) integrale Postulate, sollten sie praxisanleitend gemeint sein, werden von der Kultursoziologie deutlich ernüchtert. Man wird diese Theoreme pluralitätstauglich denken müssen. Man wird das Ideale, das man aus einer universalen Glaubens- oder Denkeinsicht bezieht, so konzipieren müssen, dass es in der je eigenen Grammatik der zueinander differenten Modi aussagbar ist.

Und nicht nur das. Es kommt noch etwas Weiteres und für kirchliche Akteure ebenfalls Unbequemes hinzu. Für Schulze ist klar, dass jede Großtheorie allgemein teilbarer Kollektiverfahrung durch den Filter der alltagsästhetischen Auseinandersetzung muss – und hier in Reichweite und Praxisanspruch gründlichst abgeschliffen wird. Der Dissens um Überzeugung und kommunikative Resonanz geht weniger um die großen Prinzipien, Wertbe-

---

168 So ebd.: 364: Man ähnelt „U-Booten mit fehlenden Radaranlagen, die sich gegenseitig nicht orten können, ohne dass die Besatzungen dies wüssten."

169 Ebd.: 408.

170 Vgl. nur MDG-Handbuch 2006: 7f; Wippermann 2011: 14f. 58–60; Calmbach u.a. 2012: 46–50.

stände oder Interpretationen des Humanum, sondern um so etwas scheinbar Vernachlässigbares wie die Alltagsästhetik.[171] Sie ist das eigentliche Konfliktfeld der Milieus. Vor allem hier manifestiert sich das wechselseitige Befremden als die Grundspur der allgemeinen Interaktion zwischen den Wissensgemeinschaften überhaupt. „Keine Form gegenseitigen Unverständnisses ist häufiger, keine empfindet man intensiver."[172] Nirgendwo werden mehr Ordnung und Sicherheit aufgebaut als in den alltagsästhetischen Bestätigungen über die Richtigkeit des eigenen Lebens im Unterschied zur Seltsamkeit des der Anderen. Die täglichen ordnungskonstitutiven Kämpfe sind solche um Geschmack, Zeichen und Deutung. Das ist ja durchaus auch im kirchlichen Alltag so. Die Debatte um die Veränderung der Botanik im Pfarrheim kann eine Gemeinde tiefer spalten als die Frage, welches Hochgebet wann wie zu sprechen sei. Eine gute Predigt wird eher weniger nach ihrem theologischen Inhalt beurteilt als danach, wie der Prediger wirkt, welche Stimmung er verbreitet oder schlicht, wie schnell er fertig ist. Nach Auskunft der Kultursoziologie sind solche Auseinandersetzungen weder banal noch unwichtig, sondern völlig nachvollziehbar und sogar ordnungsstiftend für die Gemeinde. Es fehlen uns aber bisher weitgehend die denkerischen und spirituellen Mittel, diese ästhetische Ebene in ihrem konstruktiven Potenzial zu würdigen und professionell zu betreten. Eine ethnologisch konkrete Pastoraltheologie kann hier sicher Wertvolles beitragen. Wahrscheinlich wäre es genauso entlarvend wie weiterführend, wenn man die aktuellen theologischen Debatten um Konzilsrezeption, Ämter, Pastoralkonzepte, Genderfragen usw. einmal von der sogenannten Sach- auf die Ästhetikebene heben könnte.

Man sieht schon: Das anthropologische Denken in ‚Freiheit', ‚Liebe' und ‚Anerkennung' ist eine höchst ertragreiche Heuristik, aber

---

171 Natürlich hat der in diesem Buch gebotene Gedankengang bereits verdeutlicht, dass es hier weniger um Alternativen geht. Denn die großen Wertkonflikte finden in den kleinen fragmentarischen Auseinandersetzungen und durch sie statt. Wer das Senkblei in die kleinen Geschmacks-Scharmützel des Alltags hineinhält, stößt schnell auf sehr groß dimensionierte, geradezu weltanschauliche Konstellationen.

172 Schulze 1992: 365.

keine Durchführungsbestimmung zur Regelung sozialer Konflikte. Der kurze Einblick in die wissenssoziologische Rekonstruktion
von Weltbildern macht deutlich, dass einer allgemeinen anthropologischen These eine Übersetzung in partikulare Horizonte be-
vorsteht, um pragmatisch wirksam zu werden. Die These Pröppers,
dass liebende Anerkennung als erlösendes Ziel der jesuanischen
Freiheitsbotschaft *für alle* postuliert werden kann, muss sich plu-
ralisieren und partikularisieren lassen, wenn sie als Inhalt in die
Sprachform gegossen und verkündet wird. Wie an Pröpper gesehen, liegt aber die Möglichkeit zur Pluralisierung gerade in der
Logik dieser anthropologischen These. Liebe verkündet sich selber
am authentischsten performativ; das heißt, gerade wenn ihr Inhalt mit einem konkreten Beziehungsangebot verbunden und erfahrbar wird, wird sie verständlich. Das christliche Verständnis
von Erlösung kann insofern gar nicht kommuniziert werden, ohne
in den Plural der konkreten Verstehens- und Deutehorizonte einzusteigen.[173] Die profunde wissenssoziologische Erschließung der
kulturellen Gravitationen und die kommunikative Beachtung ihrer Kontingenzen in der konkreten Verkündigung ist gerade keine
Begrenzung der zu verkündenden Botschaft von der anerkennenden Liebe Gottes, sondern Eröffnung der Möglichkeit ihres Auf-
weises. Pointiert gesagt: Die Wahrheit, die Universalität der christlichen   Botschaft   liegt   im   operativen   Erweis   ihrer
Pluralitätskompetenz. Wer das Allgemeine der liebenden Präsenz
Gottes am Konkreten der ‚Leute' vorbei verkündet, setzt sich in
den Selbstwiderspruch genau zu diesem Allgemeinen.
Darum braucht die Theologie jene ethnologische Analyse, wie etwa
die Milieutheorie sie vornimmt. Hier geschieht nicht Vorfeldarbeit
für das spätere ‚Eigentliche' der Verkündigung, sondern aktiver
Vollzug dessen, wofür man semantisch wirbt. Zudem bekommt
man Kommunikationskompetenz, wie und an welchem Ansatzpunkt gegebener Gravitationen man aus dem Heilsangebot des
Glaubens partikulare Vorschläge für die Lebensgestaltung erkennen und machen kann: ‚proponere'.

---

173 Wie das möglich wäre, wollen die jeweiligen fünften Gliederungspunkte der
     Kapitel 7–15 in Teil II vorführen.

5.3 Von Teil I zum weiteren Vorgehen in Teil II

Der folgende Teil II hat zum Ziel, die abstrakten Einsichten aus Teil I in anschauliche Milieuporträts zu übersetzen. Dabei spielen alle oben erarbeiteten theoretischen Konzepte eine organisierende Rolle:

GS 44: Jedes Porträt folgt demselben Gliederungsschema. Dieses besteht aus den jeweils gleichen fünf Teilschritten, welche der Systematik aus GS 44 folgen. Das Hauptgewicht liegt dabei auf dem kultursoziologischen ,auscultare'. In drei Anläufen wird Gelegenheit gegeben, dem Milieu ,eifrig zuzuhören'. Dies geschieht in Abschnitt 1 jeweils mit einer Analyse der grundlegenden Wertesemantik des jeweiligen Milieus. Textgrundlage ist die aktuelle Wertestudie von Carsten Wippermann, der 2011 zeigen konnte, dass dieselben Wertbegriffe (wie Gerechtigkeit, Sicherheit, Solidarität) von den sozialen Milieus sehr unterschiedlich mit Bedeutung geladen werden. ,Konservative' und ,Performer' sind beide sehr pflichtbewusst – dies allerdings in sehr unterschiedlicher Interpretation des Pflichtbegriffes. Abschnitt 2 leitet dann über zur Analyse der milieuspezifischen Alltagsästhetik. Abschnitt 3 ermittelt ein Grundmotiv, über das die soziale Gravitation des Milieus präzise erfasst werden kann.

Nun geschieht das ,commercium'. Abschnitt 4 fragt jeweils danach, welche Wahrnehmung und Rezeption von Kirche und Religion aus dem in 3 ermittelten Grundmotiv resultiert. Hierdurch wird aus Sicht kirchlich Verantwortlicher deutlich, wie sie von Außen erlebt und aufgrund welcher Kriterien bewertet werden – Grundlage eines kulturellen Austausches. Schritt 5 führt diesen Austausch weiter und stellt die anspruchsvolle Frage, welchen theologischen Begriff der überkommenen Gottesrede jenes Motiv aufruft, das die Gravitation des gerade betrachteten Milieus prägt. Die Frage geht also auf eine Art implizite Alltagstheologie: Wie drückt man theologisch aus, was hier faktisch gelebt wird? Das theologische Sprechen wird also aus der gelebten Fundamentalsemantik heraus eruiert. Theologie wird damit als Praxis verstanden, die sich in Begriffen kondensiert hat. Sie wird rückführbar auf das liquide Moment des Lebens, dem sie entstammt. Weil die theologische Begrifflichkeit jedoch im Laufe der Erkenntnisgeschichte eine enorme Weite und Umsicht bekommen hat und außerdem das ‚universale' der je neuen und alles umgreifenden liebenden Anerkennung Gottes kommunizieren will, existiert ein epistemologischer Überschuss an Bedeutung über die gegebene Empirie hinaus. Das ermöglicht das ‚proponere': Aus dem ‚Leben', der sozialen Gravitation wird ein theologischer Term affiziert; und dessen Bedeutungsfülle kann an das ‚Leben' zurückgeführt werden, so dass sich ein Potenzial ergibt, *innerhalb* der Gravitation das Leben optionsreicher zu verstehen. So bleibt man zugleich vor Ort und hat doch für diesen eine neue, auf ihn hin passende Information, einen Vorschlag. Schritt 5 skizziert in aller Kürze die Chance, von der Offenbarung der je größeren Liebe und Freiheit Gottes her das Leben des Milieus zu bereichern, dem man gut zugehört und von dem man selbst bereits Neues gelernt hat. Die Gefahr von externer Moralisierung wird damit genauso vermieden wie das Antragen von Kriterien, die nichts mit der gegebenen Gravitation zu tun haben. Das Ganze der Erlösungsbotschaft scheint auf im Fragment der faktischen Gravitation. So entrinnt man den Aporien einer ungeschichtlichen Offenbarungstheologie genauso wie denen einer reinen Induktion. Die Lebenslogik der ‚Leute' wird zur wechselseitigen Lesehilfe des Glaubens.

Theologische Anthropologie: Die Milieuporträts bieten eine anschauliche Illustration für das, was die anthropologischen Großentwürfe konzipiert haben. Was ‚Dasein als Vorgriff' meinen kann, wird etwa an eingesprenkelten Miniaturen deutlich, in denen scheinbar kleinformatige Ausdrucksgesten als große Signale gedeutet werden können. Die genaue Analyse der sozialen Gravitationen lassen klarer sehen, wo Menschen ihre ‚bergenden Gründe' adressieren. Und inwiefern aus der biblischen Jesusoffenbarung ein ‚anerkennungsorientiertes Menschsein' selbst neu erschlossen werden kann, zeigen die Passagen, in denen die einzelnen Gravitationen als Interpretationsspur des ‚depositum fidei' entwickelt werden.

Implizite Theologie des Alltags: Das Erkenntnisinteresse ist sozusagen ein ethno-theologisches. Es wird gefragt, inwiefern die spe-
zifische Gravitation jedes Milieus eine Art kulturelle Wahrneh-
mungs- und Verarbeitungsroutine bildet, die bestimmte Zugänge
auf theologische Begriffe scharf ein- und dementsprechend andere auch scharf ausblendet. Lässt sich also das Kulturmuster von
Milieu X als biografische Sozialisation für eine ganz bestimmte
theologische Formation lesen? Und erhalten wir dadurch neue Artikulationspotenziale für ebendiese Begriffe? Ja man muss sogar
die Wahrscheinlichkeit hierfür behaupten, da theologisches Verstehen sehr eng mit werthaften und fundamentalen Interpretationen gekoppelt ist. Milieus verstehen sich selbst und ihre Umwelt
über Sprache. Darum ist es reizvoll für die Theologie, die (Aus-
drucks-)Sprache der Milieus danach abzusuchen, inwiefern sie
Andockpunkte für ein neues Verstehen überkommener theologischer Begriffe bereithalten.

Es geht implizit um eine Art ‚Theologie des Alltags‘.[174] Diese liegt
nicht elaboriert vor, und natürlich handelt es sich ‚nur‘ um eine
theologische Rekonstruktion unthematisch vorliegender Motive.
Es dürfte nach dem Durchgang durch Teil I klar geworden sein,
dass den Subjekten hier keine religiösen Selbstverständnisse unterstellt werden, sondern eine Als-ob-Rekonstruktion erfolgt. Explizite Bekenntnisse oder rituelle Praktiken spielen in den Milieuporträts eine Nebenrolle. Vielmehr soll die Frage verfolgt werden,
in welcher Weise die Gravitation jedes Milieus eine religiös co-
dierbare Wahrnehmung vorformatiert, damit sich für den theologischen Beobachter eine bestimmte Alltagstheologie erkennen und
durchschlagen lässt und über ihre je anders profilierten Sprach-
und Ausdrucksspiele ein bestimmter Zugang auf das Gottesge-
heimnis schärfer einstellt und andere schwächer.

---

174 Bewusst soll hier ein Verweis auf Henning Luthers bahnbrechende Arbeiten
gesetzt werden. Die folgenden Ausführungen folgen seinem wegweisenden
Vorschlag, Theologie und Alltag zueinander in Beziehung zu setzen (vgl.
Luther 1992). Allerdings reißen sie nur Horizonte auf und reichen nicht an-
nähernd an Luthers Analysen heran. Ein aktueller, ebenfalls vorbildlicher
Entwurf für eine Kreuzung von Alltag und Theologie liegt übrigens jetzt
auch vor mit Gennerich 2009.

Dieses Unternehmen kann hier nicht empirisch valide durchgeführt, sondern es muss auf der Basis der zugänglichen Milieustudien sozusagen begründet spekuliert werden. Auch ist es nicht Ziel, wie in der Wertestudie, denselben theologischen Begriff durch die Milieus hindurch zu verfolgen. Und: Natürlich müsste der theologische Durchgang selbst viel ausführlicher erfolgen, als das hier geschehen konnte. Das Ergebnisschema in Kapitel 7 zeigt, dass wirklich große Themen aufgerufen werden: Rechtfertigung, Befreiung, Glaube, Prophetie. Diese Traktate können auf wenigen Seiten nicht adäquat vorgestellt und aus dem Material erschlossen werden. Darum sei von vornherein eingeräumt, dass es hier erstens formal um das nur exemplarische Zeigen möglicher kulturhermeneutischer Großstudien gehen soll; und zweitens material um Entdeckungen, die andere Zuhörer des Milieumaterials eventuell anders treffen würden. Ob man aus dem Gravitationsmotiv der Konservativen, Leben als ‚Einpassung der Teile‘, den theologischen Term der ‚Vorsehung‘ eruieren muss oder auf andere Ideen kommt, bleibt dahingestellt. Wichtig ist hier nicht die Exklusivität der vorgeschlagenen Entdeckungen, sondern ihre Originalität und ihre Exemplarität für weitere Anschlussstudien. Wie man bemerken wird, greift das Buch angesichts der enormen theologischen Fülle, die zu bewältigen wäre, zu einem Trick. Als erste Auskunftei für die anstehenden theologischen Inspirationen wurden keine eigenen voluminösen Fachbücher, sondern die einschlägigen Artikel des ‚Lexikon für Theologie und Kirche‘ (LThK) gewählt. Dahinter stehen Gründe der Arbeitsökonomie. Wichtiger ist aber eine didaktische Überlegung: Da davon auszugehen ist, dass viele Leserinnen und Leser Zugang zu einem LThK haben, können diese sich sofort in das Spiel des Buches einklinken. Wer aus dem gelesenen Gravitationsmaterial andere Schlüsse zieht als ich, lasse dies sofort in eine eigene theologische Produktivität einmünden. Statt ‚Vorsehung‘ im obigen Beispiel kommt man eventuell auf den Begriff ‚Schöpfung‘ – und kann ja sofort mal ausprobieren, welche neuen Aspekte des Schöpfungsglaubens von den Konservativen her zu beziehen wären.

Im Ganzen dieser Methodik geschieht also beides: Die konkrete Semantik und Ästhetik eines Kulturmusters wird als Spur zu einem theologischen Aussagegehalt und als eine seiner möglichen Artikulationsgestalten verstanden. Eine intuitive, implizite, vorbewusst strukturierende und von außen begrifflich an das Milieu herangetragene ‚Theologie des Alltags' wird gefunden.

Das Letzte ist nochmals und an einem Beispiel eigens zu betonen: Eine alltagstheologische Rekonstruktion sagt gar nichts über das Selbstverständnis derer aus, die damit typisiert werden sollen. Wenn etwa im Folgenden für ‚Performer' behauptet wird, dass der theologische Begriff der ‚Berufung' Kerninhalte von dem ausdrücken kann, was sie als Kulturmuster leben, dann heißt das natürlich nicht, dass ‚Performer' sich immer im religiösen Sinn für irgendetwas berufen fühlen. Behauptet wird nur, dass der theologische Begriff der ‚Berufung' bedeutende inhaltliche und semantische Querschnittsflächen mit dem hat, was ‚Performer' als kollektiv-biografisches Muster ausmacht. Diese Information aber ist für die Pastoral sehr wichtig. Denn erstens wird erkennbar, dass und wie die biografische Logik der Milieus theologische Relevanz beanspruchen kann. Zweitens kommt es zu einer überraschenden Zusammenschau traditioneller Begriffe mit lebensnahen Realisierungen. Drittens lassen sich milieutypische Wege zeigen, die für die pastorale Kommunikation mit den Milieus als besonders geeignet erscheinen. Um im Beispiel zu bleiben: Für die Berufungspastoral wäre es sicher sehr gewinnbringend, der Lebenswelt der ‚Performer' genauestens zuzuhören, da diese über den (anonymen, unthematischen, ungerichteten) Berufungsbegriff besser verstanden werden kann. Viertens zeigt der theologische Begriff als solcher aber auch einen semantischen Überschuss, der wiederum an das Kulturmuster herangetragen werden kann. In der konstruktiven Begegnung aus Lebensgehalt und theologischer Bedeutung kommt es also zu Wissenszuwachs: Der abstrakte theologische Begriff wird durch biografische Aktualität vitalisiert; und das Kulturmuster erhält einen Lernimpuls durch die in dem betreffenden Begriff kondensierte theologische Aussagereichweite.

Vier Arbeitshypothesen: Die Milieuporträts folgen erkennbar dem selbst gegebenen Arbeitsauftrag, in und an biografischen Ausdrucksgesten deren indikative Signalqualität zu ermitteln und sie auf ihre Distinktion wie auf ihre Anerkennungsorientierung hin zu verstehen. Im Ganzen ergibt sich eine Verifikation der These, dass eine milieuverengte Pastoral auch zu blinden Flecken theologischen Sprechens führt. Genauso führt das Zuhören auf die je einzelnen Gravitationslogiken zu weiteren neuen und alltagsgefüllten theologischen Ausdrucksmöglichkeiten. Der Durchgang dieser Methode durch alle Milieus produziert ein auf anderem Wege kaum erzielbares Tableau von überraschenden Wechselspielen zwischen Biografie und Theologie; sowie von überraschenden neuen Möglichkeiten, den Lebenswelten in ihre eigene Logik hinein semantische Erweiterungen anzubieten, die konstruktiv an die jeweilige Lebensleistung andocken kann. Leben wird zur Fremdprophetie für theologisches Sprechen; Theologie wird zum Inspirationsimpuls für Leben.

Dichte Beschreibung: Die Milieuporträts sind in den Gliederungsschritten 1 bis 3 dichte Beschreibungen. Sie arbeiten am Material des normalen, informellen Lebens und deuten es wie Texte, aus denen heraus andere Texte – die der Theologie – erschlossen werden können. Die Darstellung ist anschaulich und geht immer wieder von mikroskopisch ermittelten Fragmenten aus, in denen sich ganze Wirklichkeitsdeutungen verschlüsseln.

Soziale Gravitation und fundamentale Semantik: Dass das Konzept der sozialen Gravitation eine Schlüsselbedeutung für das Verstehen der hier vorgelegten pastoraltheologischen Ethnologie hat, wurde immer wieder verdeutlicht. Genau hier kulminieren enorme Erkenntnisfortschritte für eine Pastoral, der es wirklich darum geht, die eigene Botschaft von denen her zu verstehen, denen man sie weitersagen möchte. Aus dieser hohen Bedeutungszuschreibung resultiert auch das Bemühen, in den folgenden Milieuporträts eigene Formulierungen der sozialen Gravitation zu finden. Man hätte ja auch einfach die Beschreibungen der einschlägigen Milieuinstitute übernehmen können. Und natürlich durfte es nicht geschehen, dass man ein Gravitationsmotiv findet, das der Literaturlage widerspricht. Schließlich liegt mit dem Teil II keine eigene empirische Forschung vor, sondern eine Sekundäranalyse der schon erschienenen Studien. Insofern geht es um Präzisierung. Die Intention und auch das Vorgehen waren dies: dem Milieu mittels der verfügbaren Studien wirklich intensiv zuzuhören; auf Kleinigkeiten und Auffälligkeiten gut zu achten; auf fast unsichtbare Parallelen zwischen Alltagsästhetik und Semantik aufmerksam zu werden usw. So bildete die Lektüre eine eigene Idee heraus, welche Worte die soziale Gravitation des betrachteten Milieus passend beschreiben. Diese wurden mit den Formulierungen der Institute abgeglichen. Auf diese Weise konnten biografie-organisierende Motive gefunden und zur Deutung vorbereitet werden.

Einbettung in den aktuellen milieutheoretischen Diskurs: Der Diskurs um soziale Milieus ist konflikthaft. Auch wenn der Ansatz an sich hohen soziologischen Respekt genießt, bieten die einzelnen Modellierungen und interpretativen Durchführungen immer sehr viel Anlass zu Debatten. Dieser Befund potenziert sich noch einmal für die innerkirchliche Konsultierung von Milieustudien. Zur intellektuellen Orientierung sollen daher folgende Positionierungen vorgenommen werden:

– Es ist klar, dass bei den folgenden Analysen subkutan immer die eigene Milieuzugehörigkeit durchschlagen wird. Diese wird ja hier in keiner Weise methodisch neutralisiert. Immerhin wird versucht, sehr viel mit Zitaten zu arbeiten, um der Leserin, dem Leser jederzeit transparent zu machen, über welche Quelltexte man zu seinen Schlüssen kommt. Insgesamt soll die kleine Studie dazu motivieren, sich selbst in eine solche Haltung konzentrierten Zuhörens zu versetzen und sich vom jeweiligen Milieu etwas für das eigene theologische Verständnis neu sagen zu lassen.

– Es kommt bei den folgenden Durchgängen zu einer gewissen Konfusion der herangezogenen Milieumodelle, die soziologisch unbefriedigend ist, aber hier unvermeidbar schien. Denn als Hauptquellen werden gleich drei verschiedene Milieumodelle benutzt: das Milieu-Handbuch von 2006 mit dem Ansatz der Sinus®-Milieus 2006; die Wertestudie von Carsten Wippermann und die Ausführungen zu den DELTA®-Milieus; das Update der Sinus®-Milieus von 2011. Die Entscheidung fiel an dieser Stelle gegen soziologische Präzision und für eine kompakte Nutzung der Pluralität von drei Milieumodellen (Sinus 2006®, Sinus 2011® und DELTA 2011®). Obwohl im Einzelnen im Text auf die jeweils leitende Modellquelle hingewiesen wird, kann das verwirren.

Es gibt zwei Hauptgründe für dieses Vorgehen. Erstens soll in die Pastoral hinein signalisiert werden, dass es hier schlussendlich nicht um die letzte Feinheit des je verwandten Modells ankommt, sondern um die Bereitschaft, überhaupt auf Milieukontexte hin sensibel zu sein und diese als Quelle theologischer Erkenntnis zu entdecken. Zweitens liegen die wichtigsten milieuspezifischen Daten zur Wahrnehmung von Kirche und Religion mit dem Handbuch von 2006 vor. Zwar laufen derzeit die Forschungen zu einem Update der Sinus-Kirchenstudie; die Ergebnisse hierzu werden aber wohl erst Anfang 2013 publiziert sein. Und selbst dann wird die ‚alte Kirchenstudie' immer noch aussagestark sein über das, worum es hier hauptsächlich geht: aus den sozialen Gravitationen heraus den eigenen Glauben besser verstehen und kommunizieren zu können. Natürlich sind aber die Insider der Milieutheorie gebeten, bei der Lektüre die Unterschiede der Milieumodelle zu beachten. Leider ist das Info-Paket des Sinus®-Updates von 2011 nicht öffentlich zugänglich. Ich danke Dr. Marc Calmbach als zuständigem Direktor des Sinus-Institutes für die Zitationsrechte.

– Die Entscheidung für eine eher diffuse Verwendung der drei Milieumodelle soll aber nicht suggerieren, die Modelle von DELTA® und Sinus® seien im Prinzip gleich. Das stimmt definitiv nicht.

– Die Benennung der Milieus folgt der Systematik der DELTA®-Milieus. Dies ist vor allem dadurch begründet, dass mit Carsten Wippermanns Wertestudie ein vorzüglicher semantischer Datenpool angeboten und öffentlich publiziert ist, der den Zugang in die Sprachanalyse der Milieus erlaubt. Carsten Wippermann gestattete auch freundlicherweise den Abdruck der aussagestarken Psycho-Drawings. Mit dieser Wahl ist aber keine Positionierung zugunsten der DELTA®- oder zuungunsten der Sinus®-Milieus verbunden. Bekanntlich liegen ja beide Modelle im

Konflikt miteinander.[175] Dieses Buch fällt hier keine Entscheidung für oder gegen eines der beiden Milieumodelle und will eine solche auch nicht nahelegen. Mit Sicherheit ist eine Pluralität von Milieumodellen ein Gewinn, und die wissenschaftliche Debatte um Reichweite und Methodenqualität der einzelnen Vorgehensweisen ist zu führen. Hierzu kann und will dieses Buch aber keinen Beitrag leisten. Es empfiehlt sehr wohl der Pastoral, tief in die Milieuforschung einzusteigen, sich von ihr inspirieren zu lassen und diese nach Maßgabe der eigenen Professionalität zu nutzen. Wie das im Einzelnen geschehen kann, muss anderswo debattiert werden. Hier geht es um die grundlegende Öffnung hin zur Ethnologie.

- Das skizzierte Forschungsprogramm kann hier nur sehr skizzenhaft durchgeführt werden. Eigentlich wäre es sehr geraten, umfangreiche und detaillierte ‚dichte Beschreibungen' einzelner Milieus vorzulegen. Das war hier aus Platzgründen nicht möglich und muss künftigen Arbeiten vorbehalten bleiben. Die Entscheidung fiel hier zugunsten der Vollständigkeit, alle Milieus exemplarisch vorzuführen. Es werden viele Literaturhinweise gegeben, um alle Behauptungen selbst nachvollziehen und -prüfen zu können. Dies soll die vertiefende Lektüre von Milieustudien stimulieren.

- Dies ist ein weiteres Novum dieses Buches innerhalb der Szene milieusensibler Pastoraltheologie. Grundlage des ‚auscultare' war gerade eher weniger die Kirchenstudie von 2006. Auch die Ausführungen über die kirchliche und religiöse Orientierung der Milieus fallen denkbar knapp aus. Denn dies ist an anderer Stelle gut vorgeführt und einschlägig nachlesbar.[176] Sie sollen weniger die einzelnen Inhalte dieser Orientierungen vorführen als die Korrespondenz zum gefundenen Gravitationsmotiv aufzeigen. Denn: Es war höchste Zeit, für das pastorale Interesse an den ‚Leuten' endlich einmal die zahlreichen Studien zu erschlie-

---

175 Vgl. Wippermann 2011: 211–218 sowie die Entgegnung durch das Sinus-Institut unter http://www.kamp-erfurt.de/level9_cms/download_user/Gesellschaft/Newsletter%20milieusensible%20Pastoral/Stellungnahme-Sinus.pdf (Zugriff August 2012).
176 Vgl. nur Ebertz/Hunstig 2008; Ebertz/Wunder 2009.

ßen, die gerade *nicht* das Thema Kirche und Religion behandeln. Erst so kann sich zeigen, dass zum einen die soziale Gravitation wirklich überall durchschlägt und jeden Kulturbereich grundiert. Und zum anderen wird glaubwürdiger und auch farbiger, dass dann eben auch die religiöse Stilistik und Pragmatik dieses Motiv bezeugt. Insofern in einer guten Pastoral alles widerhallen soll, was wahrhaft menschlich ist (GS 1), kommt gerade den allgemein kulturellen Studien ein hoher Erkenntniswert zu. Wie Leute einen Waldbesuch inszenieren; wie sie lesen; was sie unter Gesundheit verstehen und dieses Wissen in Taten und Bewertungen manifestieren; wer sich welchen Hund anschafft; wie sie als Eltern agierten und wie sie ihre Rolle als Mann und Frau ästhetisieren – all das und sehr viel mehr wurde durch Milieustudien erfasst und ist publiziert. Hier liegt ein enormer Wissenspool bereit, der nur darauf wartet, von der Pastoraltheologie durchkrault zu werden.[177]

– Hinzuweisen ist auf die emsige Aktivität der evangelischen Kirche in Deutschland und zum Beispiel der Schweiz, die derzeit eigene Milieustudien anfertigen lassen und hieran umfangreiche pastorale Planungsprozesse andocken lassen wollen. Leider standen diese Ergebnisse beim Verfassen dieses Buches noch nicht zur Verfügung.[178]

– Auch fiel die Entscheidung, weniger auf das prophetische Potenzial theologischer Rede für die Milieus zu achten als auf die semantisch-biografischen Zuwächse, die die Theologie an Profit gewinnt. Man findet also mehr „auscultare" und „commercium" als „proponere". Jede dieser gefundenen Alltagstheologien müsste eigentlich expliziter und elaboriert-theologischer gefasst werden. Dies konnte in diesem Buchprojekt nicht extensiv geschehen. Vor allem soll hier das im Folgenden zu entwickelnde ‚Paradigma des Lernens' illustriert werden. Es ist aber nicht exklusiv gemeint: Natürlich soll Pastoral auch prophetisch-korri-

---

177 Welche Studien für Teil II konsultiert wurden, ist in Kapitel 6 vermerkt.
178 Vgl. als ersten Einstieg aber Hempelmann 2012 sowie www.zmir.de/team/ heinzpeter_hempelmann/ (Zugriff August 2012); sowie Sellmann/Wolanski 2013.

gierend in die Lebenswelten hineinwirken. Wir konnten allerdings kultursoziologisch herleiten: Gehört wird man da wohl
nur, wenn man vorher gut zugehört hat. Dies führt die Überlegungen in eine letzte Gerade.

5.4 Zuletzt: Von einer Pastoral des ‚Erreichens'
zu einer Pastoral des ‚Lernens'

Es ist im Duktus des hier anleitenden Grundgedankens schon deutlich geworden, dass der Sinn einer pastoraltheologischen Ethnologie nicht darin bestehen kann, die Leute auszuhorchen, um ihnen dann umso raffinierter und taktischer die Frohe Botschaft
‚unterzujubeln'.

Trotzdem kreist ein Gutteil der Kontroversen seit der Veröffentli-
chung der ersten Sinus-Kirchenstudie durch die Medien-Dienst-
leistungs GmbH (MDG) und der Katholischen Sozialethischen Arbeitsstelle (KSA) um diesen offenbar neuralgischen Punkt. Die
Skeptiker gegenüber dem Milieuansatz befürchten eine Art Aus-
verkauf der kirchlichen Identität an die Relevanz der religiösen
Bedürfnisse der einzelnen Bevölkerungsgruppen. Kirche sei eben
keine Befriedigungsanstalt, heißt es lapidar. Oder: „Ich glaub an
Jesus, nicht an Sinus."[179] In vielen Beiträgen zum Handbuch ist die
Angst vor einer vorgeblich marktförmigen Zurichtung der Kirche
zu spüren; man weist, gelegentlich mit der Süffisanz überlegener
Geisteshaltung, darauf hin, das Institut Sinus Sociovision betreibe ja ‚Marktforschung', so als sei damit irgendetwas schon entschieden; und in einigen Einlassungen wird das Wort ‚Marketing'
regelrecht zum Schimpfwort.

Diese Kontroverse kann hier nur ansatzweise ausgetragen werden.
Sie wird hoffentlich durch die ausführlich gebotene theologische
Begründung einer offensiven Kulturhermeneutik zum Zwecke der

---

179 Vgl. KNA-Informationsdienst vom 17. 5. 2006. Eine ausgewogene, v. a. an
methodologischen Fragen orientierte Kritik liegt vor mit Krause 2009: 81–
90, der diese Studie im Auftrag der DBK erstellte. Zu einer ersten Analyse
der Rezeptionstrends der Sinus-Kirchenstudie vgl. Sellmann 2008.

*Selbst*evangelisierung entschärft. Denn gerade die polemische Energie, die sich hier mitunter Bahn bricht, zeigt, dass offenbar Relevantes auf dem Spiel steht. Man berührt dabei die Debatte keineswegs nur am Rande, wenn man feststellt, dass meistens ein Begriff von ‚Markt' und ‚Marktforschung' im katholischen Feld vorherrscht, den man getrost als ideologisiert betrachten darf. Modernes Marketing hat mit Manipulation ungefähr so wenig zu tun wie moderne Pastoral.[180] Und für die Analyse, dass sich das kulturelle Umfeld der Kirche längst marktförmig gewandelt hat, gibt es nun wirklich so starke Argumente so anerkannter Denker, dass man ihnen Redlichkeit zumessen kann, auch wenn man sie nicht teilt. Hier mit der Unterstellung zu kommen, man verkaufe die Kirche mit Milieustudien an ‚turbokapitalistische Tendenzen'

---

180 Dazu nur ein elaboriertes Beispiel (vgl. zum Folgenden Först/Först 2008, Fundstellen der Zitate in Klammern): Först/Först kritisieren an der Milieuforschung, sie böte die vermeintlich attraktive Suggestion eines ‚olympischen' analytischen Standpunktes, wie sie es nennen. Damit ist gemeint, man würde mit der Milieumatrix „zumindest implizit einen von der Gesellschaft entrückten ‚point of view'" (44) angeboten bekommen. Der Grund: Kirche würde hier ganz ähnlich modelliert wie die „Logik großer Konzerne, welche sich selbst nicht als Teil jener Gesellschaft verstehen, in die hinein sie ihr ‚product placement' betreiben" (44). Die Milieustudie würde ein realitätsfremdes Kirchenverständnis anbieten, welches wie im 19. Jahrhundert Kirche als ‚societas perfecta' zu bezeichnen sei, weil es sich den realen Lebensbezügen der Leute unverbunden gegenüberstelle (47). Darum sei die Hinwendung zum Marketing auch nur konsequent: Denn jetzt müsse man ja seine Inhalte von außen „einschleusen" (52) und brauche dafür die richtige Methodik. Die Autoren setzen dagegen: „Es braucht so gesehen keine Marketingstrategen, sondern Menschen, die bereit sind, sich in den Dienst der Begegnung zwischen Gottes Kraft und den Menschen zu stellen" (52). Hierzu wäre in der Auseinandersetzung vieles zu sagen: vor allem, dass der Ausgangspunkt der Milieuforschung in der Wirklichkeitsrezeption der Subjekte (und gerade keiner Großtheorie!) ganz fundamental unverstanden bleibt. In den Blick sticht aber das Verständnis von ‚Marketing' als latent manipulativer Verkaufstechnik. Hier übersehen die Autoren (wie viele mit ihnen; vgl. die Belege in Sellmann 2008), dass modernes Marketing sich längst kulturell definiert als sich auf Märkten realisierende Austauschbeziehungen zwischen Anbietern und Nachfragern. Man verfehlt die intellektuelle Höhe der pastoralsoziologischen Milieuforschung, wenn man einerseits Märkte für schlecht hält und Pastoral dann jenseits solcher (religiöser) Marktbeziehungen identifiziert bzw. Marketing unter generellen Täuschungsverdacht stellt.

oder man tappe mit ihnen in die Falle der Empirie, erscheint doch als sehr unterkomplexe Argumentation. Wer manche Kommentare zur Milieustudie liest, fragt sich, woher die Ängstlichkeit vor jenen Akkomodationen rührt, die GS 44 immerhin als ‚Gesetz‘ einführt. Man *muss* das natürlich bestehende Risiko der ‚praedicatio accomodata‘ natürlich nicht mit Hilfe von Milieustudien absichern, wenn man sich von der Angst vor modernem (und meistens ganz falsch verstandenem) Marketing bestimmen lassen will. Mancher meint gar, Pastoral solle sich auf Face-to-Face-Kontakte spezialisieren und dürfe keinen Menschen in eine ‚Schublade‘ stecken. Normativ mag das eine hilfreiche Mahnung sein – operativ gehört, wie oben gesehen, die Akzeptanz kollektiver symbolischer Wirklichkeitsorganisation zum Bestandteil pastoraler Professionalität. Wichtig ist aber tatsächlich: In der Milieutheorie geht es um kollektive Muster. Dies ist eine sehr wichtige Unterscheidung: Milieuforschung ist gerade keine Individualdiagnostik. Diese gehört zwar ebenfalls zum Handwerkszeug guter Pastoral, und mit Sicherheit gibt es spannende Querschnittbereiche zwischen Individual- und Sozialpsychologie. Aber für pastoralpsychologische Praxen gibt es andere Instrumente als die Milieuforschung. Ihr genuiner Lernertrag liegt in der Fokussierung des Kollektivbereiches: Milieutheorie bewahrt die Pastoral davor, menschliches Verhalten nur auf individuelle Folien zurückzuführen und einer zu eng modellierten Individualisierungs- bzw. einer ideologisierten Authentizitätstheorie aufzusitzen. Auch das Konzil hat die Wichtigkeit pastoralsoziologischer Forschung für die Kirche eindringlich betont, um in der Funktionsmechanik funktional differenzierter Gesellschaften nicht naiv zu werden.[181] Im Dekret ‚Christus Dominus‘ heißt es etwa auf die Bischöfe bezogen: „Damit sie für das Wohl der Gläubigen, deren jeweiliger Lage entsprechend, besser sorgen können, seien sie bemüht, deren Bedürfnisse in Anbetracht der sozialen Verhältnisse, in denen sie leben, gebührend kennenzulernen. Dazu mögen sie geeignete Mittel, *besonders das der soziologischen Untersuchung*, anwenden.“[182]

---

181 vgl. nur ‚Gaudium et spes‘ Nr. 7 oder ‚Optatam Totius‘, Nr. 6.
182 Christus Dominus Nr. 16 (eigene Hervorhebung).

Milieustudien sind ein probates Mittel – neben anderen wie Sozialraumanalyse, Armutsforschung oder Fluktuationsstudien –, diese Annonce des Konzils professionell umzusetzen. Denn der Stachel im Fleisch bleibt ja stecken: Wie erfährt man etwas über die verschiedenen Stile kultureller Rezeption, ohne die Pastoral nicht starten kann? Wie soll der Kommunikationsfaktor ‚Rezeption' zu den Faktoren ‚Information' und ‚Mitteilung' hinzukommen, ja sie organisieren, wenn man nicht alle verfügbaren Instrumente der Rezeptionsforschung zu nutzen bereit ist? Will man sich da wirklich auf die eigene Intuition, die bisher eingeübten Traditionen, die Lebenserfahrung oder auf rein quantitative Messungen verlassen? Woher kommt der in der einschlägigen Debatte feststellbare Reflex, empirischen Daten so wenig orientierende Auskunftskraft für Pastoral zuzutrauen? Leitet uns da ein Verständnis von christlicher ‚Wahrheit', das am Ende dann doch ohne ausgiebige Konsultation mit dem gegebenen Kontext weiß, was zu sagen und zu tun ist? Wenn dem so ist – und es gibt von dieser Art vorgängigem Wahrheitsbesitz eine konservative und eine postmaterielle Variante –, dann muss man sagen: Solche Wahrheitstheorien sind vom Konzil massiv in Frage gestellt worden.

Um es einmal komplett ohne Visier auszudrücken: Wir können als pastoral Engagierte doch froh sein, dass wir seit neuestem die Erkenntnisse der Milieuforschung in so ausgiebiger Weise nutzen können. Inzwischen liegen mannigfache Studien vor: zum religiösen Buchmarkt, zu religiösen Stilen junger Leute, aber auch zum Umweltverhalten der Deutschen, zu ihren Partnerschaftsidealen oder ihren Erziehungsroutinen. Wie kann ein Problem darin liegen, mehr über Menschen und ihre biografisch-soziale Dynamik erfahren zu wollen? Die Milieutheorie bietet hervorragende Möglichkeiten, die herausfordernden Innovationen des Konzils für eine zeitgemäße Pastoral zu realisieren. Neben den vielfältigen Themen bietet sich ein ganzer Werkzeugkasten neuer Theorieinstrumente dar, den zu lernen und zu benutzen ganz nach dem Herzen des Konzils ist. Mit diesen Trainings erhöht sich die Wahrscheinlichkeit, dass Pastoral professioneller wird, qualitätshaltiger, informierter, handlungsfähiger, kontextsensibler – und auch frömmer. Seit dem ‚Handbuch' von MDG und KSA und

der Jugendstudie U 27 sind der praktischen Theologie neu zuge-
gangen: die Theorie kollektiver Kulturmuster, der sozialen Gravitation, des (pop-)kulturellen Kapitals, der sozialen Distinktion, der
Lebensverlaufsforschung, der Prominenz alltagsästhetischer Sprache, der Variabilität von Werteverständnissen. All dies bildet ein
bisher so nicht zugängliches Depot für die Fähigkeit, dem kollektiven Leben von Menschen professionell zuzuhören und sich über
die hier sehr präzise beziehbaren ‚Aufgabenorientierungen‘ (Rainer Bucher) erst als Kirche zu konstituieren.
Ein Akzent ist beim Gebrauch des Depots allerdings zu beachten.
Die Diskussion kreist in pastoralpraktischen Kreisen mit großer
Selbstverständlichkeit um eine Logik von ‚Angebot‘ und ‚Ziel-
gruppen-Erreichung‘. Es heißt dann: Mit Milieukenntnis kommen
wir wieder an die Leute ‚ran‘; wir ‚erreichen‘ sie besser; unsere
‚Angebote‘ werden präziser usw. Das ist alles nicht falsch. Wohl
mit Recht wird man sagen können, dass eine milieusensible Kommunikation weniger Fehler macht als eine ohne diese Selbstkor-
rektur. Aber trotzdem, das ist hoffentlich in Teil I deutlich geworden, ist mit diesem ‚Paradigma des Erreichens‘ die Brisanz einer
kontextsensiblen Pastoral noch gar nicht erfasst.
Denn über die Fantasie, Menschen zu erreichen, kann das Wissen
um Milieus als taktisches Herrschaftswissen missbraucht werden
und dann wirklich als Falle des manipulativen Gebrauchs von em-
pirischem Wissen zuschnappen. Substantielle Hinwendung zur
Kontextsensibilität beinhaltet dagegen etwas anderes: Nicht die
Zuwendung ist dann das Ziel – und sei sie noch so optimiert –,
sondern das Lernen. Was ist der Unterschied? Im ‚Paradigma des
Erreichens‘ kann ich Pastoral, kann ich Kommunikation so betreiben, dass sie mich selbst nicht verändert. Ich betreibe dann Pastoral, die nur die Anderen in Mobilitätsschuld versetzt; und zwar
zu einem Ziel, das ich ohne sie bereits zu kennen glaube. Ein Beispiel: Natürlich wäre es möglich, die Gottesdienstbesucherzahlen
in einer Stadtkirche über geschickten Einsatz von milieusensiblen
Zielgruppenkenntnissen zu erhöhen. Und natürlich wäre das or-
ganisationsentwicklerisch auch erst einmal ein in sich redliches
Ziel. Wer dann allerdings Form und Stil und Wert des Gottesdiens-
tes selbst für gegeben hält und den neu Hinzukommenden keine

Veränderungsmacht verleiht – kurz: wer nur anbietet, aber nicht mitbieten lässt –, der karikiert Strategien der Milieusensibilität zur kirchlichen Verpackungskunst. Die ‚Anderen‘ milieusensibler Pastoral sind eben „mehr als Adressaten"[183], mehr als Zielscheiben meiner pastoralen Wurfsendungen. Substantielle Kommunikation verändert sowohl Empfänger wie Sender der Impulse. Wie oben gesagt: Die Provokation aus GS 44 liegt darin, dass man jenen Besuchern (was für ein unpassendes Wort!) der Stadtkirche gar nichts Vitales, Offenbarungsdynamisches zu verkünden hätte, wenn man nicht vorher den Dreischritt zusammen gegangen ist.

Darum ist es von vornherein besser, man stellt das ‚Paradigma des Erreichens‘ auf ein ‚Paradigma des Lernens‘ um. Übrigens hört man ja auch eigentlich nur dann richtig zu, wenn der Prozess aus Hören und Sprechen zum performativen Ereignis beider beteiligter Subjekte wird und beide sich als Ko-Produzenten ihrer einen Kommunikation erfahren. Genau diesen Schritt macht auch das Konzil in seinem Offenbarungsverständnis. Auch hier werden Menschen keineswegs als ‚Adressaten‘, ‚Interpreten‘ oder ‚Empfänger‘ irgendwelcher göttlicher Instruktionen modelliert. Wie oben bereits notiert, versteht auch die Konstitution über die Offenbarung diese als Selbstmitteilung Gottes; genauer: als ‚conversatio‘ unter Freunden (DV 2). Conversatio, zusammen gelesen mit der zeitgleich ins Konzil eingetragenen Akkomodatio (GS 44), führt zur Idee eines aktiven, partizipativen und mitverantwortlichen Kommunikationsparts der Menschen im Prozess der Entdeckung dessen, was Offenbarung zu sein beansprucht. Die Leute sind mehr als Empfänger, Leser, Hörer oder Anwender der Heilsverkündigung – sie sind ihr unverzichtbarer Mit-Autor.[184]

---

183 Vgl. Bucher 2008.
184 Diese These einer Ko-Autorenschaft des Menschen und seiner Kultur muss beachten, dass damit nicht die Souveränität Gottes als Erstinitiator der Offenbarung relativiert werden soll; insofern aber DV 2 Offenbarung als Kommunikation modelliert, kommt die Dimension des Ereignisses in den Blick; und hier, bei der Produktion des kommunikativen Ereignisses der Offenbarung, kann eine Ko-Autorenschaft postuliert werden; vgl. ausführlicher Sellmann 2012.

Wo kirchliche Praxis dies in einem reinen Zuwendungs-Paradigma vergisst, verliert sie, was sie zu sagen hätte.[185]
Diese Überlegung ist entscheidend, wenn man den Diskurs um milieusensible Pastoral in den Diskurs um missionarische Pastoral verpflanzt. Er gehört auf jeden Fall hierhin. Aber er muss auch im Rahmen missionarischer oder evangelisierender Pastoral im ‚Paradigma des Lernens' bleiben. Auch ‚Mission' ist ja etwas anderes als die einfache Informationsweitergabe eines bereits gewussten Inhaltes. Es ist gerade die Pointe der christlichen Gottesrede, dass sie einen Gott verkündet, der sich nur unter Risikobedingungen erkennen lässt. Er lässt sich nicht ‚wissen', ‚weitersagen' oder gar irgendwo ‚hinbringen', wenn man nicht bereit ist, ihn erst im Verlieren wiederzugewinnen. Das aber heißt, dass *er sich selbst* bewusst macht, weitersagt oder hinbringt. Klaus Hemmerle hat einmal formuliert: „Nur Gott kann Gott verkünden."[186] Mission wäre, so verstanden, also das Platzschaffen dafür, dass Gott sich selbst verkündigen kann. Hierfür müsste Kirche als Verkündende klein gedacht werden, bescheiden, aufnahmebereit, neugierig. Sie dominiert nicht den kulturellen Raum wie ein geschwätziger Conférencier des Religiösen, sondern agiert eher wie ein unauffälliger Kellner mit allerdings hochprozentigen Getränken. Die missionarische Frage müsste nicht lauten: ‚Haben wir alles gesagt?', sondern: ‚Haben wir alles ermöglicht?'.[187] ‚Haben wir die Situation gelesen, haben wir uns an sie verschenkt, haben wir ihr gut zugehört, damit aus unserem Verzicht auf Prägung Gott die Situation prägen konnte - und wir überrascht wurden?' Neutestamentlich: Waren wir bereit, unsere ‚Seele' (gr. Original: psyché) zu verlieren, damit Erkenntnis Gottes gewonnen werden konnte (Mt 10,39)?

185 Im Projekt einer milieusensiblen Pastoral vielzitiert ist in diesem Zusammenhang das Wort von Klaus Hemmerle: „Lass mich dich lernen, dein Denken und Sprechen, dein Fragen und Dasein, damit ich daran die Botschaft neu lernen kann, die ich dir zu überliefern habe" (vgl. etwa Ebertz/Hunstig 2008: 12,FN 1 oder Gentges 2012). Das Zitat stammt aus Hemmerle 1983: 309.
186 Hemmerle 1995: 196.
187 Einen elaborierten Entwurf einer ‚Ermöglichungspastoral' bietet jetzt Steinebach 2010 u. 2011.

Denn darum geht es, auch für die Kirche: Gott zu erkennen. Für die Debatte um milieusensible Pastoral ist diese Wendung sehr wichtig. Sie führt zu dem Schluss, dass milieuverengte Konstellationen auch eine Milieuverengung der zugänglichen Daten über den eigenen Glauben, letztlich über Gott verursachen. Wenn ich unterstelle, dass jeder ‚Adressat' kirchlicher Verkündigung als ein Ko-Autor zu gelten hat, dann fehlen mögliche Ko-Produktionen, wenn nur selektive Ko-Produzenten sich einbringen. Die Sicht auf das Ganze und Fremde Gottes wird nachhaltig verstellt, wenn ganze Lebenswelten nicht vital daran mitwirken, seine Spuren zu lesen.[188] Was aus einer solchen Perspektivverengung des Glaubenslernens folgt, ist das, was wir heute über weite Gebiete der kirchlichen Landschaft vorfinden: Dominierende Stile, die andere verdrängen. Überraschungsarme Verkündigungen immer derselben an immer dieselben. Abwehr gegen Neues durch lebensweltliche Routinen, die sich darin permanent regenerieren, Neues abzuwehren. Projektionen statt Wissen über das ‚Leben der Anderen'. Suggestionen, man sei die ‚Mitte der Gesellschaft'. Botschaften über Gott, die mehr über ihre Sprecher verraten als über ihr Thema. Erosion von Ansehen, Kontakt und Brisanz in immer mehr Milieus. Kopfschütteln über die, die ebenfalls über einen den Kopf schütteln. Mehr sprechen als zuhören. Kirche als kleine verzagte Herde im Stall der Gesellschaft.

Das Programm milieusensibler Pastoral kann (in Allianz mit anderen) ein Impuls dafür sein, dass einem der Stall zu eng vorkommt, weil immer weniger Licht hereindringt und die Frische neuer Leute und ihrer Lebensideen fehlt. Das Konzil jedenfalls wollte die Fenster weit öffnen und gerade durch sein ‚Aggiornamento' erfahren, dass Gott noch vieles zu sagen hat, und zwar auch durch Kanäle, die man ihm gar nicht zugetraut hätte.

Allerdings: Bevor man ‚vorschlägt', muss man ‚zuhören' und ‚austauschen'.

---

188 Diese These wird erstmals ausgeführt in Sellmann 2006. Die Milieuporträts im zweiten Teil dieses Aufsatzes setzen das dort anfänglich entwickelte Programm weiter fort.

Teil 2:
ENTDECKUNGEN.
Die Lebenslogik sozialer Milieus als
Lesehilfe des Glaubens

6 Kurze Lektürehinweise zu Teil II

Der Teil II des Buches bietet neun ‚dichte Beschreibungen‘, ausgehend von der Folie der DELTA®-Milieus. Jede Beschreibung ist fünfschrittig: Ausgehend von (1) Semantik und (2) Ästhetik wird (3) ein Motiv vorgeschlagen, das die soziale Gravitation präzise beschreibt. Von diesem wird (4) die religiöse und kirchliche Orientierung verständlich gemacht und (5) ein Austausch mit traditioneller theologischer Semantik vorgeführt. Das Vorgehen ist eine exemplarische Durchführung des pastoraltheologischen Dreischrittes aus ‚auscultare‘, ‚commercium‘ und ‚proponere‘ in GS 44. Vor allem das Lernen neuer Ausdrucks- und Sprachmöglichkeiten für verkündendes Sprechen steht im Vordergrund des Interesses.

Die folgende Tabelle zeigt, welche Gravitationen mit welchen theologischen topoi in den Austausch (commercium) gehen.

Milieu	Biografie-organisierendes Motiv (soziale Gravitation)	Alltagstheologische Rekonstruktion
‚Etablierte‘	Leben als ‚exponierende Herausforderung‘	Rechtfertigung
‚Postmaterielle‘	Leben als ‚sich durchsetzende Unbeschränktheit‘	Befreiung
‚Benachteiligte‘	Leben als ‚Schutzsuche‘	Teurer Segen
‚Performer‘	Leben als ‚fokussierter Punkt‘	Berufung
‚Konservative‘	Leben als ‚Einpassung der Teile‘	Vorsehung
‚Hedonisten‘	Leben als ‚anklagende Unabhängigkeit‘	Prophetie
‚Bürgerliche Mitte‘	Leben als ‚friedliches Miteinander‘	Versöhnung
‚Expeditive‘	Leben als ‚produktive Sinn-Entdeckung‘	Glaube
‚Traditionelle‘	Leben als ‚konkrete Sorgfalt‘	Treue Gottes

Der Text nimmt in jedem Milieu Bezug auf die Beschreibung der sozialen Gravitationen in den Sinus®- und DELTA®-Milieus. Zum Nachschlagen kann hier die entsprechende Grafik der DELTA®-Milieus eingesehen werden:[189]

Milieu	Impuls (Motivation)	Topos (Gegenstand)
Konservative	Bewahren, weitergeben: Sorge und Pflege	Wahres und Kultiviertes
Etablierte	Erfolg haben, bestimmen: Dominanz und Führung	Produktives und Exklusives
Postmaterielle	Widerständig sein, Welt verbessern: Kritik und Vision	Gerechtes und Richtiges
Performer	Weiterkommen (als andere, als bisher): Erfolg und Innovation	Chancen
Expeditive	Sich auf die Reise machen: Aufbrechen und ausprobieren	Unbekanntes Terrain
Traditionelle	In Harmonie eingebunden sein: Akzeptanz und Sicherheit	Vertrautes und Nahes
Bürgerliche Mitte	Ankommen und modern sein: Balance und Modernität	Verlangtes und Zukunftsfähiges
Benachteiligte	Mithalten und teilhaben: Problemfreiheit und Genuss	Einfaches und Unmittelbares
Hedonisten	Spaß haben, kein Stress: Unterhaltung und starke Reize	Spannendes und Krasses

189 Vgl. Wippermann 2011: 63. Dort auch die folgenden Zitate.

Mit ‚Impuls' ist die besondere Spezifität der primären Ausrichtung auf die Welt gemeint, die „Art und Richtung ihres Sehens". ‚Topos' meint so etwas wie den ersten materiellen / immateriellen Akzent, den man in den Dingen und Situationen sucht, den „Telos (...) ihrer spezifischen Sensibilität, Wahrnehmung und Deutung". Im Bild: ‚Impuls' ist die Art, ‚topos' die Farbe der Brille, mit der man auf sich und die Welt schaut. So etwa für das Milieu der Performer: Alle Weltbezüge werden hinsichtlich der Wahrnehmung organisiert, ob man mit ihnen ‚weiterkommt', ob man ‚Erfolg und Innovation' erlebt; gegenständlich sucht man also die Erfahrung von ‚Chancen'.

Das inhaltliche Material für die folgenden Beschreibungen wird aus den wichtigsten öffentlich zugänglichen Milieustudien gewonnen. Da diese in großer Anzahl zitiert werden, ändert sich in Teil II das System der Textreferenzen. Dieses wird in den Fließtext integriert. Jede Milieustudie bekommt dabei eine Abkürzungschiffre. Der Hinweis (W: 123) ist zu lesen als: Waldstudie, S. 123. Die folgende Tabelle bietet die Auflösung der Chiffren.

Abkür-zung	Auflösung der Abkürzung	Bibliografische Angabe
MB	Milieus in Bewegung	Carsten Wippermann: Milieus in Bewegung. Werte, Sinn, Religion und Ästhetik in Deutschland, Würzburg 2011.
E	Eltern unter Druck	Christine Henry-Huthmacher / Michael Borschard (Hg.): Eltern unter Druck. Selbstverständnisse, Befindlichkeiten und Bedürfnisse von Eltern in verschiedenen Lebenswelten. Eine sozialwissenschaftliche Untersuchung von Sinus Sociovision im Auftrag der Konrad-Adenauer-Stiftung e. V. (Autoren: Tanja Merkle / Carsten Wippermann), Stuttgart 2008.
J	Wie ticken Jugendliche?	BDKJ & Misereor (Hg.): Wie ticken Jugendliche? Sinus Milieustudie U27, Düsseldorf 2008 (Autoren: Carsten Wippermann / Marc Calmbach).

L	Lebenswelten von Jugendlichen	Marc Calmbach/Peter Martin Thomas/Inga Borchard/Bodo Flaig: Wie ticken Jugendliche? Lebenswelten von Jugendlichen im Alter von 14 bis 17 Jahren in Deutschland 2012, Düsseldorf 2011.
G	Chancengerechtigkeit im Gesundheitssystem	Carsten Wippermann/Norbert Arnold/Heide Möller-Slawinski/Michael Borchard/Peter Marx: Chancengerechtigkeit im Gesundheitssystem, Wiesbaden 2011.
W	Mensch und Wald	Carsten Wippermann/Katja Wippermann: Mensch und Wald. Einstellungen der Deutschen zum Wald und zur nachhaltigen Waldwirtschaft, Bielefeld 2010.
B	Entwicklungen und Trends im Buchmarkt 50plus	Börsenverein des Deutschen Buchhandels (Hg.): Entwicklungen und Trends im Buchmarkt 50plus. Kaufverhalten, Motive und Erwartungen einer anspruchsvollen Zielgruppe (Studie aus dem Jahr 2008; käufliches Internetdokument; vgl. unter ‚Marktforschung' bei www.boersenverein.de (August 2012).
BN	Buchhandlungen und Neue Medien	Börsenverein des Deutschen Buchhandels (Hg): Buchhandlungen und Neue Medien. Chancen, Visionen und Handlungskonzepte für den stationären Buchhandel aus Sicht strategischer Zielgruppen, Frankfurt a.M. 2006 (Autoren: Katja Wippermann/Stefanie Wagner); käufliches Internetdokument; vgl. unter ‚Marktforschung' bei www.boersenverein.de (August 2012).
M	Männerstudie	Carsten Wippermann/Marc Calmbach/Katja Wippermann: Männer: Rolle vorwärts, Rolle rückwärts? Identitäten und Verhalten von traditionellen, modernen und postmodernen Männern, Opladen/Farmington Hills, MI 2009.
HB	Hand-Buch Kirchenstudie	Medien-Dienstleistung GmbH (Hg.) in Kooperation mit Katholische Sozialethische Arbeitsstelle Hamm: Milieuhandbuch ‚Religiöse und kirchliche Orientierungen in den Sinus-Milieus®2005' München 2006 (Autoren: Carsten Wippermann/Isabel Magalhaes).

Ein wichtiger Hinweis: Gerade für den jeweils vierten Gliederungs-schritt wird prioritär das bekannte Milieuhandbuch HB zitiert. Die Bezugnahme erfolgt über den kostenlosen Download, den die MDG als herausgebende Organisation bereitstellt. Es wird sehr empfoh-len, sich diese Studie herunterzuladen, um parallel hierin lesen und die Belege nachvollziehen zu können. Googeln Sie ‚download mdg milieuhandbuch', dann werden Sie zum richtigen Link gelei-tet.[190]

Nur recht selten werden im Folgenden die bekannten Jugendstu-dien J und L benutzt. Denn der Text soll vorrangig bereits konsti-tuierte Milieumuster thematisieren. Jugendliche bilden diese ja erst. Schwer öffentlich erhältliche oder interne Studien (wie die Studie des Kath. Militärbischofsamtes oder die des Börsenvereins des Deutschen Buchhandels) werden nur sehr selten herangezo-gen.

Ein letzter Hinweis: Die folgenden Kapitel bringen einzelne Psy-chodrawings und erklärende Aufzählungen. Diese Bilder und Tex-te wurden dem Autor von Prof. Dr. Carsten Wippermann freund-licherweise für dieses Buch überlassen. Sie stammen aus seinem Band „Milieus in Bewegung".

---

190 http://www.mdg-online.de/leistungen/mdg-milieuhandbuch/mdg-milieu-handbuch-download.html (Zugriff August 2012).

7 Etablierte, oder: Leben im Horizont von ‚Rechtfertigung'[192]

7.1 Analyse der Semantik

Wer die Texte über die Wertinterpretationen im Kulturmuster der ‚Etablierten' liest, stößt sofort auf eine Semantik der ‚Leistung'. Dies ist der „Ankerwert" (MB: 102 f). Etwas hervorzubringen, Ergebnisse zu produzieren und zu schaffen, was Wert hat, das sind die prominenten Ziele in dieser Lebenswelt. Etablierte, das zeigen die Texte in jeder Zeile, sind stolze Menschen, und ihr Stolz ist ihnen weder peinlich noch verstecken sie ihn: Vielmehr hat man hart gearbeitet, schont sich weder für sich selbst noch für andere, ‚macht seinen Job' und sieht daher allen Grund, sich auch die Ernte des Einsatzes anzurechnen. Zwar wird der Leistungsdruck als hart empfunden, nicht aber als endgültig überfordernd. Man sieht es sportlich, kompetitiv: Die Anforderung ist die Aufgabe, an der nicht zu scheitern zum Selbsttest darüber wird, ob man weiterhin an Topmargen messbar ist oder nicht (MB: 104).

Etablierte sind Arbeiter und Arbeiterinnen – so paradox das klingt, da sie ja in Gestus, Habitus und Distinktion geradezu das gesellschaftliche Gegenporträt zur ‚working class' darstellen und mit ‚Proletariern' nur so viel gemein haben, als sie eventuell deren (ungeliebte) Chefs sind. Trotzdem ist die Lebenshaltung durchaus geistesverwandt: Auch Etablierte verabscheuen Schmarotzertum, respektieren Zähigkeit und Kampfeswillen und sind gerade nicht

---

191 HB: 44.
192 Vgl. einleitend zu diesem Milieu die Ausführungen zu den ‚Konservativ-Etablierten' unter www.sinus-institut.de/loesungen/sinus-milieus.html (August 2012) sowie HB: 23–49 und MB: 66. 172 f.

diejenigen, denen alles zuflog. Stolz ist bei Etablierten nur gerechtfertigt auf reale Leistungen und reales Risiko, nicht auf Geschenke oder Zufälle.[193] Eng an das Ethos der Leistung ist darum auch ihr Glücks- und das Verantwortungsempfinden gekoppelt (MB: 104 f). Glück sind der *flow* während des Produktionsprozesses und die Befriedigung nach seinem Abschluss. Handlungsfreiheit, Zeitsouveränität, stabile, aber anregungsreiche Netzwerke, das ist das Gitter, in dem Glück sich fängt. Verantwortung ist vor allem Eigenverantwortung (MB: 105). Das ganze Gerechtigkeitsempfinden leitet sich ab von dieser Lesart, zunächst selbst für das Nutzen der eigenen Ressourcen verantwortlich zu sein, Überschüsse zu produzieren und die dann als Verteilmasse für Benachteiligte zu nutzen. Gerechtigkeit ist gerade nicht Philanthropie, sondern Fairness (MB: 108).

Sehr deutlich macht die Wertestudie eine charakteristische Präzision des Leistungsethos bei den Etablierten: Man lebt und denkt *in Aufgaben*. Das Leben soll vor allem eines affizieren: den Verantwortungssinn. Dies im eigentlichen Sinn des Wortes: Man will auf gestellte Fragen / Aufgaben ant-worten. Das Leben ist gewissermaßen ein Parcours mit Hindernissen, und die Intensität von Leben besteht im Meistern des Parcours, im Lösen der gegebenen Herausforderungen.

Diese Präzision kann mit alltagsweltlicher Phänomenologie vielfach belegt werden: Etablierte Eltern sehen etwa in ihrer Familientradition eine Aufgabe, die es fortzuführen gilt. Kinder werden in diesem Kulturmuster vor allem unter den Gesichtspunkten von Verantwortung gezeugt und erzogen. „Für Eltern aus dem Milieu der Etablierten gilt (...) die ‚Norm der verantworteten Elternschaft'. Grundlage für Elternschaft ist hierbei nicht nur eine umfassende wirtschaftliche, sondern auch soziale Sicherheit, d. h. ein entsprechendes Maß an Verantwortungsbereitschaft und Zeit, sich um das Kind zu kümmern" (E: 81). Familie als Thema gilt als gesellschaftliche Verpflichtung. Erziehung wird als Förderung zur

---

193 Vgl. G: 122: „Da ist ein Mitarbeiter, der hat jetzt die dritte Krebserkrankung, der ist immer noch optimistisch, das muss ich wirklich bewundern. Das ist ein Kämpfer."

Selbstkontrolle und sozialer Werthaftigkeit betrieben. Und ‚wohlerzogene' Kinder, „die das eigene Erbe erfolgreich fortführen, gelten als Repräsentanten des eigenen Erziehungserfolges" (E: 86; vgl. ebd.: 79–93).

In der Waldstudie kann man lesen, dass Etablierte von hohem Verantwortungsbewusstsein für den Kultur- und Ökologiewert des Waldes geprägt sind (W: 121). Die Studie zum Gesundheitsverständnis arbeitet heraus, dass Etablierte ihr Krankheitsrisiko vor allem mit Strategien der Eigenverantwortung minimieren (G: 122–128). In der Männerstudie dominiert die Selbstidentifikation als ‚Vorbild' im familiären Bereich und als ‚Macher, Manager' im beruflichen. Beides sind deutlich extrinsisch geprägte, eben auf den projizierten Nutzen Anderer feingestellte Rollenbilder (M: 48. 53 f. 143–151).

Die letzte Beobachtung präzisiert die These eines aufgabengesteuerten Lebens weiter: Man wird gerade durch die gestellten (und gelösten) Aufgaben individualisiert. Man steht ihnen allein, herausgefordert gegenüber. Etablierte handeln nicht allgemein aus verantwortungsethischen Maximen, sondern es geht ihnen um Eigenverantwortung. Nicht allen sind irgendwelche Aufgaben gestellt, sondern diese Aufgabe jetzt mir! Nicht abstrakte Leistungserfüllung ist geboten, sondern die genaue Entsprechung zur individuellen Herausforderung. Noch genauer, und damit zentral im Unterschied zu einem Milieu der C-Wertorientierung: Gerade an der Entsprechung individualisiert sich das Subjekt. Individualisierung ist hier Effekt, nicht erstes Ziel. Das Absolvieren von Spitzenleistungen ist nicht um den Gewinn des elitären, stolzen Selbstgefühls willen wichtig, sondern weil eine Aufgabe getan werden muss. Dann aber stellt sich der Selbststolz ein und wird dann auch genossen und zelebriert. Etablierte individualisieren sich an ihren Aufgaben und sind damit in einer bestimmten Weise, entgegen ihrer Aura und ihrer Selbstinszenierung, außengesteuert. Sie gehorchen Leistungsgesetzen, die sie selbst nicht geschrieben haben. Darin liegt ja der kompetitive Reiz ihres Lebens: Am Maß des Gesollten gemessen zu werden, um nicht in den als eng empfundenen Grenzen des eigenen Überblicks zu bleiben.

Insofern begegnen Etablierte als Exponierte, zu Extremen Getriebene. Sie folgen einem in gewisser Hinsicht dramatisierten

Ziel, einer je individuellen Herausforderung, und zwar mit dem Sendungsbewusstsein, dass andere dann durch die einmal von ihnen geschlagene Trasse nachziehen können. Illustrativ wird dieses Motiv der ‚exponierenden Herausforderung' etwa im Bild der „Kapitäne" (MB: 66) – eine reizvolle Entsprechung zum ebenfalls schon genannten nautischen Bild des „Ankerwertes Leistung" sowie zu einer dominierenden Freizeitorientierung der Etablierten.[194] Das Handbuch ist da ja sehr sprechend: Es nennt Segeln, Fliegen, Hochseefischen, Kreuzfahrten, Surfen, Tauchen oder den Besuch von Thermal-Oasen als Kompensationsaktivitäten (HB: 28). Immer geht es um Wasser und um sehr viel Entfaltungsplatz. Auch die Tagträume sprechen neben anderen Motiven vom einsamen Segeltörn, von der Weltumsegelung oder dem Mondflug (HB: 36).

Etablierte als Kapitäne: Offenbar kann das Wasser – das Meer, die freie Fläche – sowohl die zu bewältigende Aufgabe inszenieren wie das Refugium, in dem man Entspannung vom Druck der selbstgesteckten Herausforderungen findet. Das Meer wird für Etablierte metaphorisch zum Gegner und zum Partner. Es bietet die Gelegenheit, sich als Mensch groß zu fühlen, weil man sich angesichts der Naturgewalt und der Weite des Meeres seiner Kleinheit bewusst wird – dies aber einsam, individuell, um öffentlich keine Schwäche zu entblößen (vgl. auch HB: 37). Man ist Hauptdarsteller mit einer Sonderrolle im Film vom „grenzenlosen Himmel, purer Weite, völlig offenem und uneingeschränktem Handlungsspielraum" (MB: 106).

Psychodrawing zum Begriff „Eigenverantwortung"

- Das Individuum sieht sich im Spiegel: Verantwortung bezieht sich auf das *Selbst* (Person) und auf das *Eigene* (Familie, Unternehmen)
- Eigenverantwortung beginnt damit, dass sich der Einzelne über sich selbst klar werden muss, mit dem unverstellten Blick auf sich: Selbstaufklärung über die eigenen Fähigkeiten, Potenziale, Ressourcen *(„was man in der Hand hat")*

---

194 Vgl. auch M: 145: „Etablierte Männer (...) wollen selbst das Ruder fest in der Hand halten."

■ Ausgeprägter Solipsis-
mus (keine anderen
Menschen im Bild): a)
Sich erst an die eigene
Nase fassen, bevor
man mehr Eigenver-
antwortung von ande-
ren einfordert oder von
anderen mehr (soziale)

Unterstützung verlangt; b) Unabhängigkeit, sich nicht vor anderen
rechtfertigen müssen: sein eigenes Ding machen, nicht eingebunden
sein und nicht diskutieren müssen; c) das eigene Leben und die anvertrauten Aufgaben *autonom* steuern (Quelle: MB: 105)

7.2 Analyse der Alltagsästhetik

Betrachtet man die verfügbaren Collagen, Wohnungsfotos, Ta-
gebuchmetaphern und Psychodrawings im etablierten Kulturmuster auf einer Folie alltagsästhetischer Semiotik, so lässt sich
unschwer eine verblüffend konkrete Korrespondenz der Alltags-
zeichen zur eben ermittelten Semantik des Aufgabenorientier-
ten und Exponierten erkennen. Das Handbuch spielt alles bisher
Gesagte ein (HB: 23. 26f): Die Vorliebe der Etablierten für das
edle Einzelstück, sein gekonntes Arrangement und seine exklusive, zum Teil gewagte Inszenierung zeigen die Hochschätzung
des Individuellen und spiegelt die Selbstverortung in einer als
riskant und brisant zelebrierten Existenz.[195] Sehr deutlich zeigt
die Collage (HB: 23) die ästhetische Logik der Präsentation und
der Repräsentation: Das Einzelne (der Bulli, der Sessel, das Blu-
menarrangement, der Hecken-Solitär) wird vor die Kulissen des
scheinbar ungestalteten Weiten, des Auflösenden gestellt (Wüste, Kaminwand, Glastisch, Hausfront), um gerade seine Kontur,
seine Definition zu zeigen. Es dominiert die Vorliebe für gerade

---

195 Vgl. HB: 28: „Ich habe kaum Zeit für Kunst und Kultur. Wenn, dann muss es
etwas Besonderes sein."

Linien als die sozusagen effektivsten Verbindungen zwischen zwei Punkten. Auch im milieutypischen maskulinen Dresscode lässt sich dies zeigen: die Bügelfalte des Anzugs; der konturierte Sitz des Sakkos; die betont ausragende, meist applikationsfreie Schuhspitze aus Glattleder; die streng dekorfreie (Akten-) Tasche. Diese häufigen Inszenierungen des durchlaufend Horizontalen bzw. Vertikalen offenbaren im Wortsinn den werthaften Charakterzug der Geradlinigkeit, der dynamischen Ausrichtung auf ein Ziel hin, der Führungsstärke. Und die Präferenz für große freie Flächen kann gelesen werden als alltagsästhetisches Statement für kreative Offenheit, den Mut zur Lücke und sicher auch die Großzügigkeit der Etablierten.

Eine Beobachtung drängt sich besonders auf: Gerade weil Etablierte die gerade Linie als ästhetische Figur dominieren lassen, inszenieren sie ebenso sorgfältig den rechten Winkel, die Kante. Ihre Wohnungs- und Garteneinrichtungen zeigen oft eigens dramatisierte Parallelen und geometrische Relationen:[196] Einzeln gestellte Sessel, schnurgerade Rasengrenzen, zum Kamin hin exakt bündig gestapeltes Holz, abstrakte Kunst, konturstabile Materialien wie Stahl, Glas oder Edelholz, eckflutende indirekte Beleuchtung, streng lineare Steinwege, in ihrer Schachtelung genau berechnete Dachfluchten, kontrollierter Baumschnitt usw. Das Psychodrawing zum Begriff ‚Freiheit' zeigt einen einzelnen Geldschein als Kasten, genau zentriert in der Mitte des Blattes, maximal auf das Wesentliche der Aussage reduziert:

Psychodrawings zum Begriff „Freiheit"

- Im Zentrum der Freiheit steht „Geld": Das bedeutet Unabhängigkeit
- Die äußerste Reduktion auf einen Aspekt und der geschlossene Kasten signalisieren: Geld ist der Dreh- und Angelpunkt für Freiheit in jeder Hinsicht

---

196 Vgl. auch die Visualisierung ‚Lebenssinn' im HB: 40, rechter oberer Quadrant.

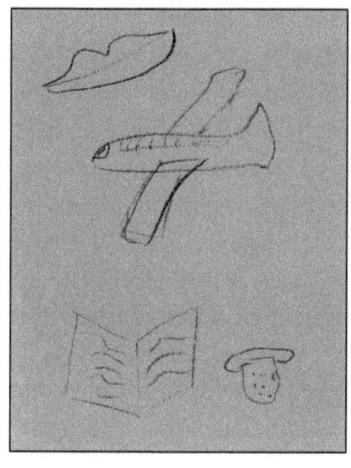

▪ Das Leben in Freiheit: Menschen, die mir wichtig sind, Mobilität, Luxus, Zugang zu Informationen und (Hoch-)Kultur

▪ Die Welt steht mir offen und ich kann das auswählen, was ich möchte, für mich wichtig ist; die Türen stehen offen für mich

▪ Flugzeug: Die Welt von oben sehen; über Grenzen hinweggehen, nicht eingeschränkt sein (Quelle: MB: 106)

Freiheit wird eben nicht als kreatives Auswuchern verstanden, sondern es geht alltagsästhetisch um Präzision, Disziplin, Formstrenge – um dann im kontrollierten Stilbruch die eigene kreative Individualität zu veröffentlichen. Dieses konsistente Existenzmuster aus exponierter Kantigkeit und klarer Ausrichtung bestätigen auch die Aussagen zum Lebenssinn: Etablierte suchen die „kontinuierliche lineare Entwicklung"; sie sehen sich selbst „an der Spitze" – also einer Kante; hohe Bedeutung haben für sie „stabile Verbindungen, klare Strukturen und Kontinuität"'; im sozialen Zirkel sind „Klarheit und Grenzen" wichtig (alle Zitate HB: 37).

7.3 Das Motiv der ‚exponierenden Herausforderung' und die soziale Gravitation des Milieus

Konsequent zu dem ermittelten Motiv der ‚exponierten Herausforderung' bestimmt DELTA® den zentralen Impuls des Kulturmusters als „Erfolg haben/Bestimmen: Dominanz und Führung"; den zentralen Topos als „Produktives und Richtiges"

(MB: 63). Als paradigmatische Fragen hält Sinus®[197] fest: „Wenn nicht wir, wer dann? Warum anders, wenn nicht besser?" Die soziale Gravitation kreist im Selbstbild um die eigene Modellhaftigkeit; im Weltbild in der Betonung von Rang und Aufstiegsdynamik; in den Leitmotiven um die Signalkraft von Leistung und Verdienst; in der Distanz um die Abwehr von allem, was nicht durch die Anstrengung der Form und der Disziplin gegangen ist: Plumpes, Mittelmäßiges, Banales, Abweichlerisches um der Abweichung willen. Etablierte pflegen die hierarchische Perspektive, umgeben sich mit einer „Aura der Überlegenheit, des Urteilens und des Taxierens" (HB: 35), fordern Präzision, honorieren das Besondere und sind reaktant gegenüber mangelnder Disziplin (HB: 35).

7.4 Das Motiv der ‚exponierenden Herausforderung' und die Wahrnehmung von Religion und Kirche[198]

Die Forderung nach einer Aufgabenentsprechung auf der Höhe der durch sie präsentierten Herausforderung ist auch der Leseschlüssel zur Kirchenkritik der Etablierten. Genauso zeigen die alltagsästhetischen Hinwendungen zur Kante, zum rechten Winkel, zur Profilierung, generell zum Paradox aus Formstrenge und kreativer Abweichung, ihre Entsprechung in den Aussagen zu Kirche und Religion. Kurz gesagt: Man erwartet eine Kirche, die aneckt, die ihre Linie durchhält, die ihre Würde und Dynamik kennt und sich nicht dauernd unter Wert verkauft. Man will die Kantigkeit, die Unverwechselbarkeit, die Weitergabe des Erbes und der enormen Kraft. Man erwartet eine Institution, die sich ihrer Machtposition und ihres Potenzials voll bewusst ist und beides mit einer Mischung aus Leidenschaft und Professionalität für das Gemeinwohl einsetzt. Die hohe Kompetenzzuschreibung wird zur hohen Kompetenzerwartung,

---

197 Im Folgenden werden Ausführungen über das Sinus®-Milieu der ‚Konservativ-Etablierten' zitiert.

198 Vgl. auch Ebertz 2008: 25 f. 30 f sowie Ebertz 2009: 63 f.

ist aber getrübt durch die fehlende Kompetenzerfahrung vor Ort (HB: 41–48).

Was man im Religiösen sucht (und bei der Kirche zu selten findet), ist die persönliche Selbstaufwertung durch Souveränitätserfahrung: Großartige Theophanien des Weltenlenkers, Gefühle des Erhabenen, die „gigantische Infrastruktur" (HB: 41), die besondere Weisheitskompetenz, die umwälzende Botschaft, die Überlegenheit des Wissenden. Religion soll gewissermaßen wie das Meer sein, von dem oben die Rede war: Eine gewaltige Inspirations- und Stimulationsmacht, vor der man exponiert und als ‚Kapitän' seines eigenen Lebens geadelt wird.

7.5 Das Motiv der ‚exponierenden Herausforderung' als implizit gelebte Alltagstheologie: ‚Rechtfertigung'

Das Senkblei, das Zuhören, das wir in das Kulturmuster der ‚Etablierten' hineingehalten haben, ist auf eine klare Kontur gestoßen. Bleiben wir im Bild: Etablierte sind idealtypischerweise Kapitän-Charaktere, deren Lebenslogik sie nach Aufgaben ausschauen lässt; die führen wollen, und zwar durch Hingabe; die sich stellvertretend für andere ‚in den Wind halten'; die sich an ihren Aufgaben individualisieren; deren Alltagsästhetik der geraden Linie, des rechten Winkels, der freien Fläche und der isolierten Präsentation ihren Lebenswunsch nach Freiheit, nach biografischer Exklusivität[199] und nach sozialer Leistungsanerkennung offenbart.

Welches Überraschungspotenzial kann die begriffliche Theologie von einer solchen Lebenslogik, von einem solchen Idealtyp entgegennehmen? Gibt es einen Traktat, eine theologische Chiffre, die diese selektive Lebenserfahrung des ‚An-Aufgaben-exponiert-Werdens' als Logik einer (zum Beispiel geistlichen) Lebenserfahrung ebenfalls kennt und artikuliert? Kennt auch das Leben mit

---

199 Beachte den Wortsinn: ex-cludere bedeutet sich herauszuschließen, also von Einschließungen befreien; sich freisetzen, allein sein.

und in Gott eine solche Individuation am Material von Herausforderungen, ein letztes Allein-Sein in einer selbstgewählten Bestimmung?

Man wird theologisch an das Thema der ‚Rechtfertigung' erinnert.
Und dies nicht nur, aber eben auch, weil in diesem Wort bereits
der erarbeitete alltagsästhetische Dominanzimpuls des ‚rechten
Winkels' semantisch versteckt ist. Die These lautet: Etablierte sind
Leute, die ihre Biografie als eine Aufgabe verstehen, als einen Anspruch. Diesem Anspruch wollen sie entsprechen – was nichts anderes heißt als: Sie wollen sich an ihm rechtfertigen und sie wollen durch ihn gerechtfertigt werden. Etablierte, so konnte gezeigt
werden, sind lebenszufrieden, wenn sie sich an herausfordernden
und oft selbstgesteckten Aufgaben messen und exponieren können.[200] Umgangssprachlich hört man gerade bei ihnen die Rede
von ‚*deadlines*'. Eine gerade im theologischen Sinn interessante
Metapher: Im Leben gibt es Linien, an denen Entscheidendes geschieht; Linien, die ‚kleine Tode' inszenieren; Linien, die Kanten
bilden, an denen sich neue Soll-Verläufe ergeben. Ihre soziale Gravitation beinhaltet den Perfektionismus. Und in diesem angestrebten Perfekt (wörtlich: im ‚Vollendeten') der Etablierten sind das
Ende und das Ergebnis das Ziel und gerade nicht der Weg oder der
Prozess. Befriedigung kommt durch das Erreichen, weniger durch
das Machen. Die Dinge sollen ‚fertig' sein, rechtfertigt eben.

Man kann begründet vermuten, dass dieses Streben nach ‚Voll-
Endung' in der Logik von ‚deadlines' eine grundlegende biografische Disposition mindestens implizit nahelegen: dass nämlich das
ganze Leben ebenfalls eine letzte Linie hat, von der her ein Anspruch erwächst, der prinzipielle Qualität hat. Damit aber wird ein
substantieller Teil der theologischen Rede von ‚Rechtfertigung'
aufgerufen.[201] In diesem Begriff steckt ja die biografische Frage
nach der Entsprechung eines Anspruches. Religiös gewendet: Die

---

200 Vgl. nur HB: 44: „Ich nehme meine Werte schon auch sehr stark aus der Bi-
bel. Die Bibel hat einen Bezug zu meinem Leben. Da spüre ich für mich dann:
Ich habe diese Aufgabe als Mensch und das wird von mir einfach erwartet.
Man kann sich letztlich nicht davor drücken" (Frau, 53).

201 Vgl. den Artikel ‚Rechtfertigung' im LThK, Bd. 8 (Pesch/Hossfeld/Theo-
bald/Pesch/Löffler): 882–903.

Rede von Rechtfertigung markiert einen Zeitpunkt, von dem her der Mensch eine Art Bringschuld einzulösen hat. Es geht hier um Gehalte wie den gerechten Gott, die Frage nach der Bewährung vor ihm, nach der Linearität des Lebens, auch nach Entscheidung und Gericht.

All dies sind Motive, die, natürlich in ihrer säkularen Gestalt, ganz prioritär zum Kulturmuster der Etablierten gehören. Weitere kommen hinzu: Das Bedürfnis, aus seinem Leben etwas Produktives zu machen, das auch anderen nützt – insofern also eine implizit übernommene Rechtfertigungspflicht für die eigene Effektivität (auch wenn diese gegenüber anderen Milieus nachzulassen scheint; vgl. MB: 42); oder die unbedingt hierarchische Ausrichtung des eigenen Sozialverkehrs, die ja immer auch impliziert, dass man bei erfolgter Kompetenzzuschreibung einen Ranghöheren akzeptiert. Negativ gewendet ist ein Leben im Horizont von Rechtfertigung eher aktiv als passiv, wenig verspielt, wenig gemütlich, wenig kumpelig. Genau diesen eher strengen Grundzug hatten wir oben notiert. Ja, eventuell kann sogar die oben festgestellte Auswahl nur wenig nachgiebiger Wohn- und Umweltmaterialien (Glas, Stahl, Leder) eine Spur dafür sein, dass man in seinem Lebenslauf eher wenig Nachgiebigkeit erwartet und diese auch gar nicht vermisst. Denn man durchläuft eine Prüfung nach der anderen, weil man das ganze Leben als *Contest* vor einer vor allen Dingen verinnerlichten Jury versteht, als Wettkampf und Kräftemessen.

Natürlich sind die erwähnten Aspekte nur die eine Hälfte der Theologie einer Rechtfertigung. Diese betont ja gerade die bedingungslos gewährte Gnade, die Zuwendung vor allem Anspruch und die Rechtfertigung aus Glauben und nicht aus virtuoser Leistung des Individuums. Hier liegt enormes prophetisches Potenzial der christlichen Gottesrede für Etablierte. Hier liegt ein entscheidender Gedanke, den man ihnen vorschlagen kann (proponere), weil er in ihre soziale Gravitation einfügbar erscheint und den archimedischen Punkt ihrer Lebensphilosophie, den der Leistungsindividuation, aktiviert. Dies wäre im Einzelnen als entlastende Verkündigung zu entwickeln. Aber davor, im Sinne des commerciums, wird man doch sagen können, dass man auch innerhalb einer soteriologisch gewendeten Rechtfertigungslehre schon noch weiter von einem Gericht zu sprechen hat und dass die Rede von der Rechtfertigung vor Gott auch weiterhin Motive der Bewährung, der Prüfung und der Lebensleistung in sich birgt. Diese im kirchlichen Alltag jedoch eher vergessene Spur legen Etablierte frei.

Aufgrund ihrer Lebenslogik haben sie einen Zugang auf ein wesentliches Moment der christlichen Gottesrede, den so kein anderes Milieu profiliert. Wenn man so will: Sie verkünden der Pastoral das Leben als Aufgabe, als Verantwortung, als Anspruch, mit Georg Simmel: als individuelles Gesetz. Sie ermöglichen und erinnern (unthematisch) den weitgehend verschütteten Zugang an einen Gott, der nicht nur lieb, sondern auch gerecht ist. Sie fordern ein Christentum, das seinem historischen Adel und der Größe seiner Botschaft gerecht wird, das sein Potenzial nutzt und seine Relevanz öffentlich unter Beweis stellt. Etabliertes Christsein ist stolz, souverän, eher kühl als nett und eher individuell als verclubt. Es erinnert die Pastoral daran, dass Gott uns alles schenkt, aber auch etwas von uns erwartet: intelligente Weltgestaltung; Treue zur eigenen Berufung; die Fähigkeit, immer wieder neu anzufangen; den Glauben an große Pläne; Großzügigkeit, sich selbst und den Anderen gegenüber.

„Wer innerlich frei sein will, muss ständig an sich selbst arbeiten, sich von Vorurteilen, Schubladen, Klischees und allem, was den Horizont verengt, freimachen."[202]

8 Postmaterielle, oder: Leben im Horizont von ‚Befreiung'[203]

8.1 Analyse der Semantik

„Wer innerlich frei sein will, muss ständig an sich selbst arbeiten, sich von Vorurteilen, Schubladen, Klischees und allem, was den Horizont verengt, freimachen" (MB: 110). – Kaum ein Statement eignete sich besser zur präzisen Identifikation des Kerns, um den die Semantik des Milieus der Postmateriellen kreist. Es geht um das originelle Konzept *innerer* Freiheit, die sich als *äußere* Freiheit Raum verschaffen will. In den Sprachspielen der Postmateriellen dominieren zuhauf die Verben und Substantive, die diese Bewegung von innen nach außen anzeigen. In der Wertestudie finden wir etwa Ausdrücke wie „unabgeschlossenes Projekt" (MB: 109) oder „stets unabgeschlossene Aufgabe" (MB: 116), „Wandel", „Wachstum", „Prozess dauernder Anstrengung", „Wiederentdeckung", „Lernen", „Entwurf", „Wandel" (alle MB: 109 f), „Neujustierung" oder „Selbstreflexion" (alle MB: 116). Postmaterielle pflegen eine Semantik der Prozessorientierung. Diese ist positiv auf das gerichtet, was das zitierte Statement mit der Metapher vom ‚Horizont' aufruft: die Utopie von ganzen Gesellschaftsentwürfen (MB: 110), die Idee einer geradezu anthropologisch verankerbaren Pflicht zur Eigenverantwortung im Dienste aller (MB: 111 f), die

---

202 MB: 110.
203 Vgl. einleitend zu diesem Milieu die Ausführungen zu den ‚Liberal-Intellektuellen' und den ‚Sozialökologischen' unter www.sinus-institut.de/loesungen/sinus-milieus.html (August 2012) sowie HB: 50–82 und MB: 66. 174–176.

Vision einer zugleich subsidiären wie solidarischen Gemeinschaft (MB: 112 f).
Negativ ist ein regelrechter Kampf gegen Horizontverengungen gerichtet. Die Anti-Begriffe, die hier fallen, transportieren sämtlich Gehalte des Starren, Unbeweglichen, Sklerotischen: „kalt", „trocken", „Ellenbogen", „nackt", „grob", „Einbahnstraße" (MB: 114). Verben wie ,distanzieren', ,emanzipieren' oder ,befreien' gehören zum Grundwortschatz des Milieus. Postmaterielle kämpfen lebenslogisch gegen Einengungen, Abschließungen, Intoleranzen, Zwanghaftigkeiten, Eindimensionalitäten, Klischees oder Nationalismen. Wo sich von außen Geltungsansprüche als fremdreferentielle Kraft aufbauen und in den Konflikt mit inneren, persönlichen Plausibilitäten kommen, fühlen sich Postmaterielle berufen und befähigt, hiergegen anzugehen. Im Verbalgestus sind Postmaterielle reaktant gegen absolute Behauptungen (HB: 64). Man will sich „nicht festhalten lassen" (HB: 64).

Die prozessorientierte Weitung des inneren Horizontes wird also zum politischen, gesellschaftssensiblen Ausgriff auf den realen, strukturellen Horizont. Es wird im Wortsinn Wirk-lichkeit unterstellt. Das Leben, das Sein, die gesellschaftlichen Strukturen sollen sich der in ihnen wohnenden Kräfte bewusst werden, um ihrer Wirk-Logik immer mehr zu entsprechen. Diese postmaterielle Sicht auf die Welt wird in allen verfügbaren Studienfeldern sehr anschaulich. Die Waldstudie etwa zeichnet das Milieu als die respektvollen Bewunderer des Waldes, die fasziniert vor der Wildheit und der originären Produktionskraft des Waldes stehen. Postmaterielle fühlen sich als Gast des Waldes und eignen ihn sich gemäß seiner Wachstumslogik an: „Beeren, Pilze, Kräuter sammeln, Tiere entdecken und beobachten (...), sich ,erden' und ,inspirieren' lassen" (W: 106 f. 123). Nirgendwo ist die Bindung an den Wald rational und emotional stärker als in diesem Kulturmuster; nirgendwo wird der Wald so intensiv zum Spiegel und zur Kulisse des erwünscht persönlichen Prozesses: Der Wald ist für Postmaterielle „innere Kraftquelle", „Oase ungestörter Reflexion", Ort für sportliche Natur- als Selbsterfahrung, „idealer Rahmen für ungestörte, ausführliche, tiefe Gespräche" (W: 123). Die Gesundheitsstudie kann zeigen, dass Postmaterielle im Milieuvergleich das Segment bilden, dass am stärksten auf die Aktivierung von selbstwirksamen und präventiven Maßnahmen setzt: vegetarische Ernährung, ergonomisches Mobiliar, Heilkräfte der Natur, Bauökologie, Kombinationen aus Selbst- und Körpererfahrungskursen, Mentalhygiene, ganzheitliches Gesundheitsverständnis, undogmatisches Streben nach balancierter Lebensweise oder die autodidaktische Recherche alternativer Heilmethoden anderer Kulturen oder medizinischer Schulen (G: 146–168). Man sieht auch hier: Es geht um das Freilegen und Freilassen der ursprünglich angelegten Lebenskräfte.

Betrachtet man das Muster als Erziehungsstil, so ergibt sich eine Pädagogik des bewussten Begleitens, der die Selbstaufopferung genauso fremd ist wie das laissez-faire. Postmaterielle Mütter etwa verstehen sich gerade nicht als ‚Erziehungs-Managerin' (wie die Etablierten), sondern als ‚Lebensphasen-Begleiterin' im Dienst der Kinder-Persönlichkeit.[204] Dies wird in kleinen Zeichen sichtbar: So betont die Studie, dass postmaterielle Eltern besonders die Zubettgehzeit der (kleinen) Kinder als besondere Aufgabe verstehen. Mit verlässlichen, liebevollen Ritualen werden dem Kind ein Abschied vom Tag und ein sanfter Übergang in den Schlaf erlebbar gemacht. Auch hier wieder in einer Miniatur das Grundmotiv eines Respektes vor Kräften: Das Kind soll sich schon früh dem Wechsel von Seinszuständen (wachen / schlafen) anvertrauen; die Eltern reflektieren allabendlich bewusst die Abgabe des Kindes an ‚seine' Zeit (E: 100; vgl. auch ebd.: 94–121).

---

204 Vgl. E: 37–39. Offenbar sind gerade die Dimensionen der Elternschaft und der Erziehungsaufgaben besondere Generatoren für die Aktivierung des hier für die Postmateriellen als dominant behaupteten Motivs der sich durchsetzenden Unbeschränktheit von Wirk-Kräften. Jedenfalls bringt gerade die Elternstudie eine Vielzahl einschlägiger Deutungen und Notizen. Nur zwei Beispiele: In E: 39 werden Verse des Dichters Khalil Gibran zitiert, „die vielen Postmateriellen aus der Seele sprechen: Eure Kinder sind nicht eure Kinder. Sie sind die Söhne und die Töchter der Sehnsucht des Lebens nach sich selbst (...)"; oder vgl. das folgende Statement einer jungen Mutter: „Man bekommt so ein kleines Wesen in die Hand und man spürt die Seele. Dickköpfig und lieb, ganz weich und verletzlich. Und man versucht, nicht daran zu stören" (E: 106).

8.2 Analyse der Alltagsästhetik

Diese Semantik der Innensteuerung, des dynamischen Wandels sowie der prozesshaften Veränderung der äußeren Gegebenheiten findet ihren alltagsästhetischen Ausdruck in einer Ästhetik der ‚sich durchsetzenden Unbeschränktheit'. Ganz anders als etwa ‚Etablierte' oder ‚Performer' folgen Postmaterielle einer innengerichteten Authentizitätsästhetik: Was nach außen vorgestellt wird, muss nicht in erster Linie für den Betrachter dekodierbar sein, sondern soll sich auf das Subjekt des Besitzers hin lesen lassen. Postmaterielle Wohnungen sind daher meistens erheblich voller, unordentlicher und kombinatorischer als etwa die Lofts der Etablierten oder die Flats der Performer mit ihrer an Kataloge erinnernden reduzierten Formstrenge.

Postmaterielle inszenieren Prozesse und Zeugnisse ihres inneren Freiheitsbedürfnisses. Ihre Alltagsästhetik ist ein programmatisches Statement für Wachstum, Naturalität und eine Art dauernder Selbstinbesitznahme. Erdige Farben dominieren die Palette. Bevorzugt werden naturnahe Materialien wie fransiges Textil (Couchdecken, Teppiche), Holz (gelaugtes Kieferparkett) oder Papier. Sisal und Rattan spielen imaginierte ethnologische Ursprungsmotive genauso ein wie Klangschalen, afrikanische Masken oder chinesische Tuschezeichnungen. Bücher zeigen deutliche Gebrauchsspuren, entstammen gerne Antiquariaten, sind mit Randnotizen und farbigen Markern bearbeitet oder quellen teils über von eingelegten Zetteln und gleich mehreren Lesezeichen. Sehr sprechend sind die botanischen Signale: Grünpflanzen wuchern breit und ausladend aus; große Sonnenblumen-Bouquets berieseln den Boden; Laubhaufen und Kompostierungsplätze sind Attraktionspunkte des Gartens – alles Signale für die Hochschätzung von Bio-Energie als einer universalen Metapher für Leben, das sich seinen Platz verschafft (vgl. auch HB: 71).

Es geht um äußere Zeichen des Sieges über feste Strukturen, um erfolgreiche externe Veränderungen aus der inneren Kraftquelle: Efeu soll die feste Hausmauer wuchernd umranken; das Auto soll in einer gewissen Non-Chalance ungepflegt wirken (auffällig platzierte CDs, Aufkleber, erkennbare Benutzungsspuren); die Kleidung soll selbst als Berufskleidung immer auch ein persönliches Statement tragen (programmatische Verweigerung von Statuszeichen [wie Krawatten], sorgfältige Stilbrüche [etwas längere Haare als ‚erlaubt'; etwas mehr *casual understatement* als ‚erlaubt' usw.]). Auch die einschlägigen Psychodrawings und Visualisierungen sprechen diese Sprache der Ausrichtung, des Weges, der entspannten Offenheit.

Psychodrawing zum Begriff „Freiheit"

- Offene Arme und Hände: Freiheit kommt von innen (z. B. krasser Gegensatz zu Etablierten); nicht entscheidend geprägt und abhängig sein von materiellen Dingen, Werten und Rahmenbedingungen
- Freiheit ist eine innere Haltung: kindliche reine Neugier. Frei ist, wer Vertrauen hat in das, was ihn umgibt, was auf ihn zukommt: offen sein, präsent sein, unvergrübelt sein
- Eigentliche Freiheit ist ein ursprünglicher, unverfälschter Zustand (Quelle: MB: 111)

Das Handbuch zeigt in den Visualisierungen des milieutypischen Lebenssinns eine Bildsprache des Keimens, des Wachsens, des Zugehörens, des Weges (HB: 69 f). Das Blatt des Zeichenblockes wird jeweils komplett gefüllt, um Ganzheit und Grenzkontakt zu signalisieren; die Aquarell-Technik steht für lebendige Fließung der Farben, die Mind-Map-Technik für die Vernetzung des einen Elementes mit allen anderen. Man will „ein offenes Haus führen" (HB: 55). Betrachtet man die Freizeitvorlieben, vor allem aber die Tagträume des Milieus, erhält man weitere Bestätigung. Sie gehen fast komplett und sehr eindrücklich in diesem Motiv der Unbeschränktheit auf: „von der Höhe ins weite Land blicken"; „Gleitschirmfliegen"; wandernd auf das gegenüberliegende Flussufer blicken; in der Wüste das

Nichts erleben; den Duft des Meeres schmecken usw. (HB: 63). Hinzu kommt die in diesem Milieu besonders ausgeprägte Ästhetik der inneren Stimulanz und der Rückzugsrituale (Mentaltechniken wie Tai Chi, Yoga, Stresslösung; eigener Leseplatz; „selbst den Komposthaufen inspiziere ich täglich" [HB: 55]; „Phantasiereise am Abend" [HB: 66] usw.; vgl. auch HB: 53. 71). Die Collage liefert eine weitere Vielzahl an Veranschaulichungen (HB: 51): Das ‚gute‘ Buch; die ‚Zeit für mich‘; der Selbstausdruck durch ‚die eigene Musik‘; die Rituale der Selbstüberlassung und Selbstüberschreitung in Fernreisen, Wellness-Anwendungen, Klostererkundungen oder Meditationstechniken; das ‚innere Feuer‘, der konzentrische Stein, die ausladende, wuchernde Botanik; die Farbpalette des Braun-Geerdeten, des Grün-Blühenden, des Gold-Ruhenden. Diese ganze postmaterielle Performance der Innen-Außen-Bewegung ist zwar individuell justiert und wird zum Ausdruck der je einzeln angestrebten Persönlichkeitsentwicklung. Dennoch hat sie oft auch eine durchaus allgemeiner gehaltene Aussageabsicht: Eigentlich sollten nach Meinung der Postmateriellen viele diese innere Kraftquelle entdecken und damit das humane Niveau der gesamten Gesellschaft heben (MB: 61. 66). Das Motto lautet auch gesellschaftlich: Überwindung von äußeren Beschränktheiten durch innere Beharrlichkeit.

8.3 Das Motiv der ‚sich durchsetzenden Unbeschränktheit‘ und die soziale Gravitation des Milieus

Die soziale Gravitation des Postmaterialismus kreist deutlich um das Motiv der Suche nach Prozessen und Zuständen der Nicht-Beschränktheit. Dies wird besonders deutlich, wenn man der These des Updates der Sinus®-Milieus folgt, die das in der Sinus®-Schematik ehemals postmaterielle Milieu in vor allem zwei heute anders gelagerte Muster zersprengt modelliert: ‚Sozialökologische‘ und ‚Liberal-Intellektuelle‘. Besonders im Milieu der ‚Sozialökologischen‘ sieht man sich als ethische Avantgarde, als Träger globaler Verantwortung und als Herold aufrüttelnder Botschaften. Man ist „Gewissen der Gesellschaft", „schonungsloser Kritiker" und geprägt von „Idealismus und Sendungsbewusstsein". Die paradigmatische Frage lautet hier u. a.: „Was kann ich dazu beitragen, die Welt zu einem besseren Ort zu machen?" Und das Leitmotiv: *„Action speaks louder than words."* ‚Sozialökologische' sind ideell und programmatisch motivierte Subjekte, die ihre stets kollektiv gedachten Ziele oft mit eindrucksvoller Opferbereitschaft verfolgen.

Ein ähnliches Muster zeigt sich für das Sinus®-Milieu der ‚Liberal-Intellektuellen' als der zweiten seit 2011 neu modellierten Plattform der ehemals ‚Postmateriellen'. Diese sind zwar angepasster und konventioneller als die ‚Sozialökologischen', teilen in ihrer Gravitation aber dennoch deutlich das hier herausgearbeitete Motiv eines Einsatzes für Unbeschränktheit. ‚Liberal-Intellektuelle' werden als ausgeprägte Verantwortungsmenschen beschrieben, die ihre Suche nach Selbstverwirklichung kombiniert sehen mit dem Einsatz für gerechte Verhältnisse. Eine paradigmatische Frage lautet: „Wo ist der Schritt nach vorn (für mich, für die Gesellschaft)?"

Das DELTA®-Modell, das weiterhin von ‚Postmateriellen' spricht, hält als zentralen Impuls fest: „Widerständig sein / Welt verbessern. Kritik & Vision". Und als zentraler Topos gilt: „Gerechtes und Richtiges" (MB: 63).

8.4 Das Motiv der ‚sich durchsetzenden Unbeschränktheit' in der Wahrnehmung von Religion und Kirche[205]

Verschiebt man die bisher gewonnene Profilierung der ‚Postmateriellen' auf den religiös-kirchlichen Bereich, erscheint deutlich ein weiterer Fokus, der dem Profil entspricht. Ganz analog zur botanischen Alltagsästhetik des Grünens, Wachsens und Sich-Entfaltens heißt es auch hier: Der Einzelne muss „in der Religion aufblühen" (HB: 74). Das ‚Handbuch' demonstriert eine doppelte Erwartung an die christliche Religion und die Kirche: Sie soll zum

---

205 Vgl. auch Ebertz 2008: 24f. 30f. sowie Ebertz 2009: 64f.

einen jene Zugangsquellen auf die behauptete innere Kraft freilegen: „die „Person und Botschaft Jesu, die beide faszinieren" (HB: 75); die Rituale erschließen und die utopischen Gehalte ihrer Tradition positionieren.

Zum anderen soll sie ein Ort des Aufbruches sein, voller Demokratie, Partizipation, Synergie und Courage. Man fordert Kampagnenfähigkeit und Allianzbereitschaft sowie die Fähigkeit, die eigene institutionelle Borniertheit zu überwinden.

So weit das positive Zuschreibungsmaterial. Das Motiv der ‚sich durchsetzenden Unbeschränktheit' wird aber vor allem negativ fixiert (vgl. HB: 78–80). Die Kirche gilt in diesem Milieu gerade als gegnerische, eben: beschränkende und beschränkte Macht, die Authentizität, Querdenkertum und sozialpolitische Intelligenz verhindert. Sie gilt als Apparat, manchmal sogar so stark, dass man sich ‚echte' Religiosität nur im Jenseits ihres Zugriffes vorstellen kann. Man beachte, wie stark die Image-Adjektive zu ‚Kirche' dem Gravitationsmotiv von ‚Unbeschränktheit' entgegenstehen: „verlogen, unehrlich, hierarchisch, autoritär, alt, (...) verkrustet" (HB: 78) usw. Auf eine Formel gebracht: Auch Kirche muss im Sinne der ihr ja durchaus zugeschriebenen Kraftquellen von ihren Beschränkungen befreit werden.

Folgerichtig sieht man in einer ‚echten' Kirche eher eine soziale Bewegung als eine Institution; die Ziele dieser Bewegung werden von einem umfassenden Gesellschaftsprojekt her gewonnen (etwa: Humanisierung; soziale Gerechtigkeit), nicht von dogmatischen Prinzipien; man ist Akteur, nicht Gegenüber der Bürgergesellschaft.

8.5 Das Motiv der ‚sich durchsetzenden Unbeschränktheit' als implizit gelebte Alltagstheologie: ‚Befreiung'

Die Suche nach einer in der geschilderten Milieulogik unthematisch verhandelten theologischen Begrifflichkeit kann gut bei dem Begriff der ‚Befreiung' ansetzen. Dieser ist in der ‚Theologie der Befreiung' ja auch sehr bekannt und wird sogar vom Milieu der Postmateriellen zu einem guten Teil aktiv begrüßt. So heißt es, dass genau dieses Milieu den Kern der Bewegung ‚Kirche von unten' bildet (HB: 76), die ja deutlich von der Befreiungstheologie geprägt ist. In dieser Orientierung zu dieser theologischen Richtung kommen übrigens wohl mehrere Motive zusammen, die weit über das Gerechtigkeitsinteresse hinausgehen: die Vorliebe für Ethnologie im Milieu, für weite Reisen, mediterrane Sprachen, intelligenten Protest, antikapitalistischen Widerstand und eine Kirchenorganisation von der Basis her.

Aber auch über diese konkrete Gruppenaffinität hinaus dürfte der theologische Begriff der Befreiung ein sehr passendes Ausdrucksmittel der postmateriellen Milieulogik sein. Gemeint ist hier das „geschickwendende Handeln Gottes am Menschen, dem dadurch neues Leben, befreit aus schuldhafter Verstrickung und innerer und äußerer Existenznot, gewährt wird"[206]. Dieses Handeln Gottes hat eine neue individuelle und gemeinschaftliche Lebenspraxis zum Ziel, deren Ursprungsimpuls wie qualitativer Maßstab die erfahrene Befreiung ist.

Damit werden zentrale Themen des postmateriell angetriebenen Einsatzes gegen Programme/Strukturen der Lebensbeschränkung aufgerufen. Der theologische Begriff der Befreiung ist erkennbar prozessorientiert; er meint den Menschen in seiner Ganzheitlichkeit; er ist kritisch als ‚gefährliche Erinnerung' (J. B. Metz); er kann im biblischen Gehalt der Exodus-Erzählung eine sehr starke narrative Kraft entfalten; er ist humanwissenschaftlich sehr unproblematisch kommunizierbar; und er zielt auf ein Menschenbild, das den Einzelnen zugleich mit der ihn umgebenden Gesellschaft in den Blick nimmt. Präziser noch als der theologische Begriff der ‚Erlösung' vermag er „den Widerspruch bestehender Verhältnisse in Unfreiheit und Unterdrückung gegen die von Gott gewollte Freiheit aufzudecken und dem Willen Gottes Geltung zu verschaffen."[207] Postmaterielle füllen den Begriff der ‚Befreiung' alltagstheologisch in mannigfacher Weise, und dies deutlicher als jedes andere Milieu. Sie gehen davon aus, dass in allen Lebewesen, vor al-

---

206 Artikel ‚Befreiung' (Klaes, Kampling, Biesinger/Schreijäck) in LThK, Bd. 2: 126–129, 127.
207 Ebd.: 127 f.

lem aber Menschen, so etwas wie ein guter Kern angelegt sei, dessen Bestimmung das Keimen, Wachsen und Blühen ist. Gesellschaftliche Strukturen haben den Sinn, diese Prozesse zu begleiten und zu sichern. Theologisch explizit würde man bei diesem ‚Kern' vielleicht vom Heilswillen Gottes für jeden Menschen sprechen, der in jedem zur Entfaltung kommen will – und genau darin die Authentizität und Unverwechselbarkeit der Persönlichkeit begründet. Theologisches Sprechen kann also sehr viel an postmateriellem Leben ablesen und sich sozusagen biografisch illustrieren lassen, was heute mit ‚Befreiung' gemeint sein kann.

Umgekehrt liegt aber auch ein prophetischer Überschuss theologischer Rede von Befreiung für Postmaterielle vor: Sie werden zur Toleranz auch für solche Lebenswege aufgerufen, die den ihren erkennbar unähnlich sind und zum Beispiel wesentlich materieller oder karrieristischer ausgerichtet sind. Zwar ist theologisch nicht beliebig, was ‚Befreiung' konkret bedeutet – eine Orientierung an den Grund-, Menschen- und Teilhaberechten vor allem der Benachteiligten eines Kollektivs ist hier nicht dispensierbar. Trotzdem umfasst der Befreiungsbegriff mehr Varianten als nur die postmateriellen Selbstfindungswege geistiger, bildungsmäßiger oder spiritueller Art. Ein Elitebewusstsein ist hier ganz fehl am Platz – ja: es wird trotz des in ihm wohnenden Idealismus zur Beschränkung der anderen und produziert damit Zustände, von denen man sich doch gerade befreien wollte.

9   ,Benachteiligte', oder: Leben im Horizont von ,teurem Segen'[209]

9.1   Analyse der Semantik

In den Schilderungen zum DELTA®-Milieu der ,Benachteiligten'
schlägt dem Leser, dem Zuhörer sehr deutlich eine wahrnehmungs-
strukturierende Logik des ,Innen' und des ,Außen' entgegen. Benachteiligte – und genau dies führt ja wohl auch zur Auswahl der
Milieubezeichnung – sehen sich als von einer feindlichen, äußeren Sphäre bedrängt. Der Existenzdruck im Milieu durch Arbeits-
losigkeit, Geldmangel, Partnerschaftsprobleme, allgemeine Überforderung ist hier nicht befürchtet, sondern „manifest" (MB: 146).
In vielfacher Weise wird das Motiv eines externen Druckes semantisch verarbeitet. Man kann ,tiefes Glück' nur noch im Modus einer „Vermeidungslogik" erahnen (MB: 146); man muss „sich ge-
fühlsmäßig abschalten, um es auszuhalten" (MB: 147); man wird
in der Spirale der Leistungslogik an den Rand gedrängt (MB: 148);
der Druck macht klein und hinterlässt tiefe Dellen (MB: 149); man
fühlt sich vom Staat alleingelassen, traut ihm „Verarsche" (MB:
146) zu und spricht ihm sein fürsorgendes Vater-Dasein ab (MB:
150 f); eine zementierte „Opferhaltung" (MB: 149) ist beobachtbar;
Leistung, Gratifikation, Freiheit und Eigenverantwortung sind rein
extrinsische Größen. Man will keine Marionette sein (HB: 240).
Semiologisch aufschlussreich ist in diesem Zusammenhang auch,
dass kein Psycho-Drawing irgendeine Emotion oder personale Di-

---

208 HB: 240.
209 Vgl. einleitend zu diesem Milieu die Ausführungen zu den ,Prekären' unter
     www.sinus-institut.de/loesungen/sinus-milieus.html (August 2012) sowie
     HB: 226–253 und MB: 71. 187–189.

mension widerspiegelt: das Bild zur Leistung (MB: 150) zeigt ein gesichtsloses Erleiden der Balance auf dem geforderten Leistungsgrat; das Bild zur Eigenverantwortung zeigt zwar ein Gesicht, dieses wird aber durch das groß darübergestellte Wort ICH so abstrahiert, dass der Fokus der Zeichnung eher auf den bedrohlich anliegenden Geldscheinen liegt, vor denen das Strichmännchen körpersprachlich deutlich zurückweicht (MB: 152).

Psychodrawing zum Begriff „Eigenverantwortung"

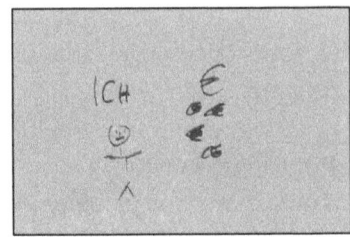

- Kritik an einer Eigenverantwortung, die auf das isolierte, egozentrische Individuum und auf (Sammeln von) Geld reduziert ist
- Eigenverantwortung heißt: nicht mehr der Staat sorgt für meine Arbeit, sondern *ich selber muss* dafür Sorge tragen, dass ich eine Arbeit und genug Geld zum Leben habe. Das ganze Leben kreist darum, der ganze Alltag ist von Eigenverantwortung bestimmt: Das lehnt man ab! (Grafik: MB: 152)

Freiheit besteht in materiellen Gütern (MB: 151), Sicherheit wird zwar über Menschen erhofft („Freunde, Frau"), diese aber werden als seltsam austauschbare Wörter eingespielt, nicht als personalisiert gezeichnete Individuen (MB: 150).

Mit der Wahrnehmung äußeren Drucks korrespondiert das Bedürfnis nach Schutz. Mehrfach begegnet eine Semantik des Schutzes. Der Traum von Haus, Pool, Auto wird durch einen Zaun gesichert (MB: 151).

Psychodrawing zum Begriff „Freiheit"

- Der (unerreichbare) Traum von plötzlichem Reichtum: eigenes Haus, Auto, Pool, Zaun: geschützt sein

- Mit der finanziellen Absicherung ist der Mensch unabhängig von anderen und kann seine Freiheit in Urlaubsstimmung genießen
- Freiheit hat keine gesellschaftliche und politische Bedeutung – hat nur eine private Bedeutung für den Einzelnen (Quelle: MB: 151)

Geld soll Sicherheit verleihen; ein eindringliches Statement lautet: „Ein dickes Fell reicht oft nicht, man muss sich innerlich einfrieren" (MB: 147; auch HB: 239).

Mit der Lebenslogik einer Schutzsuche korrespondieren mannigfache Ergebnisse sonstiger Milieustudien.[210] Geradezu metaphorisch stellt sich der Befund in der Waldstudie dar: Benachteiligte gehören eigentlich zum Einstellungstyp ‚Gleichgültige' (dem Wald gegenüber). Jegliche Faszination des Waldes ist ihnen fremd, ökologisches Engagement schreibt man den Intellektuellen zu, und weder braucht man als moderner Mensch den Wald noch vermisst man ihn. Waldspezifische Freizeitangebote werden nur gelegentlich genutzt, und wenn ja, dann in touristischer Formatierung: als Erlebnispfad, Märchen- oder Freizeitpark. Geht es aber an die Einstellungen zur Waldwirtschaft, dann wehren sich Benachteiligte gegen jegliches Baumfällen. Der Grund: ‚Gute' Waldnutzung schützt Bäume und Tiere vor dem Menschen. Der Förster soll der Beschützer der Natur sein. „Das Fällen von Bäumen", so die Studie weiter, „hat in diesem naiven Ideal keinen Platz – im Gegenteil, es würde eine Gefährdung darstellen (Schutz und Sicherheit würden ‚fallen')" (W: 126; vgl. ebd.: 111–113. 125–127). Gesundheitszustände und -gefährdungen werden als „höhere Gewalt" empfunden (G: 243), und dementsprechend begegnet man ihnen mit fatalistischen Strategien: „Manche leben immer total gesund und kriegen dann trotzdem Krebs" (G: 244). „Gesundheit kommt und geht, da kann man selber nicht viel machen" (G: 243). Die Gesundheitsstudie kann in geradezu mikroskopischer Detailliertheit aufzeigen, über welche Strategien Benachteiligte sich in ihrer subjekti-

---

210 Beachte: Die hier referierten Studien beziehen sich auf das früher vom Sinus®-Institut so genannte Milieu der ‚Konsum-Materialisten'. Dieser Transfer ist zu rechtfertigen, weil das DELTA®-Milieu der ‚Benachteiligten' bzw. das Sinus®-Milieu der ‚Prekären' diese früheren Beobachtungen zu den ‚Konsum-Materiellen' weiterführen.

ven Wahrnehmung stabilisieren, passiven Schutz vor der höheren Gewalt drohender Krankheit zu benötigen. Dabei scheint eine Vermeidungslogik zu dominieren: Die Ursache für Krankheiten wird extern vermutet: in den Genen; in schwerer körperlicher Arbeit, gegen die man sich nicht wehren kann; in unverständlichen Ratgebern zur Vorbeugung. Man wartet auf ein ‚Zugpferd' in der Bekanntschaft, das einen zu gesundheitlicher Selbstdisziplin motivieren kann; man wehrt sich gegen Informationssendungen im Fernsehen, weil man das eigene Fehlverhalten deutlich zu Gesicht bekommen würde; man stellt den Nutzen von Präventionsangeboten in Frage. Es gehört zur Qualität der Gesundheitsstudie, dass sie angesichts dieser schnell durchschauten Vermeidungslogik nicht in pädagogisierende Ressentiments ausweicht. Vielmehr wird der eigentliche Grund in der bereits beschriebenen und hier als semantisches Grundmotiv behaupteten Hilfsbedürftigkeit angesichts überwältigenden externen Drucks gesehen. „Hier zeigt sich (...) die unterschwellige Einsicht vieler Milieuangehöriger, dass sie Hilfe benötigen, da sie sich nicht selbst aufraffen und ihr Verhalten ändern werden" (G: 248). Die gesundheitsspezifische Schutzsuche wird dann objektiviert: in der Person des Arztes, dessen Expertise man uneingeschränkte Gültigkeit zuspricht; in Medikamenten, die den Körper sozusagen reparieren (G: 241–259).

Ein drittes Beispiel bringt die Männerstudie. Diese stellt fest, dass konsum-materialistische Männer sich überdurchschnittlich als Beschützer und Versorger ihrer Frauen und Familien verstehen. Ideale von gesellschaftlicher Gleichstellung und nicht-hierarchischer Partnerschaft werden nur aus Gründen sozialer Erwünschtheit und damit vordergründig bejaht. Die überwiegende Mehrzahl der Männer dieses Kulturmusters lebt in Kategorien eines fast biologistisch begründeten animalen Selbstverständnisses: Keine andere Eigenschaft bewerten konsum-materialistische Männer bei anderen Männern höher ein als ‚Härte'; die Sorge um Haushalt und Kinder wird als ‚natürliche Begabung' der Frauen und ‚ihr Reich' verstanden; Partnerinnen sollen die sexuelle Attraktivität von ‚Weibchen' annehmen; man selbst ist in einer Art einsamen Stolzes ‚Ernährer' und Revierbeschützer der Familie im Außenbereich des ‚Hauses' (M: 44. 55. 81–85. 168–177).

9.2 Analyse der Alltagsästhetik

Mit dem Motiv der ‚Schutzsuche' ist also erkennbar ein Leseschlüssel zum Milieu der Benachteiligten gefunden. Er zeigt sich deutlich auch alltagsästhetisch. Wie bei wenigen anderen Milieus ist hier der selbst gestaltbare Innenraum so deutlich als Kontrast zur Wahrnehmung eines äußerlich bedrohlichen Lebens inszeniert. Man kann sagen: In diesem Milieu läuft alltagsästhetisch vieles darauf hinaus, sich jenen Schutzraum zu verschaffen, in dem der massive externe Druck moderiert und abgefedert wird. Diese „ausgeprägte Alltagsflucht" (HB: 231) und Abfederung begegnen ganz wortwörtlich. Wohnungen von Konsum-Materiellen sind voller Signale der Weichheit, Üppigkeit und Gemütlichkeit: dicke Flor- und Veloursteppiche; große, aufnahmebereite Couchlandschaften; bequeme Polster; ausladende Betten; wohin man schaut Stofftiere, Kissen und Deckchen. Auch die konstatierbare vielfache Übergewichtigkeit der Frauen und Männer (HB: 237; auch G: 243), aber auch der Kinder in diesem Kulturmuster kann als Anlegen einer Schutzschicht gelesen werden: als Panzerung, Abgrenzung, Verhinderung zu schnellen Kontaktes, als Schmerzabpufferung (vgl. oben das Motiv „dickes Fell"). Manipulierbares Körpergewicht wird als Kompensation für fehlendes soziales Gewicht im Sinne von sozialer Wichtigkeit figurativ dargestellt: „Mein Leben soll stabiler werden, rundum" (HB: 238). Man trägt weiche Pantoffeln, man legt die Füße hoch (HB: 231), man wehrt sich gegen Störung, man genießt es, die Kontrolle zu haben. Die Idee von ‚Stabilität' wird hier zur Umschreibung eines haltenden, schützenden Rahmens sowie der Fähigkeit, äußere Turbulenzen innerlich balancieren zu können.

Hinzu kommt das Motiv der Kindlichkeit, der Unschuld, der naiven Harmlosigkeit. Die Schrankwände sind oft voller Erinnerungen an bessere Tage: Prämien vom Schützenfest, Souvenirs, alte Schokoladen-Hohlfiguren, Wimpel, Pokale, Fotos von Freunden in ausgelassenen Situationen, Püppchen, Karten von niedlichen Tieren, abgelaufene Kalender usw. (vgl. die Collage HB: 236). Man liest Arzt- und Liebesromane und genießt volkstümlich-einfache Unterhaltungskultur (HB: 229). Hier wird ein fatalistischer

(HB: 238) Eskapismus deutlich, dem es gelingt, das Eigene im selbst gelebten Leben gegen das Bedrängende im fremdbestimmten Leben zu behaupten.

Auch konträr lässt sich dieses Schutzmotiv lesen: Von den Männern des Milieus wird ein hohes Bedürfnis nach dem Ausweis körperlicher Stärke beschrieben: Hanteln, Fitnessraum, Kampfsport, protzige Logos, maskuline Kleidung, geschlechterstereotype Sprache usw. („den body tunen" [HB: 231]). Zudem kann bei Frauen in Korrespondenz zur oben berichteten animalen Maskulinität der Männer eine Ästhetik der Wildheit und des Raubtierhaften dominieren: Lederkleidung, Leopardenmusterungen von Textilien, Poster und Bilder von Raubkatzen, Verbal- und Körpersprachen des Fauchenden, Wegschlagenden. Auch dies zeigt, allerdings ex negativo, das Motiv der Schutzsuche: Wer draußen nie seine Zähne zeigen, seine Muskeln spielen und seine Krallen ausfahren kann, erprobt dies im Inneren.

9.3 Das Motiv der ‚Schutzsuche' und die soziale Gravitation des Milieus

Das so semantisch und alltagsästhetisch gefundene lebenslogische Motiv der Schutzsuche lässt sich deutlich in die Ausführungen zur sozialen Gravitation dieses Kulturmusters integrieren. Auch wenn man hier die Milieuentwicklung vom ‚Konsum-Materialismus' (Sinus®-Modell 2006) hin zur Bezeichnung ‚Benachteiligte' (DELTA®) bzw. ‚Prekäre' (Sinus® 2011) zu beachten hat, ist diese Spur doch weiterhin klar identifizierbar.

Es geht in der Lebenslogik dieses Musters im Kern um „Kompensation" (MB: 62) und „Rückzug" (HB: 239; MB: 62). Was draußen erlitten wurde, wird über den Rückzug ins Private und Vertraute abgefedert, moderiert.[211] Der Impuls lautet: „Mithalten und Teil-

---

211 Vgl. nur HB: 240: „Mein Motto ist so: Leben und leben lassen. Man muss alles hinnehmen, was um einen rum passiert. Man muss sich auch mit allem identifizieren, was um einen rum passiert. Man muss es ganz einfach akzeptieren" (Mann, 42).

haben: Problemfreiheit und Genuss"; der Topos: „Einfaches, Unmittelbares" (MB: 63).

Sinus® identifiziert bei den ,Prekären' ein Selbstbild als „Überlebenskünstler im Alltag". Das Leben wird als „ständiger Kampf" in einer festgefügten Gesellschaft verstanden, in dem nur „trotziges Selbstbewusstsein" weiterhilft. Die paradigmatischen Fragen lauten unter anderem: „Vor wem muss ich mich hüten?" und „Bin ich gar nichts wert?". Die soziale Affinität läuft sowohl zu „Härte, Robustheit" wie zu „Harmonie, Schutz, Sicherheit"; und die soziale Distinktion geht auf alles, was nicht von dieser Fixiertheit des eigenen Lebens kündet: „Kreativität und Kunst, Ungebundenheit, Mobilität und Flexibilität, Intellektualität".

Die in der sozialen Identität beschriebene Suche nach externer Anerkennung (HB: 226–230) lässt sich also präzisieren: In ihr ist ebenfalls ein Moment angelegt, Anerkennung als Schutz zu erfahren.

9.4 Das Motiv der ,Schutzsuche' und die Wahrnehmung von Religion und Kirche[212]

Bei der Lektüre des Milieubausteins zu ,Weltanschauung' fällt deutlich auf, dass ,Konsum-Materielle' den Begriffskomplex der Religion sofort mit Machtassoziationen belegen. Weltanschauungen werden als Inhalt von „Machtgruppierungen" (HB: 242) verstanden; Religionen sind Schicksalsmächte, in die man hineingeboren wird; teilweise erwartet man Schutz von Engeln, Talismanen, Aberglauben oder von Esoterik mit magischen Zusätzen (HB: 242 ff).

Die Ausführungen zu ,Kirche und Religion' führen dieses Motiv weiter. Zwar herrscht ein „starkes Bedürfnis nach Vertrauen und Sicherheit" (HB: 244) – genau dies aber wird kirchlich nicht befriedigt, was das Milieu sehr enttäuscht. Kirche ist Bestandteil der suspekten gesellschaftlichen Machthemisphäre, denen man als Einzelner nichts entgegenzusetzen hat. Der Vorwurf lautet: Kirche schützt nicht, sondern bereichert sich, manipuliert, bevorzugt

---

212 Vgl. auch Ebertz 2008: 28 f. 30 f sowie Ebertz 2009: 70 f.

die Gebildeten und wird der ihr anvertrauten Botschaft untreu (HB: 244 f). Der Umgang mit kirchlichen Normen ist von „Angst" (HB: 246) und „Wut" (HB: 248) geprägt und ruft damit erneut das Bedrohungsmuster auf, das die Schutzsuche aktiviert. „Kirche signalisiert für dieses Milieu Distanz, Macht, Strenge, Zwang; Religion und Kirche sind für sie keine konkrete Hilfe und im Alltag nicht von praktischem Nutzen" (HB: 244).

Ganz linear zum bisher Gesagten würde man sich positiv eine Kirche der Zuflucht und der Schutzgarantien wünschen: die den Bedürftigen vor Ort hilft, nicht nur denen in der Ferne; die gütig ist statt streng; die die gesellschaftlichen Distinktionen aufhebt; die einfach ist; die stolz macht; die alle vereint (HB: 248–252). Sehr eindrücklich zeigt ein Bild die ‚ideale Kirche' als schützende und geschützte Gemeinschaft (HB: 250): Niemand ist ausgeschlossen; alle sind unbelastet; die Probleme der Welt sind deshalb im Griff, weil alle füreinander begreifbar sind.

9.5 Das Motiv der ‚Schutzsuche' als implizit gelebte Alltagstheologie: ‚Teurer Segen'

Auch wenn im Text der Begriff nicht fällt: Theologisch drängt sich angesichts des kollektiv-biografischen Motivs der Schutzsuche das Sprachspiel rund um die Begriffe ‚Segen' und ‚Gnade' auf. Geeigneter ist wohl der Segensbegriff, da das Wort ‚Gnade' auch bei seinen Gebrauchern sehr schnell wieder ein Machtgefälle einspielt, das in diesem Milieu so gefürchtet und abgelehnt ist. Man denkt an Gerichtsverhandlungen (‚Begnadigungen') oder an das ‚Gnadenbrot', das jemandem großzügig gewährt wird. Alltagslogisch aktivieren die Konsum-Materiellen (‚Benachteiligten'; ‚Prekären') die theologische These, dass das Leben als sehr unsicher erfahren werden kann; dass man darum nach Schutzmächten fragt und dass man in Gott solch eine Schutzmacht finden kann. Dieser spricht seinen Segen ohne Ansehen der Person zu, so dass man sich mit dem Vertrauen auf seinen Segen eine zusätzliche Lebensressource erschließt. Gott ist der Segnende und Schützende. Der Herr ist mein Hirt, heißt es im bekannten Psalm 23, nichts wird mir fehlen. Konsum-Materiel-le erinnern an dieses theologische Motiv im Modus des Erfra-genden.

Von Dietrich Bonhoeffer stammt die schöne Umschreibung: Se-gen ist die „Inanspruchnahme des irdischen Lebens für Gott"[213]. Im theologischen Gehalt steckt also die Hinwendung zur Im-manenz, zum (Konsum-?)Materiellen und Konkreten. Es geht um „Vorsehung und Fürsorge Gottes für seine Geschöpfe"[214], also um Schutz. Sowohl Gestus wie Intention des Segnens ent-sprechen der sozialen Gravitation des Milieus in vielfältiger Weise. Der Segen aktiviert eine performative Sprache: Im Mo-ment des Zusagens geschieht es. Segen hat also die Konkretheit und auch den Situationsbezug, den Konsum-Materielle so oft an sonstiger religiöser Rede vermissen. Segen ist ein Geschenk, für das man nichts bezahlen muss und das doch hohen Wert haben kann. Jemanden oder etwas zu segnen, hat potenziell et-was Magisches, Energetisches, Geheimnisvolles. Religiöse Wir-kung wird hier nicht nur behauptet und sprachlich verklausu-liert und damit unzugänglich gemacht. Es geht im Segen auch nicht um Moral oder Korrektheit. Vielmehr wird man zum Über-träger oder zum Empfänger einer positiven, ermächtigenden Kraft – eine Erfahrung, die im Leben dieses Milieus real nur selten erlebt wird. Weiterhin verbindet der Gestus des Segnens Spender und Empfänger; beide werden in denselben Energie-kreislauf einbezogen. Hierarchien werden hier aufgelöst, es er-öffnet sich im Segen eine Art barrierefreier Raum, in dem je-der so sein darf, wie er ist. Segnen stiftet an zu Solidarität und Engagement. Der Gesegnete und der Segnende richten sich im Segensereignis aktiv aus auf alles Ungesegnete und Verfluchte um sie herum. Segen verschafft Anerkennung, Gleichheitser-fahrung und Zutrauen.

,Konsum-Materielle' erinnern die kirchliche Verkündigung da-ran, dass sie basal bleiben sollte, einfach, zugänglich, vielleicht

---

213 Zitiert im Artikel ,Segen' in: LThK, Bd. 9 (Paus / Steymans / Scheuer / Berger): 394–399, 397.
214 Ebd.

sogar: populär. Sie erwarten, dass die Kirche die typischste aller Handbewegungen Gottes nachmacht und weitergibt, die die Bibel berichtet: Zuwendung ohne alle Vorbedingung, Chancengleichheit für alle, Gerechtigkeit ohne jede Einschränkung. All dies ist Gegenstand einer Theologie des Segens.

Dabei kommt eines noch hinzu, was gerade in Zeiten einer weitgehend bürgerlich milieuverengten Kirchlichkeit gar nicht unterschätzt werden kann: Konsum-Materielle erinnern den kirchlichen Mainstream daran, dass der Segen Gottes keine „billige Gnade" ist, wie wiederum Dietrich Bonhoeffer das einmal ausgedrückt hat. Er meint damit das lahme Einstreichen des göttlichen Segens, so als hätte man per se einen Anspruch darauf. „Billige Gnade heißt Gnade als Schleuderware, verschleuderte Vergebung, verschleuderter Trost, verschleudertes Sakrament; Gnade als unerschöpfliche Vorratskammer der Kirche, aus der mit leichtfertigen Händen bedenkenlos und grenzenlos ausgeschüttet wird: Gnade ohne Preis, ohne Kosten."[215]

Was der Segen Gottes sein kann, wird erst deutlich, wenn man seine Existenz als ungesegnet erfährt. Die Erfahrung von Ohnmacht, Ablehnung, Täuschung und Versagen ist Alltag im Kulturmuster der ‚Konsum-Materiellen'. Erst von dieser Kontrastfolie eines bedrängten Lebens ist wohl eine adäquate Perspektive auf das möglich, was Bonhoeffer dann als ‚teure Gnade' bezeichnet. „Teuer ist die Gnade vor allem darum, weil sie Gott teuer gewesen ist, weil sie Gott das Leben seines Sohnes gekostet hat („Ihr seid teuer erkauft" [1 Kor 6,20]), und weil uns nicht billig sein kann, was Gott teuer ist. Teure Gnade ist Menschwerdung Gottes (...)"

Diese teure Gnade, diesen teuren Segen aber kann man nicht in einer Haltung von passivem Fatalismus entgegennehmen. „Ist nun Gnade das von Christus selbst geschenkte „Resultat" christlichen Lebens, so ist dieses Leben keinen Augenblick dispensiert von der Nachfolge." Hier könnte umgekehrt ein Beitrag der Segenstheologie für das Milieu der Konsum-Materiellen liegen, ein Vorschlag im Sinne des obigen ‚proponere'. Gemeint ist *Empowerment*. Im-

---

215 Bonhoeffer 2000: Kap. 1.

mer mehr wird die glaubwürdige und wirksame Erfahrung des Segens Gottes (durch Andere) dazu führen, sein Leben nicht auch dort ohnmächtig zu erleiden, wo man (noch) Handlungschancen hätte.

10 Performer, oder: Leben im Horizont von ‚Berufung'[217]

10.1 Analyse der Semantik

Die Wertestudie zu den ‚Performern' zeigt die sehr klare Kontur eines Kulturmusters, das das Leben ganz von sich selbst her liest. Nirgendwo wird der Wert der ‚Eigenständigkeit' so betont wie hier (MB: 117); der persönliche *Nutzen* organisiert die gesamte Ich-Welt-Modellierung (MB: 118); die Abkehr von einer wie auch immer vorgestellten Kollektivgröße ‚Gesellschaft' wird deutlich vollzogen (MB: 119); die Auseinandersetzung mit den Gehalten von ‚Gerechtigkeit' ist „bemerkenswert schmal" (MB: 124); die sozialen Distinktionen werden dezidiert und unverhohlen vorgenommen (MB: 120). Verantwortung wird zwar sehr prominent bewertet, aber vor allem als Sicherheitsinvestition in den eigenen Nahbereich verstanden (MB: 118). Im Einschätzen des Begriffes der ‚Solidarität' überwiegt die Angst, auf etwas verzichten zu müssen (MB: 119f). Man will Einzigartiges schaffen (MB: 121); Freiheit bedeutet Grenzerweiterung im Sinne persönlich zuhandener Optionen (MB: 122f); soziale Sicherheit wird als privatisierte Vorsorge abgebucht und eingeplant (MB: 123).

So entsteht der Eindruck von Satelliten, die sich in eigenen Umlaufbahnen um jene Ziele drehen, die man gerade mit anderen teilt. Performer werden zwar neuerdings auch mit dem Zusatz beschrieben, das sie nicht mehr die reine Erfolgsorientierung und völlige Flexibilitätsforderungen in sich zu integrieren suchen, son-

---

216 G: 173.
217 Vgl. einleitend zu diesem Milieu die Ausführungen zu den ‚Performern' unter www.sinus-institut.de/loesungen/sinus-milieus.html (August 2012) so wie HB: 83–121 und MB: 67. 177–179.

dern Strategien des *regrounding* fahren: etwa, indem auch sie Maßnahmen der Stress-Reduktion respektieren, sich emotionale Zufluchtsorte wie eine Kleinfamilie schaffen und genießen oder sogar kritische Opposition zum vorgeblichen Leistungswahn von Firmen oder Strukturen erkennen lassen.[218] Trotzdem ist auch in diesen *regroundings* kein Entlastungsappell an ‚die Gesellschaft‘ zu erkennen, die Performer ja ohnehin so gut wie nie adressieren. Vielmehr wird ein Mikrokosmos gepflegt, zu dessen Aufrechterhaltung die Ressourcen der Umwelt zielgerichtet entnommen werden. Auch hier sehen sich Performer also nicht als irgendwie Berechtigte – ihre Handlungs- und Erwartungsberechtigungen entspringen sämtlich ihrem sehr gehüteten Status als autonom gesteuerte Individuen mit eigener Ziel- und Mittelwahl.

Es ist diese Fragmentarität und als Lebensphilosophie durchgezogene Individualität, die Performer – neben den Expeditiven – als Protagonisten des 1989er-Wertewandels ausweisen. Und gerade diese Aufkündigung der Idee eines *shared destiny*, eines kollektiv gemeinsamen Bewährungshorizontes, macht sie für die Milieus der B-Grundorientierung so sperrig. Die Gefahr aus der Sicht von B liegt nur zu nahe, Performer einfach als pragmatische Egoisten zu diskriminieren, als Kinder des Renditewahns oder als Erodierer sämtlicher gesellschaftlicher Konsense, die früher vorgeblich den Zusammenhalt ‚der Gesellschaft‘ ausgemacht haben: Generationenvertrag, Flächentarife, soziale Marktwirtschaft, Kinderreichtum, um nur einige zu nennen.

Tatsächlich repräsentieren die Performer in der Kompromisslosigkeit ihrer Zielerreichungsstrategien einen durchgreifenden Wertewandel; und zweifellos sorgt das für normative Konflikte. Wichtig ist aber die Feststellung, dass sich dieser Konflikt zwischen milieuspezifischen Gravitationen abspielt und nur unzureichend erfasst wird, wenn man ihn mit Urteilen wie ‚egoistisch‘ oder ‚kapitalistisch‘ führt. Denn Performer sind nur dann richtig verstanden, wenn man sie in ihrer Lebenslogik der Punktualität fokus-

---

218 Vgl. nur MB: 67, wo von „Symptomen der Erschöpfung", „Pausen", „Grenzen der eigenen Kräfte", neuen „Suchen nach stabilen und dauerhaften Netzwerken" usw. die Rede ist (ebenso G: 169; M: 185).

siert. Groß gesprochen: Performer rezipieren die Welt nicht als ganzheitlichen, geschlossenen und irgendwie homogen Komplex, der von einem wie auch immer gearteten Zentrum aus ganz in den Blick genommen werden könnte: Weder räumlich noch zeitlich noch ideell ist es ihnen möglich, solch ein Zentrum zu denken oder zu erleben. Vielmehr ist ihr Raum-, Zeit- und Selbsterleben dezentriert; die Ereignisse, die einem entgegenkommen, sind mehrursprünglich. Es gibt für Zustände oder gar Zukünfte nicht die eine Erklärung oder den einen Verlauf. Raum und Zeit sind gerade keine Kontinua, die von woanders als aus ihnen selbst eine Bedeutung beanspruchen. Auch die eigene Biografie steht nicht unter einem Plan, Design oder einer externen Logik, aus der heraus jenseits ihrer faktischen Ereignishaftigkeit und damit sozusagen nachträglich oder vorauseilend irgendeine Bedeutung abgeleitet werden könnte. Die ‚Welt' ist als großer, geordneter Verweiszusammenhang zerfallen. Zurück bleiben Punkte, situative Konstellationen, wenn man so will: Zufälle.

Was für die B-Grundorientierung so schwierig ist: Genau diese Veränderung des Welterlebens vom großen Sinn zum kleinen Punkt ist für Performer kein Verfall, kein Drama, kein Verlust, sondern macht gerade den *thrill* des Lebens aus. Denn jeder Punkt birgt in sich das enorme Potenzial, zum Beginn einer neuen Linie und eines neuen Mikrozusammenhanges zu werden, der durch Leistung, Kraft, Intelligenz und Hingabe gebildet wird. Performer sind, ganz im Sinne der amerikanischen Philosophie des Pragmatismus[219], keine Entdecker ‚der Welt'. Sie sind ihre Erfinder. Performer vitalisieren sich an der Chance postmodernen Daseins, aus punktuellen Chancen immer neue Kombinationen zu realisieren und neue Horizontlinien zu entwerfen, auf die hin biografische Punkte ausgerichtet werden kön-

---

219 Vgl. dazu die kurze Skizze über den amerikanischen Pragmatismus in Sellmann 2011: 36–51. Es ist unübersehbar, dass Performer in der Regel USA-begeistert sind, vom Land der unbegrenzten Möglichkeiten. Dies geht über den Genuss amerikanischer Serien, Pantryküchen oder Manhattan-Stadtpläne an der Wand weit hinaus. Die Postmoderne, als deren Protagonisten Performer gelten können, muss als eine Geistesströmung begriffen werden, die philosophisch nicht nur vom französischen Strukturalismus, sondern auch vom amerikanischen Pragmatismus bewässert wird.

nen. Sie behandeln die ihnen zuhandene Welt als Baumaterial, als Mischpult, als Reagenzglas. Von hierher erklärt sich die Vorliebe dieses Milieus für Reisen, Grenzerfahrungen und Grenzüberschreitungen, für nonkonformistische Stilbrüche und *crossovers*, für ihre kulturelle Allesfresser-Mentalität und ihre seltsame Kombinatorik aus fast calvinistischer Disziplin und gleichzeitigem Hedonismus (E: 121–124). Performer sind wie Unternehmer ihrer eigenen Existenz, die diese in ,schöpferischer Zerstörung' (Schumpeter) je neu entwerfen, justieren und verändern.

Die verfügbaren Milieustudien fangen diese Mentalität genau ein. Der Wald zum Beispiel ist für Performer eben kein Reservoir großer, überkommener symbolischer Zuschreibungen (,der deutsche Wald'; ,das sensible System'; ,der Spiegel der Naturvergessenheit der Moderne' o.Ä.), sondern einfach ein Potenzial für individuelle Nutzung. Diese erfolgt vor allem sportlich, als „äußere Kraftquelle (Mountainbiken, Joggen, Rafting, Klettern) (...) als disponible Freizeitvariante, die je nach Bedarf stimulierend oder entspannend ist" (W: 125).

Ein Buchkauf wird zum Anfangspunkt einer intellektuellen Geschichte stilisiert: Ganz anders als etwa Postmaterielle ist es auffällig, dass Performer gebrauchte Bücher geringschätzen und auch Bibliotheken eher wenig nutzen. „Den Gedanken, dass ein Buch schon durch andere Hände ging, ein Vorleben in Betten, an Stränden oder gar auf Toiletten hatte, finden sie abstoßend. Sie wollen ein neuwertiges Exemplar ohne Makel lesen. Das Buch muss frisch ausgepackt und ein unberührtes Original sein" (BN: 29 f).

Ganz ähnlich stellt sich die Logik des Punktes in der Beziehungsdimension dar. Männliche Performer begreifen etwa Vater- und Elternschaft als neuen biografischen Zielpunkt, als spannende *challenge* (M: 191). Partnerschaftlich suchen sie in ihrer Frau Stärke, Selbststand und das, was man schwer übersetzbar *toughness* nennt – also die Fähigkeit, Energie aus sich selber zu erzeugen, unabhängig zu leben und Ursprung von Kraft und Präsenz zu sein. Performer-Männer suchen also in der Beziehung gerade nicht die harmonische Dauerbestätigung, sondern den Kontrapunkt, an dem sie sich neu ihrer eigenen Positionalität bewusst werden (M: 186–188).

Ein viertes Beispiel aus einem anderen Kulturbereich: Auch Gesundheit gilt Performern als Ressource, also als Chance, Potenzial, Rohstoff. Vorherrschend ist die Idee des Reparierens (G: 56). Gesundheit wird einerseits als funktionelle Versorgung der Köpersubstanz gesehen, als Arbeit an der Synthese von Körper und Geist (und nicht von Seele!) (G: 56); andererseits als modellierende Arbeit am äußeren Design, dem Phänotyp, der Kraft, Linie, Erfolg und Selbstbesitz ausstrahlen soll. Auch in dieser Arbeit an der eigenen Performance gilt die Lebenslogik des Punktes: Man muss auf den Punkt genau fit sein, um die Chance des Gegebenen bzw. Erfundenen genau und umfassend zu nutzen. Der Körper muss robust sein, funktional, denn er ist das Vehikel der Weltnavigation. Die Studie bringt in diesem Zusammenhang eine äußerst präzise passende Metapher: Der zweite Gesundheitsmarkt ist für Performer eine „Tuning-Boutique": Wie in einem Laden für E-Technik oder für Autoteile erwirbt man hier jene Ausstattungselemente, die den Grundbau (hier: den eigenen Körper) optimieren, raffiniert ergänzen und auch das letzte Quäntchen Potenzial aktivieren, das in ihm schlummert. Alles am Gesundheitsverhalten von Performern wirkt rational und kontrolliert. Man geht den direkten Weg zum Facharzt (G: 58. 178); man sucht bei der Medikamentenwahl den bestmöglichen Wirkstoff, die effektivste Therapie (G: 180); man verlangt von der Arztpraxis die modernste Ausstattung (G: 58. 184); man informiert sich pragmatisch: Was ist wann von wem warum am besten zu unternehmen, um den optimalen Gesundheitserfolg zu erzielen? (G: 181). Unideologisch werden Schulmedizin und alternative Heilmethoden gemixt, eben je nach erhoffter Effektivität (G: 39). Und, um noch einmal im wahrsten Sinn ‚auf den Punkt zu kommen': Performer schätzen Punktesysteme der Krankenversicherer, um von Beitragssenkungen zu profitieren.

10.2 Analyse der Alltagsästhetik

Das Motiv des autonomen Lebensregimes wird alltagsästhetisch prägnant durch lineare und pointierte Installationen ausgedrückt. Die Psychodrawings zu ‚Leistung' und ‚Freiheit' zeigen Linien in

Aufwärtsdynamiken, die auf Punkte der Spitze bzw. der Stütze ausgerichtet sind.

Psychodrawing zum Begriff „Leistung"

- Bergsteiger: war schon auf allen Bergen und will nun auf den höchsten Berg
- Motivation ist eigener Ehrgeiz; wenn er/sie den Gipfel erreicht hat, ist das für ihn/sie Adrenalin – Glücksgefühle, weil er/sie etwas Großes und Einzigartiges geschafft hat (im Vergleich zu anderen)

- Alle anderen bisher erreichten Gipfel erscheinen von dieser Warte aus klein und nichtig – frühere Etappen waren nur Vorstufen für das Eigentliche
- Leistung ist eine harte Arbeit; man trägt eine Last (man schwitzt, hat Stress)
- Man weiß auch: Wenn man nicht aufpasst, kann es sehr leicht auch dramatisch nach unten gehen (Quelle: MB: 122)

Psychodrawing zum Begriff „Freiheit"

- Die Bewegung ist frei; aber es gibt eine feste, funktionierende Struktur, die mich trägt und mir Halt gibt
- Dann sitze ich am Hebel, kann selbst die Dynamik mitbestimmen (entscheiden!) und bin relativ ungebunden/flexibel

■ Ich weiß auch, dass meine Freiheit abhängig ist von der Freiheit
anderer: Sie beeinflusst und begrenzt mich, aber sie schränkt
mich nicht ein (Quelle: MB: 123)

Auch die Waage der Justitia als
Skizze zum Begriff der ‚Ge-
rechtigkeit' arbeitet mit diesen beiden sparsamen Darstellungs-
mitteln: Die Göttin hält (Mittelpunkt) eine schiefe Ebene (Linie)
als Zeichen für die Unbestimmbarkeit von ‚Gerechtigkeit' (MB:
124). Die linearen Dynamiken betonen dabei jeweils den Punkt,
von dem her sie ihre Richtung beziehen: Die Linie des Bergstei-
gers erhält seinen Sinn durch den Gipfelpunkt; die der Wippe
durch den Stützpunkt, ab dem sie sich neigt oder hebt; die der
Waage durch die Hand, die entscheidet.

Ähnlich ist es in den Visualisierungen zum Lebenssinn (HB: 100–
102): Isolierte Punkte sind es, auf die hin die Aufmerksamkeit der
gezogenen Linien fokussiert wird. Das Bild mit den Türen baut die
Spannung auf, durch welche einzelne Tür man schließlich gehen
wird; das Bild mit der Brücke findet seine Fluchtlinie in einem
imaginären Fluchtpunkt der Hauptparallele, der weiß bleibt und
damit umso prekärer im Raum steht; das Bild mit den vier Umge-
bungskreisen zu ‚verlässlichen Strukturen' zentriert sich im ICH-
Punkt der Mitte, von dem die Zeichnung wohl auch ihren Ursprung
nahm. Die zugehörigen Erklärungstexte rekurrieren denn auch
auf die jeweils persönlich gefassten, dann aber im Mikrokosmos
geltenden ‚rules for autonomy' (HB: 102).

Wohnästhetisch finden wir weitere deutliche Hinweise auf pointierte Inszenierungen: Bilder stehen auf dem Boden statt an der
Wand; erstrebte Effekte sind „Extravaganz, Selbstpräsentation"
(HB: 83). Design-Zitate und die „gewollte Improvisation" (HB: 86)
sollen Punkte der Aufmerksamkeit generieren, an denen die pointierte Einmaligkeit des Ausstellenden demonstriert werden kann.
Aus denselben Gründen betreibt man im Freizeitbereich Extrem-
sportarten, sucht die eigene Leistungsgrenze, will auf der Höhe
der Zeit sein, liest Bestseller, will neue Länder entdecken oder

träumt davon, das Außergewöhnliche zu schaffen (HB: 96). Im Körperbild und im Kleidungsverhalten geht es um das ‚shaping‘ – also die Ausprägung einer klar definierten Silhouette, die sozusagen die ganze Gestalt auf ihren Auftrittspunkt hin optimiert. Übrigens legt man sowieso großen Wert auf ‚Pünktlichkeit‘ – also auf die Elementarisierung des Zeitflusses auf diskret abgegrenzte Punkte.

Immer geht es also um eine Art ‚Ästhetik des fokussierten Punktes‘ – nämlich jenes Umschlages, ab dem sich entscheidet, wie die zulaufende Linie weitergeht: Erweist sich die Selbststeuerung als origineller, bisher so nicht gekannter Beitrag zu einer allgemein nützlichen und gesellschaftskompatiblen Position? Oder sinkt man ab in die Menge derer, die auch alles Mögliche versuchen, aber dann doch keine Originalität der Problemlösung beisteuern? Die lebenslogische Frage lautet: Ist man pointiertes Individuum oder nur Linie, auf der andere den Punkt setzen? Hier liegt auch der Unterschied zum ja ebenfalls exponiert lebenden Milieu der Etablierten: Man ist als Performer individuell konfiguriert (vgl. auch HB: 97) und sieht sich weniger vor einer allgemein gestellten Aufgabe, die man dann individuell-virtuos erfüllen will (wie die Etablierten). Man behandelt als Performer nicht sich selbst als repräsentativen Teil der Gesellschaft, sondern man funktionalisiert die Umwelt als Ressource für sich. Damit wechselt der Fokus weg von der Aufgabenerfüllung (Etablierte) hin zum Erfüller, zum *solver*. Die Performanz – daher der Milieuname – der Leistung ist das letztlich Entscheidende, nicht ein wie auch immer gearteter Beitrag zu einer gesellschaftlichen Realität.[220] Es ist an sich ein Wert, Grenzen zu überwinden und neue Optionen zu erarbeiten. Denn dann stellt man einen neuen Punkt dar, jenseits der bisherigen Grenzziehung, jenseits des bisher bekannten Optionsrahmens.

---

220 Vgl. HB: 99: „Erfolg misst man an sich selbst, nicht an Bill Gates" (Mann, 39).

10.3 Das Motiv des ,fokussierten Punktes' und die soziale Gravitation

Einen Punkt im Raster der Welt zu markieren, der Bedeutung beanspruchen darf – dieses Motiv ist eine andere Formulierung für die soziale Gravitation im Milieu. Das Handbuch bestätigt im Baustein ,Lebenssinn' die „ausgeprägte Ich-Zentrierung" (HB: 97); das Weltbild von Performern bestätigt die Kategorie der Möglichkeit: also aus nahezu jeder (Hindernis-)Konstellation einen Absprungpunkt für Erfolg und Gelingen zu machen (Bild des Parcours, HB: 87); das Leitmotiv ist selbstgesteuert: die eigene Passion ist das, was zum Beruf werden soll (HB: 87); unabweisbar ist eine Tendenz zum Narzissmus, und ,sich zu feiern' (HB: 95) ist geübte Praxis. „Erfolg ist in jungen Jahren zunächst stark außenorientiert das Erreichen eines absoluten Ziels / der obersten Position" (HB: 98).

In der Rekonstruktion des Sinus®-Institutes sind die ,Performer' charakterisiert als ,Macher-Typen' mit kompetitiver Grundhaltung und dem Leitmotiv „Jeder ist seines Glückes Schmied". Eine paradigmatische Frage lautet: „Wie erreiche ich meine persönlichen Ziele?"

Im DELTA®-Modell wird als zentraler Impuls formuliert: „Weiterkommen (als andere, als bisher): Erfolg & Innovation". Und der dementsprechende Topos heißt: „Chancen" (MB: 63). Hiernach suchen Performer ein „permanentes Abenteuer im Ich-Welt-Bezug" (MB: 67).

10.4 Das Motiv des ,fokussierten Punktes' und die Wahrnehmung von Religion und Kirche[221]

Finden Performer dieses ,Abenteuer' auch im religiös-kirchlichen Bereich? Sehen sie hier attraktive Absprungpunkte für ein noch intensiveres Leben? Das Handbuch markiert eher das Gegenteil. Man wünscht sich die Kirche als Reibungsfläche mit modernen *change-management*-Prozessen, als Expertensystem (HB: 109), als

---

221 Vgl. auch Ebertz 2008: 26 f. 30 f sowie Ebertz 2009: 66 f.

sozialpolitische Kraft im Dienst einer alten, aber weiterhin vitalen Inspiration.

Doch die Wahrnehmung ist eine andere: Kirche ist sozusagen nicht ‚auf der Höhe‘, nicht ‚am Punkt‘. Sie lässt sich schlecht aneignen, passt kaum ins *relevant set* neuer, schneller und riskanter Lebensentwürfe. Die Performer gelten weiterhin als eines der Kulturmuster, in denen die Präsenz der Kirche befremdet – trotz des hohen Respektes vor ihrem Alter und ihrer Tradition. Interessant ist, dass die Kirche nach Wunsch der Performer nicht modern sein soll, sondern „zeitlos" (HB: 112). Außerdem wird betont, dass man die als extrem empfundenen einzelnen Positionen der kirchlichen Doktrin und ihrer Selbstdarstellung brüsk ablehnt. Dies scheint ja im Widerspruch zu der hier vertretenen These zu stehen, dass Performer gerade solche Punkte suchen. Der Grund liegt in der fehlenden kommunikativen Präsenz der Kirche: Es ist gar nicht das Extrem an sich, das abstößt, sondern die fehlende Mühe, die eigene Position adäquat zu ‚performen‘ und kulturell anzubieten. Man fühlt sich in die Rolle reinen Gehorsams gedrängt, und man erkennt nicht, wie man von kirchlichen Settings profitieren könnte. Aufmerksam wird man da, wo die Semantik des Christlichen kulturell andockt: wo die „eigentliche Größe und das Potenzial des Menschen" (HB: 115; auch ebd: 107) betont werden; wo Kirche diskret und dienstleistend zur „Oase" (HB: 116) oder zum verfügbaren „Hafen" (HB: 104) wird; wo ihre Mystik geheimnisvoll und faszinierend antreffbar gemacht wird – ohne dogmatischen Zwang oder den Anspruch auf irgendeine Form von Mitgliedschaft.

10.5 Das Motiv des ‚fokussierten Punktes‘ als implizit gelebte Alltagstheologie: ‚Berufung‘

Es ist sehr reizvoll, dieses Suchen nach unbedingter Individualität, nach starker Außenwirkung und nach Größe und Potenzial der Performer als eine moderne Artikulationsgestalt des klassischen theologischen Begriffes der ‚Berufung‘ zu lesen. Reizvoll ist das deshalb, weil auf den ersten Blick Performer ja gerade das hier oft mitgedachte Formmodell einer lebenslangen Bindung abzulehnen scheinen. Trotzdem bietet ihre Lebenslogik untergründige und sehr attraktive Andockpunkte.

So heißt es durchaus, dass Performer ihre Passionen unbeirrt verfolgen und sogar danach streben, diese beruflich auszuüben (HB: 87). Sie lesen die Religion auf sich hin, machen sich selbst sozusagen zum Testlauf für das jeweilige religiöse Deutungsangebot (HB: 97). Sie glauben fest an ihre eigene Intuition und an die machtvolle Wirkung einmal getroffener Lebensentscheidungen. Und: Sie bewundern Menschen, „die ihr Leben konsequent an einem Prinzip ausrichten" (HB: 97). Auffällig oft fallen ihnen Priester auf; und als Inbegriff gelungener Religiosität werden orthodoxe Popen im Straßencafé erwähnt (HB: 113).

Es ist der Begriff der Berufung, der theologisch diese Punktualität des christlichen Lebens zu fassen bekommen will. Die Evangelien modellieren Jesus als einen Führer mit charismatischer Sendungsautorität. Dieser beruft immer wieder Einzelne, und zwar in einer Art und Weise, dass diese in ihrer ganzen Lebensform radikal auf die Sendung und Botschaft Jesu ausgerichtet werden.[222] Insofern ist die Berufung punktuell, als sie den Einzelnen meint, ihn unverwechselbar prägt und in das große Projekt der Reich-Gottes-Botschaft Jesu hineinnimmt. Dieses Reich Gottes aber ist als Ereignis im Jetzt konzipiert, nicht als Mehrjahresplan, Mitgliedschaftsvereinigung oder gar als Utopie. Berufung ist als geistlicher Prozess missverstanden, wenn man ihn als einmaligen biografischen Entscheidungspunkt konzipiert, dem ab da nur noch in Treue zu folgen wäre. Vielmehr ist Berufung ein andauerndes Dialoggeschehen zwischen Gott und einzelnem Mensch, das letztlich durch die Taufe einen letztgültigen Ausdruck finden kann. Dies alles gilt bereits insgesamt für die allgemeine Berufung jedes Menschen zu einem Leben mit Gott und ist noch nicht spezifiziert auf die sogenannten geistlichen Berufungen oder gar enggeführt auf kirchliche Berufe.

Die enorme Entscheidungsbereitschaft der Performer, ihre Bereitschaft zum riskanten ‚Sprung' (Kierkegaard) und ihre radikale Ego-Logik kann dem theologischen Berufungsbegriff eine ganz

---

222 Vgl. den Artikel ‚Berufung' (Hoheisel / Deselaers) in: LThK, Bd. 2: 302–306.

eigentümliche Artikulationsgestalt verschaffen. In einem weiten vortheologischen Sprachverständnis könnte man ja durchaus sagen, dass Performer in der Logik einer *mission* handeln, wenn sie ihren Beruf oft durchaus als Berufung erleben und voller beeindruckender Hingabebereitschaft ausüben.

Natürlich hat der Begriff vielfache Überschüsse, die zur prophetischen Einrede in das Kulturmuster der Performer geraten können. Denn wie schon bei den Etablierten ist theologisch festzuhalten, dass die Erstinitiative einer Berufung zum Leben bei Gott liegt und dass diese eine Indienstnahme bedeuten kann, die zwar immer Hand in Hand mit der Wahlfreiheit des Berufenen geht, ihm aber trotzdem Wegetappen abverlangen kann, in denen das Ziel vernebelt ist. Insofern Gott der Berufende ist, kommt eine Dimension der Verbindlichkeit in das Leben hinein, die die Lebensphilosophie einer reinen Episodalität übersteigt. Diese liegt aber im Milieu der Performer auch nicht notwendig vor. Es ist genau zu prüfen, ob die für das Milieu so definitorische Logik des „adaptiven Habitus" (MB: 67) und der „multioptionalen Navigation" (HB: 97) in Sinnangeboten unvereinbar sein muss mit einem christlichen Verständnis von Bindung und Berufung. Denn: Gott wäre kein Garant von Freiheit, wenn er nicht auch diese lebenslange Verbindlichkeit immer wieder als eine Option attraktiv machte. Auch christliche Berufungstreue ist kein seufzendes Abarbeiten eines vor Jahren gegebenen Einverständnisses. Berufung ist gerade im Alltag ein performatives Geschehen: das je gegenwärtige Lebenszeugnis einer Verbindung zu einem dauernd hochspannungshaltigen internen Kraftwerk – um in der von Performern bevorzugten Metapher rund um Power und Energie zu bleiben (HB: 97. 104). Trotzdem bleibt natürlich eine Forderung im Raum, die jeden christlichen Glaubensakt fundamentiert: Gott einen höheren Platz zu geben als der Ich-Zentrierung bzw. genauer: Die Ich-Stärke über den Umweg der Dezentrierung auf Gott hin neu zu erhalten. Dies muss nichts Devotes, Schwächliches, Krabbelndes implizieren, was Performer so verabscheuen. Aber es bedeutet schon eine Grundentscheidung, die überhaupt erst berechtigt, von ‚Glaube' zu sprechen.

11 Konservative, oder: Leben im Horizont von ‚Vorsehung'[224]

11.1 Analyse der Semantik

In den Ausführungen zum Werteverständnis der Konservativen trifft man in auffällig prägnanter Weise auf einen basalen Ethos der Einpassung. Gesellschaft wird als Organismus abgebildet (MB: 125. 129), als Ganzes, das jedem seinen Teil zuweist (MB: 129). Diesen Platz einzunehmen bedeutet „tief empfundenes Glück" (MB: 130), bedeutet „Verankerung, Zugehörigkeit, Identität und Sinn" (MB: 125). Ganz anders als in der Werteorientierung der C-Achse ist also das Ganze und nicht das Einzelne ursprünglich werthaft; erst die stimmige Teilhabe an der Wertsphäre des Ganzen und aus ihm heraus begründet die Bedeutung des Teils. Konservative scannen sozusagen alles Einzelne auf diese Sphärigkeit hin ab und bemessen Würde und Wert aus dieser Ableitung. Werte sind in diesem Schema daher sozial grundiert: ‚Solidarität' bedeutet, sich zu kümmern und die Balance des ‚Ganzen' zu wahren (MB: 126 f); ‚Gerechtigkeit' ist vor allem die Abwehr von jedweder Exzentrik (MB: 127 f); ‚Sicherheit' ist eine Form der ‚Eigenverantwortung', die wiederum impliziert, anderen nicht zur Last zu fallen (MB: 129); ‚Leistung' ist der unprätentiös erbrachte kleine eigene Beitrag zum gelingenden ‚Ganzen' (MB: 130 f).

---

223 MB: 64.
224 Vgl. einleitend zu diesem Milieu die Ausführungen zu den ‚Konservativ-Etablierten' unter www.sinus-institut.de/loesungen/sinus-milieus.html (August 2012) sowie HB: 122–150 und MB: 64 f. 170 f.

Psychodrawing zum Begriff „Leistung"

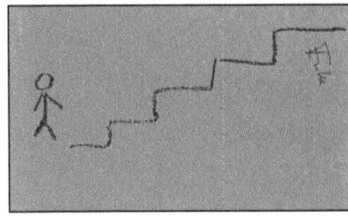 

- Aufwärtsbewegung, aber Schritt für Schritt: betont wird *nicht*, immer schneller und steiler nach oben zu kommen, sondern: „weitermachen" in alltäglichen kleinen Schritten und Stufen: Das ist Arbeit (im Unterschied zur dynamischen Aufwärtsbewegung von Etablierten und Performern)
- Jeder hat seinen Platz in der Gesellschaft und Aufgaben für das Ganze: Das Ganze funktioniert nur dann, wenn jeder seine Pflicht tut: Jeder ist ein Teil des Ganzen
- Hierarchie ist ein funktionierendes Element einer organischen Gesellschaft
- Es gibt eine Grenze, wo Ungleichheit in Ungerechtigkeit kippt: Die Lasten dürfen nicht nur auf den Schultern der Schwächeren liegen und die Starken bewahren ihre Reichtümer und Pfründe: Es geht auch um Anerkennung und Entlohnung von Leistungen, die die Schwächeren für die Gesellschaft erbringen (Quelle: MB: 131)

Die gegengerichtete Distinktionsbewegung ist ebenso profiliert: Wo das Teil sich wichtiger macht oder gar Wertursprünglichkeit behaupten will, entstehen nach Meinung des konservativen Musters geradezu naturhaft Devianz, Exzentrik und alle negativen Effekte der Vereinzelung. Dass genau dies eingetreten sei, dieser Selbstüberstieg des Einzelnen über den ihm zustehenden Platz ist Kern der konservativen kulturpessimistischen Zeitdiagnose. Man analysiert soziale Kälte, eine Erosion des gemeinsamen gesellschaftlichen Fundamentes und eine Überforderung der familiären und nachbarschaftlichen Netzwerke (MB: 125 f). Genussethik verdrängt Pflicht- und Verantwortungsethik (MB: 65). Die Grundsorge ist die, dass die ‚Teile' bzw. die Individuen sich nicht mehr in die gegebene und ‚gute' Ordnung einpassen, sondern entweder einen unangemessenen Platz einnehmen oder sich gar nicht erst auf das gemeinsame Ganze ausrichten wollen.

Um ebendies aber geht es hier: Konservative bilden Welt und Leben hierarchisch ab. Man sucht und findet geradezu reflexhaft im Gegebenen das ‚Ganze', in der Einzeltat das Gemeinwohl, im situativen Fragment die Autorität der je größeren Geschichte, in der Passage das Umgreifende, gerne auch: Bergende. Kulturelle Navigation geschieht hier über diese Operation der holistischen Unterstellung: In den Teilen will man jener Kraft innewerden, die das Ganze der Teile zu mehr macht als zu ihrer Summe.

Die einzelnen thematischen Studien geben für dieses Ordnungsphänomen beredte Beispiele. Der Wald etwa ist für Konservative erheblich mehr als die Summe von Bäumen oder von ökosystemischen Prozesslogiken. Der Wald ist ihnen ein Kulturgut, ein Resonanzraum der ihn durchhallenden Natur- und Regionalgeschichte. „Bei den Konservativen ist die Waldbeziehung verbunden mit einer historisch-kulturellen Wertschätzung des Waldes (‚Wald als Teil der deutschen Kultur und Geschichte; Landschaftspflege" (W: 117). Der Förster wird nicht als Berufsrolle eingespielt, sondern sozusagen als Teil eines kulturhumanistischen Großprojektes. Er soll den Wald in seiner werthaften Ganzheit pflegen, als Kulturwert achten und ihn den Menschen als identitätsstiftende Naturressource so erhalten, dass diese aus ihm mentale und soziale Regeneration beziehen können (W: 119).

Analoges berichtet die Gesundheitsstudie von der Art und Weise, wie Konservative einen Besuch beim Hausarzt inszenieren. Auch hier geht es nicht eigentlich um die Behandlung eines kranken ‚Teiles' am Körper, sondern um eine Dramaturgie des holistischen Gehaltes, der sich im Begriff von ‚Gesundheit' verbirgt. Konservative pflegen den Ethos eines ‚Arztes ihres Vertrauens'; man liebt es, so die Studie, vom Praxispersonal namentlich begrüßt zu werden. Da man normalerweise sehr selbstdiszipliniert Körper- und Gesundheitspflege betreibt, geht man nur selten zum Arzt – und ist daher selbstverständlich der Meinung, kurze Wartezeiten und die ungeteilte Aufmerksamkeit des Arztes erwarten zu dürfen. Diesem begegnet man auf Augenhöhe, gibt sich informiert, diskutiert mit ihm Diagnose und Therapie und thematisiert ganz offen, dass man eine zweite Expertenmeinung einholen wird. Denn der Arzt soll beides sein: Fachmann und Chef – wie man auf dem eigenen Gebiet selbst beides ist oder wenigstens war. Darüber hinaus aber wird der Arzt auch als Berater eingespielt, als langjähriger Kenner der Familie, als mahnend-milder Coach bei den kleinen Unzulänglichkeiten der eigenen Lebensführung, als Übersetzer der systemischen Welt in die privat vertraute. Arzt zu sein hat nach Meinung der Konservativen eben nichts zu tun mit Geldverdienerei, mit Management oder Fachidiotie – sondern mit der Ehre, keinem Beruf, sondern einer Berufung nachzugehen. Ähnlich wie der eben beschriebene Wald steht auch das Ziel der Gesundheit für ein Projekt der humanen Bestimmung. Und daher sind Ärzte nichts weniger als Repräsentanten eines höheren Ideals der Sorge für die Wohlfahrt aller (vgl. G: 194 f. 199; auch M: 35. 126).

Ein drittes Beispiel gibt die Männerstudie. Wie wenig überrascht, ist das konservative Milieumuster jenes, in dem die Männer an Frauen am stärksten und vor allem deren Fähigkeit zur Ein- und Unterordnung erwarten und verehren: Anpassungsfähigkeit, liebevolle Fürsorge für die Kinder, auf Ausgleich achten, eine schöne Atmosphäre im Haus schaffen usw. (M: 121). Erziehung – also das Wachsen des Teils in das Ganze hinein – wird als Hauptzweck der Familie markiert, die damit, im organischen Sprachspiel bleibend, zur ‚Keimzelle der Gesellschaft‘ zu erklären ist (M: 122). Eine ganz bestimmte Situation wird zur ausdrucksstarken Miniatur: Die Gattin wartet abends auf den Mann, der tagsüber voller Tatkraft und Hingabe der Gesellschaft gedient hat. Ruhe liegt über dem Haus. Der Schein der Wohnzimmerlampe taucht den ordentlichen Raum in warmes Licht; die Kinder sind versorgt und schlafen sicher; ein bescheidenes Abendbrot ist gerichtet; der leise Pendeltakt der Standuhr wird zum akustischen Symbol eines Lebens voller Maß, Respekt und Ausgleich (vgl. M: 123).[225]

---

225 Beachte: Informationen aus der Elternstudie können zu Konservativen nicht bezogen werden, da dieses Milieu nicht mehr in der aktiven Elternschaft ist und daher dort nicht untersucht wurde (vgl. E: 241, Anm. 87).

11.2 Analyse der Alltagsästhetik

Das dominante Motiv der ‚Einpassung von Teilen' ist alltagsästhetisch reich bezeugt. Einige Beispiele: In der Wohnungseinrichtung wird mitunter alles einem einheitlichen Stil untergeordnet; dabei herrscht das „Dezenz-Gebot" (HB: 125. 133): Kein Einzelstück soll alle Aufmerksamkeit auf sich ziehen; ohnehin soll eine Ästhetik des Benutzens und nicht eine des repräsentativen (‚protzigen') Ausstellens angetroffen werden. Sehr deutlich werden historische Einpassungsgesten inszeniert: Stiche, Erbstücke, antiquarische Möbel oder alte Bücher signalisieren, dass man sich selber als Teil einer Familien- oder Ortsgeschichte sieht, der seinen (bescheidenen) Beitrag leistet und sich dann in die lange Reihe der Gewesenen sortiert. Sammlungen, in denen erst das Kollektiv dem Einzelstück seine Bedeutung gibt, werden angefertigt: Briefmarken, Münzen, Wappen, Dokumente, Uhren. Im Buchregal fallen ganze Reihen (meistens gebundener) Bücher auf, die den einzelnen Band nummerieren und somit als Teil einer großen Gesamtanstrengung ausweisen: Gesamtausgaben, Anthologien, Bildbände. Weiterhin fühlt man sich als Leser (und als subtile Lese-Demonstration) erkennbar dem bildungsbürgerlichen Kanon verpflichtet: Biografien von Politikern, Unternehmern, im Milieu bedeutenden Persönlichkeiten; Lexika; Dramen; große Bildbände über Rosenzucht, Wein oder die deutsche Oper. Der milieutypische Garten wird über eine wechselseitige Verweisästhetik organisiert: Farben werden passend zueinander gruppiert, Größen, Formen, Sorten. Gerade hier kann die Semantik des Kümmerns und Ordnens wirkungsvollen Ausdruck finden (MB: 130)[226]: Man ist selbst der, der den Teilen (also: den Blumen, Sträuchern, Bäumen usw.) ihren Platz anweist und auf das würdige Gesamtbild hin harkt, sät, pflanzt, stutzt usw.

Die Collage des Handbuches (HB: 123) ist komponiert aus einer Farbpalette des Goldenen, Rotbraunen und Tiefschwarzen und bringt damit deutlich eine Atmosphäre des Klassischen, Werthaf-

---

226 Vgl. MB: 130: „Sich-Kümmern hat einen gärtnerischen und missionarischen Charakter (...)".

ten und Traditionellen zur Darstellung. Über den so angespielten inhaltlichen Themen liegt vor allem eine Sphäre der geordneten Ruhe und der Kontemplation: als Musiker, als Lesender, als Wandler in heiligen Räumen. Auch auf diese Weise wird das typische Thema durchkomponiert: die Achtung und Beachtung des Großen, Ganzen, Ehrwürdigen.

Auch die im Handbuch gezeigten Visualisierungen von Lebenssinn konnotieren Gesten der Einpassungen (HB: 137–141): der Junge in der Berglandschaft, die Zitate von Schiller und Schweitzer. Abgelehnt werden Werbung, „Verquasselung", Luxus, Krieg – also Extroversionen, deren Beitrag zu einem positiven Ganzen in Frage steht. „Lassen wir die Menschen zur Ruhe kommen!" (HB: 139) heißt es in der selbstverständlichen Unterstellung, dass es dieses ‚wir' gibt, dass Unruhe negativ ist und dass Ruhestiften von der generösen Geste irgendwelcher Eliten abhängt, die wissen, was ‚den Menschen' gut und nottut.

11.3 Das Motiv der ‚Einpassung der Teile' und die soziale Gravitation des Milieus

Wenn es um die soziale Gravitation der Konservativen geht, fällt auffällig häufig der Begriff der ‚Ordnung'. Die Leitmotive sind „Ordnung, Selbstdisziplin, Anpassung"; eine ‚gute' Gesellschaft hat Pfeiler aus Grundwerten, wird also haus- oder sogar tempelähnlich vorgestellt. Man passt sich in Stände ein. Man sieht sich sogar selbst als „Zentrum (Fundament) der Gesellschaft" und bemisst die Anpassung des Einzelnen „an bestehende Regeln und Konventionen (...) [als, MS] notwendig für die soziale Ordnung und Ausweis der Gesellschaftsfähigkeit" (alle HB: 126). Alles wird in die unterstellte Ordnung einbezogen – dies wird besonders auffällig im Milieubaustein ‚Sprache und Gestus', wo die konservative Attitüde des Erklärens und Zurechtrückens den Gesprächspartner sofort in eine passive und rezeptive Haltung zwingt und somit die Standesordnung adäquat abgebildet wird (HB: 133). Trotz dieser dauernden Selbstbestätigungen, „über den Dingen zu stehen" (HB: 126), pflegen Konservative auch Tugenden der Bescheidenheit und der Bewunderung anderer. Auch dies zeigt ihren geradezu metaphysischen Ordnungssinn, der weniger technisch als organisch metaphorisiert wird: Letztlich gipfelt alles in einem großen Ordnungssystem (der Natur oder Gottes) auf, das jedem – auch der eigenen Existenz – einen Platz anweist, den einzunehmen Würde und Glück des Lebens bedeutet (MB: 130).

DELTA® weist den Konservativen als zentralen Impuls zu: „Bewahren, Weitergeben. Sorge & Pflege". Der Topos lautet: „Wahres & Kultiviertes" (MB: 63). In beiden Festlegungen schwingt der Hinweis auf Gegebenes mit: Man bewahrt, sorgt, pflegt und gibt weiter, was man selbst empfangen hat. Dieses Gegebene ist groß und gut, es hat die Kraft, auch die Zukunft zu organisieren, und man ist selbst einfach der Durchgang dieses Großen an die Nachkommenden. Man passt.

11.4 Das Motiv der ,Einpassung der Teile' und die Wahrnehmung von Kirche und Religion[227]

Im Rekurs auf Religion kommt es zu einem Transfer der eigenen Zentralbestimmung auf eine religiöse Ordnungskonfiguration. Hier herrscht wenig Pluralität: Für religiöse Konservative, wohl aber auch in der Mehrzahl für die Nicht-Religiösen des Milieus, ist das Christentum das Fundament der hiesigen Gesellschaft, ohne das alle Wertbezüge kollabieren würden. Die anderen ,Weltreligionen' werden als Errungenschaften der Kulturen toleriert und auch studiert, ihnen wird aber nicht diese ethisch-ordnende Kraft zugeschrieben.

Das Christentum wird institutionell gelesen: Man verehrt den Papst, staunt über die lange Tradition und wertbewahrende Kraft des Vatikan, genießt das Einhalten der liturgischen Formen, inhaliert die kathedrale Architektur und gehorcht (mindestens nach außen) der bischöflichen Hierarchie. „Wer in die Kirche geht – ob arm oder reich – hat das Gefühl, Teil eines Höheren zu sein und dazuzugehören (die Pracht der Kirche ist auch seine Pracht)"

227 Vgl. auch Ebertz 2008: 23. 30 f, sowie Ebertz 2009: 60 f.

(HB: 147). Aus ihrer ordnenden Kraft heraus erwächst der Kirche der Auftrag, in der Gesellschaft der große Leuchtturm zu sein, der oben auf dem Berg und damit ,über allen' steht und von hier aus orientiert, ausstrahlt, heimleuchtet, den Verkehr regelt usw. Die Kritik an der Kirche setzt denn auch hier an: Es gelingt ihr augenscheinlich immer weniger, diese für das Gemeinwesen so notwendigen Einpassungsleistungen zu legitimieren. Um diese Position wieder zu erlangen, sind Konservative sogar erstaunlich kompromissbereit (HB: 144. 148 f): Kirche soll über dogmatischen Rigorismus nicht ihre gesellschaftliche Funktion gefährden und ihre Relevanz neu demonstrieren. Was nützt es, so der Tenor der ,modernen', kirchennahen Konservativen, wenn man zwar die Wahrheit besitzt und ängstlich verteidigt, genau dies aber für nur noch für wenige etwas bedeutet?

11.5 Das Motiv der ,Einpassung der Teile' als implizit gelebte Alltagstheologie: ,Vorsehung'

Dass über allem Seienden ein Plan ist; dass in die Schöpfung eine Richtung eingeschrieben ist, der zu folgen für alle konstruktiv wäre; dass Gott wirkt, sorgt, pflegt, bewahrt und in der Geschichte der Menschen eine eigene Geschichte hat – all diese an die Gravitation der Konservativen rührenden Intuitionen gehören theologisch in das Begriffsfeld der ,Vorsehung'. Zwar ist dieser Begriff überaus komplex und anfällig für viele Begründungsprobleme und Missverständnisse. Aber hier geht es ja um eine alltagstheologische Rekonstruktion von Lebenslogiken. Und so geweitet, wird man schon sagen können, dass Konservative wie kein anderes Milieu implizit und unthematisch von guten Kräften ausgehen, die das Sein durchwalten bzw. in der Natur nicht nur physikalische, sondern auch normative Impulse angelegt sehen, die das menschliche Leben zu ihrem eigentlichen Sinn bringen können.
Vor allem dieses bewusste und unbewusste Insistieren auf Klarheit und der einen Wahrheit, dieses Suchen nach dem ,Eigentlichen', dem ,Profil' und dem ,unaufgebbaren Kern', das für Konservative typisch ist, bestätigt diesen Befund. Konservative denken

und leben in bestimmter Weise streng kausal: Was heute ist, hat einen Ursprung, der wiederum einen hat und der das Denken am Ende bei einer Art Intelligenz landen lässt, in der alles bereits enthalten ist. Darum müssen Prinzipien, Etikette, Werte, Gesten usw. (aber auch: Bauwerke, Kunsthandwerke, Straßennamen usw.) be‚wahrt' werden, weil das, was an ihnen wahr ist, auch schon den Schlüssel in sich trägt für das, wie es in förderlicher Weise weiterentwickelt werden kann. Der Hinweis ist wichtig, dass Konservative nicht einfach Leute sind, die alles so lassen wollen, wie es bisher war – das sieht man ja schon an der überraschend deutlichen Kirchenkritik. Vielmehr glaubt man in diesem Kulturmuster über eine Information zu verfügen, aus der man heute ableiten kann, was morgen sein soll, weil sie schon gestern gestimmt hat. Mit dem Begriffsfeld der Vorsehung wird theologisch ausgedrückt, „dass Gott als die absolute, aller Wirklichkeit mächtige und zur Liebe entschlossene Freiheit in seinem geschichtlichen Handeln seinem Heilsratschluss treu bleibt und in seiner schöpferischen Freiheit auf das Handeln und Leiden freier Menschen antwortend eingehen kann."[228] Aus biblischer Perspektive ist dabei die wechselseitige Betonung sowohl der göttlichen wie der menschlichen Freiheit entscheidend: Fragen wie die nach der Theodizee, der Souveränität Gottes, dem Erwählungsgedanken oder der Vorrangigkeit der eschatologischen Zukunft sind nur von dieser Prämisse her verstehbar.

Genau hier liegt auch der semantische Überschuss des theologischen Vorsehungsdenkens vor dem typischen Ordo-Denken der Konservativen. Dieses ähnelt eher der stoischen Idee vom durchwalteten Kosmos, in dem sich eine Zweckordnung durch den Gebrauch der ethischen Vernunft rational erkennen lässt. Hier liegt eine Statik vor, die, um mit Schleiermacher zu sprechen, das Wirken der Vorsehung auf den Aspekt der *conservatio* (Erhaltung) und den der *gubernatio* (Weltregierung) verkürzt. Theologisch ist die Dynamik der Freiheit hinzuzufügen, die der geschichtlichen Mitwirkung des Menschen (*concursus*) am Heilswillen über der Schöpfung.

---

228 Artikel ‚Vorsehung' (Kühschelm/Essen), in: LThk, Bd. 10: 895–899, 899.

Konservative interpretieren mit ihrer Lebenslogik die Idee eines Planes, eines Projektes über der Welt. Nach ihnen gibt es ein Ganzes, das das Einzelne zur Würde eines Teils erhebt. Der explizite theologische Begriff der Vorsehung sagt mehr als dies, aber er sagt dies auch. Auch er drückt aus, dass das Spiel der Welt nicht in sich selbst aufgeht, sondern dass in die Schöpfung eine normative Kraft eingetragen ist, die nicht nur ethisch, sondern pneumatisch präsent ist – wie immer diese Präsenz dann systematisch zu erklären wäre. Konservative erinnern die pastorale Verkündigung daran, dass nicht nur das individuelle, sondern auch das kollektive Wohl im Blick bleiben muss; und dass in Institutionen und überkommenen Traditionen eine Lebensweisheit eingelegt sein kann, die weiter zugänglich zu halten ein Gebot der Klugheit ist. Konservative mahnen zu vorsichtigem Umgang auch mit Individualität und Freiheit und werben dafür, dass man die Welt nicht zwangsläufig so behandeln muss, als gäbe es nur Teile und kein gemeinsames Ganzes.

12 Hedonisten, oder: Leben im Horizont von ‚Prophetie'[230]

12.1 Analyse der Semantik

Die Studie über das Werteverständnis der Hedonisten ist geprägt von einer stark dualistischen Konstellation. „Viele führen ein regelrechtes Doppelleben" (HB: 288): Einer verschworenen Gemeinschaft aus Gleichgesinnten – der Clique, der Familie, der Szene – steht eine „kalte, strenge, unfröhliche und lustfeindliche" (MB: 153) Gesellschaft wie eine Apparatur gegenüber.[231]

Psychodrawing zum Begriff „Freiheit"

- Innerlich frei ist der Mensch, der den Mut hat zu provozieren, der sich keine äußeren Fesseln anlegen lässt
- Lachende, große Augen: persönliche Lust, sich so zu äußern
- Die spitze, „stechende" Zunge als Stachel gegenüber anderen (auffällig: Die Zunge ist rot umrandet) (Quelle: MB: 155)

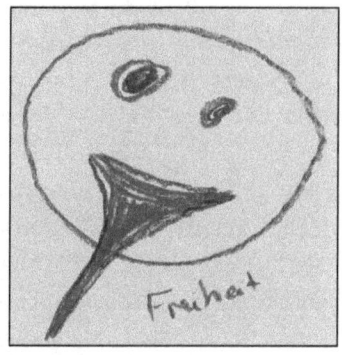

Die ‚Gesellschaft' hat für Hedonisten systemischen, bürokratischen Charakter. Sie ist eine anonyme Macht, die den Menschen in ihre ursprünglichen Antriebe

---

229 E: 216.
230 Vgl. einleitend zu diesem Milieu die Ausführungen zu den ‚Hedonisten' unter www.sinus-institut.de/loesungen/sinus-milieus.html (August 2012) sowie HB: 288–319 und MB: 72. 190–192.
231 Vgl. die Zentralmotive in den Psychodrawings des Milieus: Ziegel, General, Hammer, Gericht (MB: 157–160).

hineinregiert, sie verbiegt und von sich selbst entfremdet. Sie ist ihnen das Gegenteil von dem, was das Leben lebenswert macht.

Psychodrawing zum Begriff „Leistung"

- Leistung ist harter Druck von oben und macht den Einzelnen traurig, klein, deprimiert ihn; nimmt jede Lebensfreude
- Der Druck geht an die Substanz: erschlaffte, wehrlose lethargische, kraftlose Gestalt (Quelle: MB: 157)

Hedonisten propagieren daher Lust- und Stimulationswerte nicht nur performativ, sondern auch programmatisch: Sie sehen sich als (mittlerweile einzig übriggebliebene) subkulturelle Protestbewegung gegen die Diktatur der Sachzwänge, Leistungsanforderungen und moralischen Imperative (vgl. aber MB: 72). Ihre Selbststilisierungen (MB: 154) des Authentischen, Exzessiven und Ehrlichen sind daher faktisch nicht nur Selbstzweck, sondern auch Dienstleistung. Sehr betont werden Abwehrmechanismen gegen die Infiltration von außen: „innere Distanz und Coolness" (MB: 156), eine „eigene Vision vom wahren Mensch-Sein" (MB: 156), die Pflege einer „Fähigkeit zur Freiheit" (MB: 155), die „Clique als Auffangstation für Notzeiten" (MB: 157), die enge Solidarität mit den Gleichgesinnten (MB: 159 f). Hedonisten sind in charakteristischer Weise doppelt ausgerichtet: Ihre Projektionen der abgelehnten geltenden gesellschaftlichen Mechanismen werden im selbstbestimmten Innen ihres Lebens in Unabhängigkeitsstrategien verwandelt; diese aber – ganz anders als im Milieu der ‚Benachteiligten' – werden aktiv nach außen gewendet und als Anklage inszeniert. Beides zementiert und braucht sich in paradoxer Weise: Durch die Rituale der Anklage wird das Bild einer spießbürgerlichen Gesellschaft dauernd reproduziert, was die Kohäsion des Binnenraumes stabilisiert und intensiviert. Die Hedonisten wirken damit als einziges Milieu aus eigenem Willen heraus gesellschaftlich isoliert. Hierin sind sie zwar mit dem Sinus®-Milieu der ‚Sozialökologischen' vergleichbar, allerdings nur in bestimmter Weise, da diese mit ihrem Protesthabitus ja konsistente gesellschaftliche Reformkonzeptionen verfolgen. Dies ist dem hedonistischen Kulturmuster fremd. Man will tatsächlich und buchstäblich mit dem Rest der Gesellschaft nichts zu tun bekommen. Wichtig ist zudem, dass Hedonisten den wahrgenommenen Dualismus ganz an sich heranlassen und ihren Widerspruch an ihrer ganzen Lebensgestalt ausagieren: So werden sie lieber zur *working poor* (MB: 157), als sich mit den für sie falschen Imperativen des Glatten, Funktionalen, Stromlinienförmigen zu kontaminieren. Insofern leben die Hedonisten im Dauerkonflikt und in einer mitunter paradoxen Emotionsmixtur aus trotziger stilistischer Revolte, Überforderungs- und Ermüdungsgefühlen sowie realen Ängsten vor sozialem Ausschluss und materieller Verarmung. Diese Spannungsdynamik ist in den verfügbaren Milieustudien reich bezeugt. Sie wird aber nur dann in ihrer kulturellen Realität und Produktivität wirklich verstanden, wenn man sie fortwährend als komplexen Zusammenhang begreift, deren Einzelelemente nicht voneinander isoliert werden dürfen. Es wäre etwa ganz unpassend, die neuerdings beobachtbare Rücknahme an „kruder Provokation der bürgerlichen Leistungsgesellschaft" (MB: 72; vgl. aber M: 177) als Sieg ebenjener moralischen Maximen des Anständigen, Geregelten oder Strebsamen zu feiern. Denn auch (zwischenzeitlich) ermüdete und verunsicherte Hedonisten bleiben Bewohner einer subversiven Gegenwelt, welche sich gegenüber der projizierten Gesamtgesellschaft als exemplarischer Gegenentwurf versteht, in dem es freier, authentischer und solidarischer als sonst irgendwo zugeht. Und wer genau zuhört, bekommt ja auch schon die Hinweise, wie sich diese Gegenwelt öffentlich-ästhetisch zu Bewusstsein bringt: als Hinwendung zu mitunter exzessivem medialem Eskapismus (MB: 72), die zum Beispiel im Erziehungsverhalten zu einer faktischen Aushöhlung bürgerlicher Leistungsmaßstäbe führt (E: 217 f); sowie durch wachsende Gewaltbereitschaft (E: 203; M: 177).

Im Folgenden illustrieren einige Beispiele diese anstrengende Kampfbereitschaft im Namen eines Ideals von persönlicher Freiheit und Ungebundenheit. Die Waldstudie berichtet etwa, dass Hedonisten so gut wie keine emotionale oder habituelle Beziehung zum Wald pflegen. Er ist ihnen markiert als Kulisse des Spießigen und Behaglichen. Hier ist eben „nichts los" (W: 125). Gelegentlich aber kann man was los machen. Und so wird der Wald attraktiv, denn dann erwächst er zum öffentlich zugänglichen Ort, der nur wenig kontrolliert werden kann. Hedonisten sind „egozentrische Waldnutzer" (W: 109–111): Mountain-Biking, exzessive Grillpartys in Waldhütten, romantische Liebesnächte im Freien usw. So genutzt – aber eben nur so – wird der Wald zur geschätzten Kulisse des freien Lebens, der Schutz verdient.

Hedonistische Männer werden von der einschlägigen Studie als verunsicherte Machos beschrieben (vgl. M: 176–183). Sie stehen gleich in drei Frontstellungen: Partnerschaft, Berufswelt und den Anforderungen von Vaterschaft. Den sehr emanzipierten und selbstbewussten Frauen des Milieus gegenüber beharren sie auf durchaus traditionellen Geschlechts- und Partnerschaftsstereotypen: Der Mann ist der Träger harter, zupackender, selbstbestimmter Körperlichkeit; er ist im Partnerschaftsmodell der wichtigste Geldverdiener; Charaktereigenschaften rund um Haus und Familie werden als negativ abgelehnt; Gleichstellungsideale werden nur rhetorisch befürwortet, Rollenmuster biologisch verklärt. Als Erwerbstätige stehen sie in vollem Konflikt zu den freiheitseinschränkenden Effekten der Berufswelt. Und in der Rolle als Väter kommt die Lebensphilosophie des ‚alles easy' (E: 207) enorm unter alltäglichen Bewährungsdruck.

Es ist nun in der Lektüre erstaunlich und ein dezidierter Hinweis auf die soziale Gravitation dieser Lebenslogik, wie dieser dreifache Druck trotzdem zu keinem Totaleinbruch der alles grundierenden Freiheitsidee wird. Zwar verweist die Männerstudie auf enorme latente Ängste und Verunsicherungen im Milieu (M: 180), sogar auf die Notwendigkeit, einen „mentalen Abwehrpanzer" (M: 179; auch M: 45) aus Aggressivität und demonstrativer Selbstvergewisserung auszubilden. Es heißt, ihr so rotzig proklamiertes machomäßiges Selbstbewusstsein sei eigentlich nur „Fassade und Verteidigung nostalgischer Überlegenheits- und Versorgungsambitionen" (M: 45), in der die Partnerin nur instrumentell als sexuelle Bedürfniserfüllerin und / oder als quasi-mütterliche Versorgerin auftaucht (M: 180 f). Aber es kann ebenfalls nachgelesen werden, dass die Frauen des Milieus durchaus Gefallen finden am „Reiz eines starken, attraktiven Mannes mit Persönlichkeit, der ‚sich selbst treu bleibt'" (E: 211). Zum anderen wird sichtbar, dass es gerade diese im Milieu so hochgeschätzte ‚Echtheit', ‚Selbsttreue', ,Authentizität'[232] ist, die Hedonisten eher Nachteile erleiden lassen als Kompromisse einzugehen. Die Männer bleiben eher Singles als in Beziehungen zu leben, die sie offensichtlich von sich selbst entfremden: „35 % dieses Typs[233] sagen, dass die Entwicklung ihrer eigenen Persönlichkeit für sie wichtiger ist als eine Partnerschaft" (M: 97). Die Elternstudie vermerkt (übrigens nicht immer ohne moralisierenden Unterton), dass hedonistische Paare zwar deutlich in der Gefahr stehen, pädagogisch sinnvolle Erziehungsziele der eigenen Freiheit im Sinne von Bequemlichkeit zu opfern. Trotzdem scheint ebenfalls auf, dass hedonistische Eltern ihre Kinder nicht mit den eigenen Ängsten überfrachten (E: 215) und eine geradezu freundschaftlich-hierarchiefreie Beziehung mit ihnen anstreben (E: 216; M: 53. 55).

Ganz sprechend ist für die hedonistische Kompromisslosigkeit des Authentischen die Gesundheitsstudie: Hedonisten brauchen keine Selbstdefinition über Konsum oder Statussymbole; die materiellen Ansprüche sind so lange bescheiden, wie die Freiheitsentfaltung in der Freizeit gelebt und erlebt werden kann (G: 284). Sie wissen um die oftmals gegebene Riskanz und Gesundheitsschädlichkeit ihres Lebensstils, projizieren dies aber gerade nicht als hypertrophierende Ansprüche auf das Gesundheitssystem. Bezogen auf die Bewertung des Gesundheitssystems „können die Hedonisten als die unkritischste Gruppe im Milieuvergleich angesehen werden" (G: 298).

---

232 Man beachte, wie verschieden der Authentizitätsbegriff in diesem Milieu zu dem im Muster der Postmateriellen gearbeitet ist.
233 Gemeint ist hier der Männertyp ‚postmodern-flexibel', den Hedonisten mehrheitlich zu 52 % ausprägen.

Hedonisten bekennen sich sozusagen aktiv zu ihrer Faulheit, zu ihrer fehlenden Präventionsdisziplin und mangelnden Informiertheit. Und gerade darum verbitten sie sich auch externe Belehrungen und Einmischungen (G: 287). Hier liegt ein wichtiger Unterschied zum Kulturmuster der Benachteiligten, die ja gerade in Gesundheitsfragen fatalistische Züge zeigen (G: 243).

12.2 Analyse der Alltagsästhetik

Das grundlegende Schema im Doppelleben ist Protestästhetik. Hedonisten pflegen eine „nonchalante Missachtung bürgerlicher Ordnungs- und Sauberkeitsnormen" (HB: 291). Die Wohnung ist Ermöglichungsarena für die Befriedigung spontaner Bedürfnisse. Sie ist der Privatraum, in dem gelebt werden kann, was man sich eigentlich auch für ‚draußen' als Standard erwartet: Alles liegt herum, denn dann ist alles sofort zuhanden; die Dinge werden oft und intensiv genutzt; der Raum wird zur Kulisse eines schnellen Lebens. Es geht darum, performativ zu zeigen, dass man sich selber treu ist und niemandem verpflichtet. Die „demonstrative Normabweichung und Provokation" (HB: 291) kann als Programm dabei so dominierend sein, dass sich aus dem protestativen Gestus gar kein eigener Stil entwickelt, sondern die negative Fixierung auf das Abgelehnte alle weiteren Gestaltungsenergien absorbiert. Darum lässt sich auch kaum eine eigene hedonistische Ästhetik ausmachen, die in mehr bestünde als in extrovertierten Abwehrzeichen gegen Anderes. Hier liegt der fundamentale Unterschied zum Milieu der Expeditiven, die ja ebenfalls kontrastgesellschaftlich unterwegs sind, dies aber in eigene, kreative Figurationen umsetzen. Umgekehrt muss man für das Kulturmuster des Hedonismus feststellen, dass niemand wie sie eben die geltende Privatisierungslogik immer wieder aufbrechen und eben auch öffentliche Plätze so benutzen, wie sie es für ihre Privaträume gewohnt sind. Hedonismus, so die hier vertretene These, ist ein Öffentlichkeitsprogramm. Natürlich hat es auch mit Faulheit und Bequemlichkeit zu tun, wenn Hedonisten auch im öffentlichen Raum so hemmungslos müllen, krakeelen und lungern, wie sie das zuhause auch tun. Aber das ist eben die Pointe: Sie sind der Meinung, dass öffentliche Räume keine andere Logik abbilden sollten als private, und indem sie dies ausleben, wird ihr Kulturmuster zu einer Art normativem Statement.

Auch wenn es sich durchaus noch im Rahmen hält, so ist doch die Collage des Handbuches im Vergleich aller dort gebotenen Collagen ein Beispiel für ein solches Statement: Es ist deutlich die extrovertierteste und, wenn man so will, auch die ehrlichste. Ganz offen steht man zu seinen erotischen Antrieben, zieht Grimassen, goutiert das Rauschhafte und Magische, appelliert an unangestrengte Emotionalität und zelebriert das Leben von seiner stimulativen Seite her: bunte Farben, klare Formen, ausholende Gestiken, verspielte Arrangements, freche Sprüche, selbstbewusste Körpersprachen.

Die Konfrontationsästhetik zeigt sich im Sprachgestus etwa darin, dass man die bürgerliche Dialogforderung des konsekutiven Sprechens und Hörens einfach durchbricht, indem der Gruppencode es zulässt, dass alle zugleich sprechen, hören und reagieren (HB: 299). Wie stark die kollektive Identifikation als selbsternannte *pressure group* gegen gesellschaftliche Verformungen ist, zeigt auch die Tatsache, dass erst die Tagträume das Motiv des Eskapismus freilegen: Man träumt hier nicht vom Frieden im realen Leben, sondern von der Abwesenheit des ‚Feindes': Meer, Fjord, Wasserfall, warmes Land, ungestört herumliegen können, nicht mehr kämpfen müssen, oder auch: keine ‚Löwin' mehr sein zu müssen (MB: 72; HB: 300).

Ansonsten ist natürlich der Freizeitbereich der Hauptraum für eigenwillige Ästhetisierungen. Auffällig häufig sind Manipulationen des Körpers: *Tattoos, Piercings,* aber auch oftmalige Wandlungen von Frisur oder Kleidungsstil. Hier spielt man mit den imaginären Schockreaktionen der ‚Normalen'. Man inszeniert Nacktheit, Faulheit, Lautheit, Unübersichtlichkeit, Maßlosigkeit, Reizüberflutung, physische Überforderung usw. und irritiert damit das Leitbild berechenbarer, disziplinierter Lebensführung im gesellschaftlichen Mainstream. Rausch, Gewalt, Obszönität, Eskalationen aller Art und eigensinnige Stimulationsorientierung sind die Medien des Selbsterlebens, zu

denen man nicht nur greift, weil sie intensive Erfahrungen ermöglichen, sondern auch, weil sie von den ‚Anderen' so grundlegend tabuisiert sind.

So bestätigt sich alltagsästhetisch der semantische Befund, dass
man an sich selbst den gegengesellschaftlichen Entwurf ausagiert
und im Motto ‚machen, was man will' mehr zu sagen hat, als nur
für sich da zu sein. Als Leitmotiv ergibt sich eine Lebenslogik der
‚anklagenden Unabhängigkeit'.

12.3 Das Motiv der ‚anklagenden Unabhängigkeit' und die soziale Gravitation des Milieus

‚Anklage' und ‚Unabhängigkeit' können als zwei wichtige Pole der
Milieulogik rekonstruiert werden. Das Handbuch führt die Geg-
nerschaft der Hedonisten zur Norm der Selbstkontrolle auf. Diese
wird mit einer Steigerungslogik hin zu emotionalen *kicks* ge-
tauscht. Um gesellschaftlich zu überleben, muss man sich in zwei
Hälften teilen: Im Arbeitsleben ist Anpassung die richtige Strate-
gie; diese aber wird im Freizeitbereich als subversiv legitimiert,
weil sie erst die materielle Grundlage für das ‚richtige Leben' bereitstellt (HB: 291–293). Hier liegt wohl der tiefste Grund der Anklage gegen das ‚System': dass es Andersmeinende zwingt, sich
ihm mindestens partiell zu unterwerfen.

Hedonisten empfangen damit ihr zentrales lebenslogisches Motiv durch Verweigerung. Hierzu suchen sie „signifikante Situationen" (HB: 301). Wie in wenigen anderen Milieus müssen sie
Freizeit und Arbeitswelt so stark auftrennen, dass es im Einzelfall nahezu schizophren anmutet. Der grundlegende Widerspruch, nur sozusagen parasitär und subversiv gegen eine Gesellschaft sein zu können, die ihnen am Ende doch die
Ressourcen hinwerfen muss, die sie für ihr Leben brauchen, muss
im Freizeitbereich dauernd authentifiziert werden: Hier müssen
immer wieder Kontrastpunkte aus der unterstellten Langeweile
der Normalität gefeiert werden, um vor sich selber nicht in den
Verdacht zu geraten, am Ende doch von der Mehrheit auf ihren
Weg gebracht worden zu sein.

Das Sinus®-Milieu der Hedonisten betont demgemäß im Weltbild die Distanzhaltung zu den Regeln und Anforderungen der Gesellschaft. Die Freizeit wird zum „Refugium". Das Selbstbild betont die Adjektive der Unabhängigkeit: „cool, locker, ‚gut drauf', unverkrampft, unkonventionell, extravagant" u. a. Als paradigmatische Frage wird u. a. genannt: „Wo kann ich ich selbst sein?" und „Wie komme ich cool an?".
DELTA® markiert als Impuls: „Spaß haben, kein Stress: Unterhaltung & starke Reize". Dieser richtet sich als Topos auf: „Spannendes & Krasses" (MB: 63).

12.4 Das Motiv der ‚anklagenden Unabhängigkeit' und die Wahrnehmung von Religion und Kirche[234]

Die Bewertung und Inanspruchnahme religiöser oder gar kirchlicher Offerten findet im Milieu kaum statt, weil Religion, vor allem aber Kirche, gerade als Zielscheibe der Anklage gilt. Die unterstellte Moralisierung, Lustfeindlichkeit und Kumpanei mit den übrigen Mächten der ‚Leistungsgesellschaft' macht sie sehr verdächtig. Um überhaupt in die Nähe von Akzeptanz zu kommen, müsste eine religiöse Lebensdeutung absolut glaubhaft machen, dass sie sich ebenfalls als *underdog* sieht, erkennbar so behandelt wird und auch genau hierzu befähigt. Für Frauen im Milieu scheint es da Anknüpfungspunkte im esoterischen Sektor zu geben (HB: 309).
Ansonsten dient das semantische und ästhetische Reservoir einfach als Manövriermasse für den Protest. Durch ironische Uminterpretation, frontalen Tabubruch oder radikale Bekämpfung demonstriert man seine abseitige Stellung: „Kirche gilt als Hauptrepräsentant und Zielscheibe bürgerlicher Angepasstheit" (HB: 308). Hier, in der Kirche, vereinigt sich das allgemein abgelehnte Muster aus Selbstdisziplinierung und Opportunismus noch mit prüder (Doppel-)Moral und bigott-devotem Gehabe. „Die offizielle Sprache und Stilistik der katholischen Kirche löst in diesem

---

234 Vgl. auch Ebertz 2008: 27 f. 30 f, sowie Ebertz 2009: 69 f.

Milieu massive Reaktanz und Entsetzen aus" (HB: 317). Dieses Image ist „relativ fest zementiert" (HB: 312), wenngleich auch hier zu merken ist, dass die (Anti-)Mobilisierungskraft des Katholischen sich abschwächt. Die Wünsche an die Kirche sind seltsam abstrakt und gehen erst einmal dahin, überhaupt erste Veränderungsfähigkeiten zu demonstrieren. Immerhin sieht man schon kulturelles Potenzial: aber eher für die anderen und auch ohne eine echte Zuschreibung, dass Kirche sich wirklich mit ihnen einlassen will. Insgesamt gilt: Man ist unabhängig und frei nicht aufgrund des christlichen Glaubens und seiner kirchlichen Gestalten, sondern trotzdem.

12.5 Das Motiv der ,anklagenden Unabhängigkeit' als implizit gelebte Alltagstheologie: ‚Prophetie'

Die theologische Reflexion hat einen Namen für Individuen, die im Namen der gerechten Sache protestierend und systemdistanziert auftreten und sogar ihre eigene Lebensgestalt hergeben, um den Protest sinnenfällig zu inszenieren: Propheten.[235] Auch wenn vieles am Phänomen und am Schriftbefund über die Prophetie weiterhin ungeklärt ist, so schälen sich doch einige Merkmale hervor, die einen Propheten kennzeichnen: Es geht um kantige Individuen mit hoher persönlicher Integrität und Unabhängigkeit, die auf eine Berufung zum öffentlichen Protest verweisen. Sie gelten als ,berufene Rufer' (Deissler), deren Gottesnähe und Gesetzestreue sie ermutigt, sehr deutliche und unbequeme Verkündigungen zu formulieren. Diese sind in der Bibel in der Regel sozial-, kult- oder institutionenkritisch, zeugen von hohem Freimut und erinnern die Adressaten an Verfehlungen innerhalb der Bundesbeziehung zu ihrem Gott. Meistens herrscht hoher Situations- und Gegenwartsbezug. Dabei ist die Wortverkündigung oft in eine Zeichenhandlung eingebettet, die es zum Teil sogar verlangt, dass der Prophet seine *message* selber an seinem Körper auszuagieren hat.

---

235 Vgl. den Artikel ‚Propheten, Prophetie' in: LThK, Bd. 8 (Hoheisel/Hossfeld/Ernst/Werbick/Sciurie): 627–636.

Nun wird man nicht behaupten wollen, dass Hedonisten im inhaltlichen Sinn an die Gottestreue oder auch nur an ein sittliches Leben erinnern würden. Aber in performativer Hinsicht lässt sich doch ein interessanter Bezug herstellen. Denn wie gesehen lassen sich Hedonisten von einem Ethos der Authentizität leiten, das bis zum eigenen objektiven Nachteil reichen kann. Es ist ihre Freiheitsliebe, die sich zur Systemkritik auswächst. Und immer wieder ist es ihnen zu wenig, als Privatmensch ein ‚richtiges Leben im falschen' zu führen. Vielmehr ist es ihr Selbstverständnis, öffentliche Zeichen des Widerstands zu setzen.

Es mag befremdlich wirken, ausgerechnet in Hedonisten einen Beitrag zum heute so dringend benötigten Charisma der (Fremd-) Prophetie zu markieren. Und natürlich hat der theologische Prophetiebegriff mannigfache semantische Überschüsse, die als kritisches Korrektiv zur hedonistischen Lebenspraxis fungieren könnten. Als Wichtigstes wird man wohl theologisch einwenden müssen, dass prophetische Akte gewaltlos sein und keine unschuldigen Opfer produzieren sollten. Der eigene Freiheitsgebrauch kann nicht einfach Sinn und Ziel in sich tragen.

Trotz dieser Einwände – die im Übrigen auch gegenüber anderen Milieus geltend zu machen wären – trägt das hedonistische Kulturmuster hohe Artikulationsimpulse für das in sich, was heute mit Prophetie gemeint sein kann. Die unbequeme Zeitansage, die Bereitschaft zum nachteiligen, aber ‚ehrlichen' Lebensstil, die mutige Selbstbefreiung von Systemzwängen, all das sprengt eine allzu bürgerliche Interpretation des wohlgeordneten religiösen Geschäftes. Gerade weil die hedonistische Lebenswelt so weit weg ist vom ‚normalen' pastoralen Alltag – und dieser von ihr –, kann aus dieser ‚Ecke' Inspiration für neue Artikulationen des Glaubens bezogen werden. Ob die Impulse in Richtung einer Überwindung religiös begründeter Lustfeindlichkeit geht; ob Hedonisten zeigen, dass Selbstbestimmung mehr bedeuten kann als Karrieredenken; oder ob man von ihnen etwas lernt in Sachen intelligenten zivilen Ungehorsams – immer wird es gerade das lebenslogische Motiv der ‚anklagenden Unabhängigkeit' sein, das Theologie und Kirchenpraxis an ihr eigenes subversives Potenzial erinnern kann. Wer Gott mehr gehorcht als den Menschen (Apg 5,29), der hat nicht nur einen Ansatzpunkt zur prophetischen Einrede gewonnen. Er hat auch keine Berührungsängste mit Leuten, die die Lust am Leben zu ihrer kollektiven Identität gemacht haben.

„Wir versuchen, so oft es geht, etwas gemeinsam zu machen."[236]

13 ‚Bürgerliche Mitte', oder: Leben im Horizont von ‚Versöhnung'[237]

13.1 Analyse der Semantik

Wie in vielen thematischen Untersuchungen wird auch in der Wertestudie darauf hingewiesen, dass es nicht einfach ist, die ‚Bürgerliche Mitte' auf eine Kontur oder ein Profil festzulegen. Das liegt nicht daran, dass dieses Kulturmuster keine hervorstechenden Eigenschaften hätte – schließlich kann man es ja auch als Charakteristikum beschreiben, wenn jemand in so gut wie jedem gesamtgesellschaftlichen Untersuchungsthema auffällig oft einfach den bundesdeutschen Mittelwert markiert. Ein anderes Faktum macht es kompliziert: Dieses Milieu pflegt die „Maxime der Non-Exklusion" (MB: 138; vgl. auch G: 40 f) und die „parallele Adaption" (ebd.) von einander gegenüberliegenden Werten. Und man muss schon sehr genau hinsehen, um darin ein Profil zu erkennen – was es zweifellos ist. Die Analyse der ‚Bürgerlichen Mitte' setzt einen differenzierteren Profilbegriff voraus als die anderer Milieus: Denn die kulturelle Distinktion wird hier paradoxerweise integrativ vorgenommen. Abgelehnt wird sozusagen alles, was etwas ablehnt. „Die Elastizität der Werte (...) macht es schwierig, (...) klare Konturen zu zeichnen." (MB: 140). „Die Imitationen und Adaptionen seitens der Bürgerlichen Mitte sind keine Kopien, sondern gefilterte und gefederte Rezeptionen dessen, was sie an den Rändern der Gesellschaft

---

236 E: 145.
237 Vgl. einleitend zu diesem Milieu die Ausführungen zur ‚Bürgerlichen Mitte' und zu den ‚Adaptiv-Pragmatischen' unter www.sinus-institut.de/loesungen/sinus-milieus.html (August 2012) sowie HB: 196–225 und MB: 68 f. 184–186.

beobachtet" (G: 58). Es drängt sich daher auf, dieses Motiv der moderierenden ‚Elastizität' als Leitmotiv ihrer kollektivbiografischen Semantik zu identifizieren.

Tatsächlich gelingt dies: Das Sprachbild rund um die Assoziationen von ‚abfedern', ‚regulieren', ‚moderieren' wird im Text reich bezeugt. Das Milieu ist aktiv in der „Dämpfung extremer Strömungen" (MB: 138); man „selektiert und sortiert" (MB: 138); Positionen werden „gefiltert, modifiziert" (MB: 139); man betreibt „Patchwork (MB: 139). ‚Freiheit' wird mit dem Motiv des „Seelebaumelns" verbunden und sogar ins Bildmotiv einer (elastischen) Hängematte gebracht (MB: 140 ff); man hat Sehnsucht danach, „sich fallenzulassen". Das Gegenteil von Elastizität liegt im ‚Außen': ‚Leistung' wird als eckiger Graph oder als fixiertes Ziel imaginiert (MB: 142); man hat Angst, hart aufzuschlagen, wenn man in der Leistungsgesellschaft versagt (MB: 144; vgl. auch MB: 30–41). ‚Soziale Sicherheit' wird in der Form eines auffangenden, abfedernden Netzwerkes der zugänglichen Nahwelt modelliert und erwünscht (MB: 143 f).

Aufschlussreich ist es, dass gerade der Wert der ‚Gerechtigkeit' – der eigentlich dem Harmoniebedürfnis des Milieus in außerordentlicher Weise entsprechen müsste – in Form von hartkantigen Würfeln und einem klaren Trennungsstrich visualisiert wird. Hier ist von Elastizität gerade nichts aufzuspüren. Deutbar wäre dies als sprechendes Zeichen sowohl der Vertrauenserosion in die gesellschaftliche Möglichkeit dieses Wertes wie des vom ganzen Bericht behaupteten neuen Abgrenzungsbedürfnisses der ‚Bürgerlichen Mitte' zu den Milieus am unteren Rand der sozialen Lagen (vgl. MB: 31–33).

Psychodrawing zum Begriff „Freiheit"

- Tiefe Sehnsucht danach, sich fallenlassen, nach Entspannung, Sorglosigkeit und Geborgenheit: nicht mehr ausgesetzt sein, nicht auf Äußeres reagieren müssen
- Freiheit gilt für den *Einzelnen*

■ Das „echte" Leben ist fremdbestimmt: innerlich und äußerlich (Quelle: MB: 141)

Psychodrawing zum Begriff „Gerechtigkeit"

■ Verteilungsgerechtigkeit: Das Verfügbare soll gleich verteilt sein

■ Auch: Abgrenzung / Abschottung des Eigenen, das man für sich beansprucht. Auch Motiv der Sicherung dessen, was einem zusteht, was man für seine Lebensziele braucht (Quelle: MB: 145)

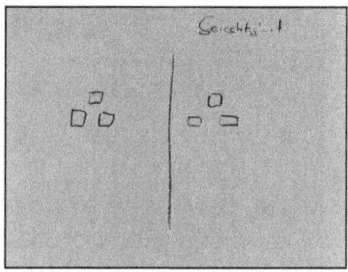

Im Ganzen korrespondiert das semantische Bild rund um den Bedeutungshof der ‚Elastizität' dem in diesem Milieu sehr wichtigen Begriff der ‚Konventionalität'. Die Bürgerliche Mitte beachtet „soziale Normen und Konventionen" (HB: 199), bevorzugt „konventionell-moderne Ästhetik" (HB: 199) und ist in der dominanten Perspektive geprägt vom Schema „Konformität und Abweichung" (HB: 200). Aus der Kaufhaussprache kommt das Konzept der *convenience*, das auf dieses Milieu besonders passend zugeschnitten ist (vgl. HB: 199): Gemeint ist die bequeme, funktional-praktische, behagliche, sichere und schöne Atmosphäre, die den Käufer / die Käuferin positiv beschwingt. Convenience, das ist: alles in der Nähe, alles unter einem Dach, alles aufeinander abgestimmt. Die Adjektive eines realisierten Convenience-Konzeptes, etwa in einer Kaufhausgalerie, einer Wellness-Therme oder einem Club-Urlaub, sind die Adjektive der Bürgerlichen Mitte: „freundlich, sympathisch, nett, menschlich, unprätentiös, gefällig, zeitgemäß" (HB: 200). Wenn man so will: Es geht um ein Konzept elastischer Atmosphären, die sich den Bedürfnissen der Kunden unkompliziert anpassen und flexibel reagieren. Es geht um das „warme Nest" (HB: 209. 212). Das Wort ‚Con-venire' bedeutet denn auch im Lateinischen: zusammenkommen, übereinstimmen, sich entsprechen.

Für diese ausgleichende, entpolarisierende Lebenslogik und Lebensleistung lassen sich plastische Belege aus den verfügbaren Milieuuntersuchungen finden. Im oben bereits notierten Sinn ist es zum Beispiel schwierig, jeweils ermittelte Typologien auf das Kulturmuster der Bürgerlichen Mitte zu beziehen. Es entzieht sich durch ihre (nicht diskriminierend zu verstehende) ‚Durchschnittlichkeit' dem profilierenden Zugriff. So gehören Vertreter der Bürgerlichen Mitte in der Waldstudie weder in besonderem Maß zu den ‚Ganzheitlichen Waldfreunden' noch zu den ‚Gleichgültigen', ‚Waldromantikern', ‚Distanzierten' oder ‚Egozentrischen Waldnutzern' (vgl. W: 103–114). Auch in der Männerstudie besetzen sie niemals irgendwo einen Spitzenwert, sind also weder ausgeprägte ‚Haupternährer' noch ausgeprägte ‚Life-Style-Machos', ‚moderne neue' oder ‚postmodern-flexible Männer' (vgl. M: 73–97). Wie ein Chamäleon kann dieses Milieu sehr gut an seine Umwelt anpassen und verweigert die Demaskierung, den Vordergrund, die dezidierte Stellungnahme.

Vielmehr geht es um Moderation, Abpufferung, Entdifferenzierung. Noch einmal trifft ein Begriff aus der Kaufhaussprache. Die Trendforscherin Faith Popcorn prägte ihn zu Beginn der 1990er-Dekade, als sie vom „Kokon-Dasein", dem *cocooning*, der Amerikaner schrieb.[238] Gemeint ist mit der Metapher eine bestimmte Haltung der kultivierten Privatisierung angesichts der Wahrnehmung einer immer komplizierteren und auch bedrohlicheren Außenwelt, kombiniert mit den neuen Möglichkeiten der medialen Weltbenutzung. Man versteckt sich im eigenen Heim als der Schutzhülle mit der Suggestion größtmöglicher Sicherheit. Die Pizza bestellt man per Telefon, lässt sie anliefern und genießt sie mit Freunden zuhause. Das Internet wird zum Familienalbum, das Auto zum mobilen Kokon. Das Kaufhaus soll Convenience-Ansprüchen genügen (s. o.). Der Urlaub wird zum Heimspiel, und das Motto lautet so, wie es ein großer Reiseveranstalter im Millennium-Sommer 2000 vorschlug: „Lernen Sie in der schönsten Zeit des Jahres auf jeden Fall einen wirklich interessanten Menschen kennen: sich selbst."

Inzwischen hat sich an diesem Trend zwar einiges verändert, aber prägend ist er weiterhin. Dies gilt vor allem für die Mitte der bundesdeutschen Gesellschaft, und hier besonders bei den Protagonisten der Mitte, der Bürgerlichen Mitte. Hier vollzieht man „Fa-

---

238 Vgl. Popcorn 1996: 39–46 u. ö. (vgl. Registerstichwort ‚Kokon' ebd.: 254).

miliencocooning" (W: 81; vgl. auch G: 221; M: 160). Dieses Schema wird auf alle Kulturbereiche bezogen. Der Wald etwa soll „beruhigend verlässlich" (W: 122) sein und wird als „Ort der Entspannung, Ruhe und des Abschaltens" (W: 122) aufgesucht. Kinder werden mit Waldolympiaden oder Querfeldein-Gängen an die Natur herangeführt (der Baum als großer ‚Freund'; der Käfer als Prämienfund; das Beobachten eines Eichhörnchens als spektakuläres Erlebnis usw.). Bezüglich der Arbeitsbeschreibung von Wald- und Forstwirtschaft gilt weder ein grundlegender Verdacht noch eine grundlegende Entwarnung: Man möge einfach „Natur und Technik in ein harmonisches Gleichgewicht (...) bringen" (W: 123).

Buchhandlungen sollen wie Wohnzimmer aussehen: hell, modern, warme Farben, mit Entspannungs- und Informationsecken, Gelegenheiten zum Stöbern und Probelesen bieten und von netten, diskreten Verkäuferinnen geführt werden, die auch mal auf ein Sonderangebot hinweisen (B: 69).

Der Arzt soll in erster Linie der vertrauensvolle, sicherheitsspendende und gut erreichbare Wiederhersteller von Wohlgefühlen sein, dem gute Empfehlungen der nahen Umwelt vorausgehen (G: 232 f). Das Feld der Gesundheitssorge bietet ohnehin mannigfache Anwendungsfelder für die so typische Lebenskunst der Moderation: Man ist gesundheitsbewusst, aber dies nicht öko-ideologisch; man treibt Sport, aber nicht, um sich zu quälen; man fördert die Hygieneerziehung der Kinder, aber nie übertrieben; man informiert sich, aber verbindet das am liebsten mit einem rückversichernden Gespräch im Bekanntenkreis; man hat nichts gegen Schulmedizin, aber auch nichts gegen Naturheilkunde; Krankheit gilt als „Verlust der inneren Balance" (G: 226) und wird darum, so gut und so lange es geht, abgeblendet (G: 223–240).[239]

---

239 Gerade die Gesundheitsstudie arbeitet aber auch sehr detailreich heraus, was auch andere aktuelle Studien bestätigen: dass die Bürgerliche Mitte sich immer stärker in einer Sandwich-Position zwischen immer reicher und immer ärmer werdenden sozialen Lagen sieht; dass sie dies als Aufkündigung überkommener Solidar-Konsense abbildet und als Entwertung ihrer moderierenden Gesellschaftsfunktion verarbeitet; und dass daher die irenische, ausgleichende Kraft dieses Milieus von Erosion bedroht ist (vgl. G: 221 f; M: 161; MB: 31–36).

Die Männer des Milieus werden als „irritiert" (M: 47; vgl. auch M: 163 f) beschrieben, weil die Gesellschaft ihnen so viele neue maskuline Rollenmodelle anbietet, dass man sich entscheiden müsste, welches denn passt. Genau dies aber würde ja eine Positionsübernahme verlangen – eine kulturelle Leistung, die das Milieu meistens überfordert. Die Bürgerlichen Männer verhalten sich also, wie oben beschrieben, streng adaptiv; d. h., sie scannen sehr genau, wie andere Männer in wünschenswert vergleichbarer Lage sich verhalten, und imitieren dies. Klar ist nur, was erneut eine Illustration für die Semantik des Balancierten, Ausgleichenden abgibt: Bürgerliche Männer sind moderne und hingebungsvolle Väter. Sie sind typische „Feierabendpapas", wie die Elternstudie das nennt (E: 47 f. 153). Das Ideal der Pflicht zum Ausgleich ist bei ihnen so internalisiert, dass ihnen die Studie zwar eine enorme emotionale Doppelbelastung zwischen ‚hartem' Berufsalltag und ‚weichem' Familienleben bescheinigt, diese aber nicht negativ durchschlägt: „Insofern *zeigen* Männer aus der Bürgerlichen Mitte nicht nur Begeisterung für ihr Kind, sondern *sind begeistert*" (M: 167; Hervorhebung im Text).

Welches Thema man also aufruft: In diesem Milieu geht es kollektivthematisch um die Integration der zentrifugalen Kräfte in eine Mitte, die den auseinanderstrebenden Dynamiken ihre Extroversion nimmt, sie abschwächt, verharmlost und damit zwar konturloser, aber kulturell mehrheitsfähiger macht.

13.2 Analyse der Alltagsästhetik

Im ganzen Kulturmuster der ‚Bürgerlichen Mitte' dominiert diese Logik. Sie lässt sich ästhetisch lesen als Ensemble-Logik, in dem jeweils ein Element auf das andere verweist, keines aber auf Kosten der jeweils anderen heraussticht. Starkes Zentrum der milieutypischen Kreativität ist die dieser Logik folgende Gestaltung des eigenen Heims, des Gartens und der eigenen Zeit, meist gekoppelt mit der Ästhetik der modernen bürgerlichen Kleinfamilie. Dies ist der Ort, auf den hin elastisch abgefedert wird, was von außen kommt. Das ‚Handbuch' nennt als grundlegende und eben auch ästhetisch wirksame Motive

- die Darstellung und Vermittlung von Gefühlswerten: die einladende Fußmatte vor der Haustür mit freundlichen Motiven wie bellenden Hunden oder aufsteigenden Luftballons; die Jahreszeitendekos an den Fenstern; der unprätentiöse Blumenschmuck vor der Haustür; die Kinderbilder in der Diele; der Pathos moderner Gemütlichkeit; die Kunst, eine Gesamtstimmung zu erzeugen; die „Vorliebe für helle Farben in ruhigen Tönen (...), für sanfte Formen und Materialien" (HB: 199; vgl. auch die Bilder in HB: 211) usw.;

- das ‚*part-time-cocooning*': Hierzu gehören ‚kleine Fluchten' wie ein ausgiebiges Schaumbad, eine Radtour unter Männern, als Paar gemeinsam im Bett frühstücken; ein ‚schöner Abend zu zweit', der ‚nette Abend mit Freunden'; das Wellness-Wochenende, das man sich verdient hat (HB: 201), usw;

- der enorme Hang und die ausgeprägte Fähigkeit zum Dekorieren und Ausschmücken: Kunst wird nicht als programmatischer Impulsgeber verstanden, sondern als Farb- und Stimmungslieferant; die Thementische im Wohnzimmer; das hohe Bastelinteresse; das Kleidungsmanagement der Kinder; die Urlaubsaufkleber auf dem Auto; der Garten als kleine, perfekte ‚Welt' (HB: 201) usw.

- insgesamt das Bedürfnis nach Abgleich und Verharmlosung: das entwaffnende Lächeln (im eigentlichen Sinn des Wortes) als gestisches Instrument des „Ausdrückens der sozialen Verbundenheit" (HB: 207); der fehlende Biss im Argumentationsverhalten; das Anpassen der eigenen Meinungen an die Mehrheit; der nicht exponierte Kleidungsstil; die „Alltagsphilosophie der kleinen Schritte" (HB: 209); man „möchte nichts falsch machen" (E: 152) usw.

Die Ästhetik der ‚Bürgerlichen Mitte' ist eine des nach außen demonstrierten Schutzes. Man sucht die kleine Welt, die man selbst bewohnt und überblickt, zu einem ‚besseren Ort' zu machen – durchaus auch mit der Idee, dass dadurch ein Beitrag zur allgemeinen Befriedung an sich geleistet wird. Der Verzicht auf Extravaganz in jeder Hinsicht, auf hochfliegende Pläne und Ideologien und auf das Durchsetzen eigener Strategien ist ein Statement, dem positiv das intensive Eingehen auf Kinder sekundiert (vgl. E: 144–146). Man möchte, dass entspannte Ruhe herrscht und die komplexen Probleme auf einfache Lösungen reduziert werden können. Man möchte, dass es niemandem schlecht geht. Man möchte einfach sein, unkompliziert, nachbarschaftlich und integrierend. In Variation des gelungenen Wortspiels des Freiburger Religionssoziologen Michael N. Ebertz: Man möchte, dass es friedlich und höflich zugeht, ohne dass es friedhöflich wird.

13.3 Das Motiv des ‚friedlichen Miteinanders' und die soziale Gravitation des Milieus

Dieses so über eine Semantik und Ästhetik der ‚abfedernden Elastizität' gefundene Motiv kann als Vision des ‚friedlichen Miteinanders' gefasst werden. Es trifft voll den Kern der sozialen Gravitation dieses Kulturmusters. Denn man orientiert sich am Mainstream, gleicht alles auf ihn hin ab, um die Extreme in die Mitte hinein zu holen. Man ist sich nicht zu schade für einen ‚gesunden Opportunismus' (HB: 200), wobei das Adjektiv ‚gesund' ja deutlich die Idee eines objektiven Maßstabs für Normalität bezeugt, den man für alle unterstellt. Die ‚Bürgerliche Mitte' ist gekennzeichnet durch hohe Anpassungsbereitschaft, solange die eigenen Ziele und Wünsche nicht zu deutlich konterkariert werden. Man ist „gefällig" (HB: 200) in der Ausstrahlung, heißt es – wieder so ein Begriff, der markiert, wie stark dieses Milieu Außenreaktionen antizipiert und schon vorgängig in die reaktive Haltung wechselt, wenn es der Entspannung der gesamten Situation dient. Man sucht „keine soziale oder intellektuelle Reibung; (...): Man sucht Ähnlichkeit und eine gleiche Ebene" (HB: 207). Eine „ausgeprägte Sozialromantik" (HB: 209) und die hohen Toleranzwerte unterstreichen die irenische Ausrichtung. Auch wenn die ‚Bürgerliche Mitte' keine sozialen Utopien pflegt, keine Protestbewegung rekrutiert (MB: 32) und deutliche Abgrenzungen zur Unterschicht signalisiert, so kann doch deutlich weiterhin ein Leitbild des *shared destiny* herausgefiltert werden: „Darin liegt die besondere Kompetenz und Alltagsphilosophie der Mitte: Spannungen von außen aushalten, sich mit neuen Rahmenbedingungen abfinden und auf sie einstellen können" (MB: 34).

DELTA® drückt diese eindrückliche Mischung aus Gemeinsamkeit und Eigenständigkeit mit folgendem Impuls aus: „Ankommen und

modern sein: Balance & Modernität". Als Topos wird genannt:
„Verlangtes & Zukunftsfähiges" (MB: 63).
Sinus® diagnostiziert im Milieu ‚Bürgerliche Mitte‘ eine „grundsätzliche Bejahung der gesellschaftlichen Ordnung"; u. a. eine lebenslogische Distanz zu „Chaos, Streit, Konflikt, Unvernunft, Aus-
schweifung" und eine paradigmatische Frage mit der Formulierung:
„Was denken die Anderen von mir?" Im Selbstbild sieht man sich
als „Mitte der Gesellschaft", das Weltbild ist geprägt von Leis-
tungsbereitschaft, Abstiegsängsten und dem Wunsch nach geordneten Verhältnissen.[240]

13.4 Das Motiv des ‚friedlichen Miteinander‘ und die Wahrnehmung von Kirche und Religion[241]

Die Nutzung religiöser Programme, Rituale oder Wissensbestän-
de zur Erarbeitung widerständiger oder extrovertierter Positionen wird von der ‚Bürgerlichen Mitte‘ deutlich abgelehnt. Gerade Religion soll nach ihrem Willen die friedliche
Gesamtausrichtung befördern und gerade nicht Gegenstand von
Meinungsstreit oder Spaltung werden. Insofern werden alle Versuche, aus dem Christsein eine intellektuelle, mystische, politische oder übermoralische Veranstaltung zu machen, schroff ver-
worfen. Man braucht keine metaphysischen Gottesbehauptungen,
da man die konkrete Familie hat (HB: 212). Man braucht keine
Heiligen als Vorbilder, wohl aber religiöse Erziehungstipps für
die Kinder. Man nimmt aufmerksam wahr, dass über das Bekenntnis zur Kirche immer weniger Mainstream-Akzeptanz zu

240 Beachte auch das seit 2011 neue Sinus-Milieu® der ‚Adaptiv-Pragmatischen‘,
das hier nicht näher vorgestellt werden kann, für das aber durchaus Parallelen zum hier erarbeiteten Leitmotiv des ‚friedlichen Miteinander‘ vorliegen. Auch ‚Adaptiv-Pragmatische‘ sind ordnungsorientiert, anpassungsbe-
reit und misstrauisch gegenüber Ideologien und Extroversionen. Es handelt
sich nach der Sinus®-Diagnostik um ein Kulturmuster, in das vor allem jene
jungen Erwachsenen rekonstruiert werden, die man früher zur ‚Bürgerlichen Mitte‘ zählte, die aber wegen ihres deutlicheren egologischen Pragmatismus eine neue Nähe zu den ‚Performern‘ aufzeigen.
241 Vgl. auch Ebertz 2008: 23 f. 30 f, sowie Ebertz 2009: 61 f.

erzielen ist, so dass eine zu starke kirchliche Identifikation in eine (abzuwehrende) Außenseiterposition einmünden kann. Man wünscht sich die ‚Kirche der Nachbarschaft': gütig, modern, menschlich, nah, harmlos. Für die Gemeindewahl ist das „social cocooning" (HB: 214) ausschlaggebend: Wird auf dem Kirchplatz noch Kaffee getrunken? Trifft man Gleichgesinnte? Gibt es Angebote für Kinder? usw. „Das Ideal von Gemeinde ist die lebendige Gemeinschaft, in der sich der Einzelne aufgehoben fühlt und sich praktisch einbringen kann" (HB: 214). Moralvorschriften gelten als Einmischung in die Privatsphäre, obwohl man es an sich gut findet, dass die Kirche sich um die allgemeine Wertesubstanz sorgt. Interreligiösen Dialog sieht man schon deswegen genauso wie die Ökumene als Selbstverständlichkeit an, weil die theologischen Streitfragen weder verstanden noch in ihrem kognitiven Reflexionsanspruch ernst genommen werden. Sehr sprechend ist das abgedruckte Statement eines Mannes über seine Wünsche an die Kirche. Hier fallen die Begriffe „auffangen", „Sicherheit", „Halt", „Zuflucht", „keine Machtkämpfe", „ehrliches Interesse", „Hort", „einfacher Zugang".

Die weiteren Visualisierungen der ‚idealen Religion und Kirche' demonstrieren die oben erwähnte Ensemble-Ästhetik, in der es weniger auf den einzelnen Inhalt als auf das stimmige Gesamtbild ankommt (HB: 221–223, v. a. 222). Insgesamt ist die ‚Bürgerliche Mitte' gespalten: Sie zeigt Resonanz auf alles, was Kirche beweglich und interaktiv macht, was Kindern gefällt und in die Gesellschaft keine zusätzliche Komplexität einträgt. Andererseits weiß sie um die Notwendigkeit der Institutionalisierung von Religion, nimmt diese aber eher in Kauf, als sie wirklich zu akzeptieren. Mit anderen Worten: Kirche wird familialistisch und sozialromantisch eingesetzt. Alle berichteten Imagenachteile erzielt Kirche bei diesem Milieu durch eine Betonung ihrer amtlichen, über-interaktiven, prinzipiellen und bürokratischen Anteile (vgl. HB: 217–223).

13.5 Das Motiv des ,friedlichen Miteinander' als implizit gelebte Alltagstheologie: ,Versöhnung'

Für den Wunsch nach Ausgleich, Befriedung, Ruhe, Sicherheit und neu gewonnener Verlässlichkeit lässt sich der theologische Begriff der ,Versöhnung' heranziehen.[242] Er drückt ganz basal aus, dass es Störungen des menschlichen Miteinanders, aber auch der kosmischen Ordnung gibt, die im Heilshandeln Gottes überwunden werden können. Gott wird als der Besänftigende, Geduldige, unermüdlich Friedenschaffende erkennbar. Die synoptische Tradition hat etwa im Gleichnis des ,verlorenen Sohnes' und des ,versöhnenden Vaters' (Lk 15) eine sehr bekannte und vielfach ikonisierte Erzählung geschaffen, in der die Jesus-Botschaft vom guten Vater aufgipfelt.

Der theologische Traktat der Versöhnung nennt sich ,Soteriologie' und beinhaltet komplexe Fragen, die natürlich alltagstheologisch nicht expliziert werden können. Wichtig ist aber, dass der Begriff die Möglichkeit von ,Heil' und einer grundlegenden Akzeptanz vorsieht, die erst in späteren Schritten nach Leistung oder Rang fragt. Die ,Bürgerliche Mitte' soll hier nicht als die große versöhnende Kraft innerhalb der Gesellschaft behauptet werden, was die intentionale Dimension betrifft. Sicher leben in diesem Kulturmuster ebenso viele ,gute Menschen' wie in den anderen. Es geht vielmehr um die faktische Funktion als den Integrationsakteur der Gesellschaft schlechthin (MB: 140). Wenn man so will, bringt dieses Kulturmuster permanent das Opfer ihrer Individualität, um Aufnahmekapazitäten für viele zu schaffen. Man tritt in den Hintergrund, um für viele Platz zu haben. Wie mehrfach gesagt: Dieses Potenzial scheint zu erodieren, die Mitte kommt sich von oben her vergessen und von unten her ausgenutzt vor. Aber grundsätzlich ist dieser kollektive Gestus durchaus ein Akt der gesellschaftlichen Befriedung, der Versöhnung auf eine gemeinsame Ausrichtung hin.

---

242 Vgl. den Artikel ,Versöhnung' (Bürkle/Deselaers/Thoma/Werbick/Gründel/Baumgartner/Neyer) in LThK, Bd. 10: 719–728.

Pastoral kann von der ‚Bürgerlichen Mitte' lernen, dass der Einsatz für ein gemeinsames, konsensuelles Vorangehen in Kirche und Gesellschaft einen eigenen Wert hat. Paulus spricht hier gerne von der ‚Einmütigkeit' der Gemeinde. Diese ist erstrebenswert und wäre ein attraktives Zeugnis. Nicht immer muss erst jeder einzelne Standpunkt genannt und durchprobiert worden sein. Und es gibt eine Form der Eitelkeit, die einfach als Unfähigkeit zu Einordnung und Kompromiss qualifiziert werden muss. ‚Versöhnung' muss nicht notwendig erst den Individualismus aller durchlaufen, sondern kann gerade darin bestehen, dies nicht zwanghaft zu müssen.

Ein wichtiger semantischer Überschuss der theologischen Rede von Versöhnung liegt allerdings in der Feststellung, dass echte Integration konfligierender Störungen ein beharrliches Wahrheitsbemühen voraussetzt. Die Lebenslogik der ‚Bürgerlichen Mitte' impliziert das unbestreitbare Talent, ‚fünfe gerade' sein lassen zu können. Dieses Talent tendiert jedoch immer wieder dazu, Kontroversen abzuschwächen und den vermeintlichen Frieden nur über den Preis einer oberflächlichen Befriedung zu erringen. Hier wäre theologisch einzuhaken und ein Vorschlag (proponere) zu formulieren: Versöhnung ist ein radikaler Akt, in dem Konzilianz nicht mit unprätentiöser Freundlichkeit zu verwechseln ist. „Versöhnung könnte nicht gelingen, wo verdrängt würde, was versöhnungsbedürftig ist; wenn nicht wahrgenommen würde, was so nicht bleiben darf."[243]

---

243 Ebd.: 725.

14 Expeditive, oder: Leben im Horizont von ‚Glauben'[245]

14.1 Analyse der Semantik

Der neue Milieuname für dieses Kulturmuster, den das DELTA®- und das Sinus®-Modell 2011 gemeinsam in die Debatte einbringen,[246] steht bereits für ein Grundmotiv, das die Semantik auffällig durchzieht: *Bewegung*. ‚Expeditive' sind auf einer Expedition, und Letzteres steht für Wege, Projekte, unabgeschlossene Vorhaben, Prozesse der Entdeckung von Neuem.

Die Subjekte dieses Musters werden in Bewegungsbildern beschrieben: Sie sind „Flaneure und urbane Vagabunden" (MB: 193), als „Jäger und Entdecker neuer Welten (...) stets auf der Suche nach dem Glück spannender Momente und Begegnungen" (MB: 194). Ihr Lebensziel ist nicht die Ankunft – wie in der ‚Bürgerlichen Mitte' oder bei den ‚Traditionellen' – und auch nicht die ‚Findung' – wie bei den ‚Postmateriellen' –, sondern „immer in Bewegung zu bleiben, denn sonst verliert man das Gefühl zu ‚leben'" (MB: 161). Freiheit ist daher der Grundpuls dieses Milieus, und zwar eine beharrliche, widerstandsfähige Freiheit, die sich Raum zu schaffen weiß. Im entsprechenden Psychodrawing sieht man Wege, Linien, Richtungen, Ursprünge in ergebnisoffener Entfaltung, Pfeile in alle Raumdimensionen hinein: „Ausdruck innerer Bewegtheit und Beweglichkeit" (MB: 163). Man rekonstruiert die Wirklichkeit in liquiden, schach-

244 HB: 279.
245 Vgl. einleitend zu diesem Milieu die Ausführungen zu den ‚Expeditiven' unter www.sinus-institut.de/loesungen/sinus-milieus.html (August 2012) sowie HB: 254–287 und MB: 69–71. 193–195.
246 Es ist aber zu beachten, dass derselbe Milieuname in beiden Modellen nicht notwendig dieselben Inhalte meint.

telnden, kombinatorischen Varianten, so dass sie sowohl konstruiert wie lebendig (beweglich) gehalten werden kann.

Psychodrawing zum Begriff „Freiheit"

- Der Weg ist das Ziel; neue eigene Wege gehen
- Der Weg ist nicht gerade, sondern lebendig geschwungen (organisch); Ausdruck innerer Bewegtheit und Beweglichkeit
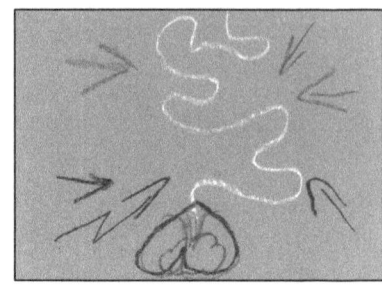
- Auf dem Weg neue Erfahrungen sammeln; offen sein für Eindrücke von außen und die eigene Richtung jederzeit ändern können
- Es gibt von außen Anstöße, aber der Einzelne ist frei, wie er darauf reagiert. Es gibt kein Gut oder Falsch, keine vorgezeichneten Hauptwege (keine Kreuzungen)
- Ausgang ist das „Herz"/„der Baum mit Wurzeln": das ist „Leben" im emphatischen Sinn → der Mensch mit seinen Gefühlen; der eigene innere Kern (Quelle: MB: 163)

Ganz ähnlich die Idee von ‚Leistung': Es wird hier eine Wellenlinie imaginiert, deren einziges Konstitutivum ihre Bewegtheit ist – und eben nicht eine dominante Gesamtrichtung, eine Aufstiegsdynamik oder der Fluchtpunkt eines gegebenen (Leistungs-)Ziels. Leistung ist gelöst von Gegenleistung, hat also ein inneres Bewegungsgesetz in sich und braucht nicht das Abarbeiten am Anderen, um sich zu finden (MB: 164). Dies gilt auch für die originelle Interpretation der Dimension ‚Gerechtigkeit'. Um im Assoziationshof rund um Mobilität und Kreativität zu bleiben: Hier hat jeder seinen ‚Standpunkt', soll sich aber in organischer Weise so auf seinen ‚Weg' begeben können, dass es zu allgemeiner Zufriedenheit kommt. Gerechtigkeit wird nicht in objektivierbaren Referenzgrößen gesucht, sondern in subjektiven (MB: 166 f). Ganz ähnlich verhält es sich mit den Werten ‚Verantwortung' und ‚Solidarität': Auch diese Werte stehen im

Fluss, im dauernden „Wechselspiel" (MB: 165). Wichtig: Liquide bleibt dieses Wechselspiel, diese ‚Inter-Aktion', durch seine Rettung vor systemischen oder institutionellen Ebenen. Denn diese werden im Milieu als situiert, etabliert, fixiert, anonymisiert erlebt und damit als ‚Bewegungsbremsen'. Sie frieren ein, lullen ein, spülen weich (MB: 162) – verändern also die Kontur und fressen die Energie für selbstbestimmte Wege.

Psychodrawing zum Begriff „Leistung"

- Kein Zwang, nach „oben" gehen zu müssen; keine Angst vor dramatischer Talfahrt, sondern im Gegenteil: Man ist sicher, es geht mal nach oben und mal nach unten – so ist das Leben

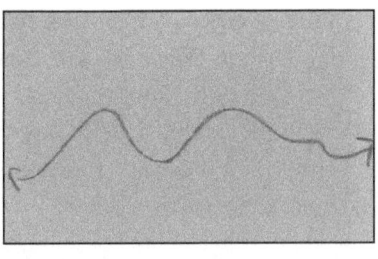

- Offenheit und Gelassenheit: Leistung ist eine sanfte wellenförmige Bewegung in mehrere Richtungen: Leistungsziele und Leistungsformen sind multioptional (Pfeile in beide Richtungen)
- Die Pfeile zeigen an beiden Enden nach oben. Optimismus, im eigenen Leben das umzusetzen, was einem wichtig ist
- Nicht nur ein vorgegebenes Ziel, das man – möglichst schnell und effizient – erreichen muss (kein gerader Pfeil nach oben) (Quelle: MB: 164 f)

Also: „Experimentalisten haben nicht das Ziel, irgendwo anzukommen und dort zu verharren, sondern wollen immer in Bewegung bleiben" (E: 189). Dass sich diese programmatische Beweglichkeit im Alltagsverhalten mannigfach auswirkt, leuchtet ein. Expeditive, so formuliert es die Gesundheitsstudie lakonisch, sind zum Beispiel „nicht gerade die Speerspitze der Prävention und der Vorsorge" (G: 280). Wohl wahr: Die einschlägigen Passagen zeigen Menschen, die sich schon aufgrund ihres Alters, aber eben auch ihrer Lebenslogik, nicht viele Sorgen um die Zukunft machen. Niemand geht so selten zu den Vorsorgeuntersuchungen (G: 274). Ohnehin geht man ungern zum Arzt, weil das so gar keinen „Fun-Faktor" (G: 275) aufweist; lieber ist man da „hochaktiv in der Selbstmedikation" (G: 273) und leistet es sich auch, die Anweisungen des Arztes zugunsten der eigenen Hobbys oder des Faulheitsdrangs abzuschwächen. Um die Zukunft oder die Qualität des Gesundheitssystems macht sich das Milieu wenig Gedanken: Eigentlich muss erst einmal im nahen Umfeld irgendetwas Gesundheitsrelevantes geschehen – wie etwa die Krankheit einer Freundin –, bevor das ganze Thema überhaupt eines wird (G: 278). Gesundheit, und das ist einschlägig, hat für Expeditive vor allem eine geistige Dimension. Mentale Stärke und Weite sowie die Ausstrahlung eines ganzheitlichen souveränen Selbstbezuges sind hoch dotierte Werte (G: 66). Lust, Überzeugung, Intuition und ‚Bauchgefühl' (G: 280) gelten als anerkannte Erkenntniswege. Der so typische Optimismus dieses Milieus drückt sich aus in einem enormen Vertrauen auf die Regenerationskraft ihres Körpers. Körper und Geist gelten als die Fahrzeuge in jene Grenzerfahrungen, die vom Milieu so hochgeschätzt werden: Extremsport, Meditation, Drogen, Fasten, spirituelle Selbstversuche, Wellness, durchfeierte Nächte, neue Ernährungsformen, anstrengende Fernreisen usw. Hier zeigt sich ihre ganze „Power der Passion" (G: 65): Äußere Bewegung soll innere inspirieren und umgekehrt.

Ein Detail rutscht heraus aus der allgemeinen Unbeeindrucktheit vom Gesundheitssystem – und das macht den Befund signalintensiv: Expeditive gehen regelmäßig zum Zahnarzt. An dieser einen Stelle lassen sie sich offenbar tatsächlich von objektiven Erfordernissen leiten. Die Studie interpretiert diese Beobachtung so, dass es für das Milieu sehr bedeutend ist, lebenslogisch zwar unbekümmert und optimistisch, aber eben nicht harmlos zu sein. Man will ja nicht einfach gesellschaftlich mitschwimmen und stumpf einfach nur das eigene Wohlgefühl maximieren. Expeditive einfach nur als egozentrische Träumer abzutun, wäre ein grobes Missverständnis. In den Dingen, die man für sich als bedeutend erkannt hat, wollen Expeditive definitiv unangepasst, unbequem und widerständig sein. Das heißt: Man will bissig sein und seine Zähne zeigen können – und die sind dann besser gesund, ansehnlich und in Ordnung (G: 275).

Das Muster, äußere Einwirkungen in Impulse des inneren Selbsterlebens umzusetzen, wird auch im Waldgebrauch deutlich. Expeditive sind der Ansicht, dass der Wald ganz seiner eigenen Bewegungsdynamik überlassen und verwildern dürfen sollte. Wirtschaftliche Waldnutzung wird abgelehnt. So kann dann der Wald als Stimulationsquelle hervortreten: Man sucht sich seinen Weg selbst durch das Dickicht; lagert sich im Schatten ehrwürdiger Baumriesen und lauscht ihnen; oder versucht mit Kindern mehrere Tage im Wald zu ‚überleben' (W: 124 f). Im Männerbild zeigt sich die hoch überdurchschnittliche äußere und mentale Mobilität des Milieus ebenfalls deutlich. Expeditive Männer sind weit über Gender-Klischees erhaben; sie dehnen sogar das, was Geschlechter-Identität sein soll, weit aus, indem sie mit immer neuen Rollen-, Partnerschafts- und Sexualitätsvarianten experimentieren. „Ihr Leben ist exploratives Suchen nach einem spannenden Rollenverhalten für sie selber" (M: 195). Was von außen radikal diskontinuierlich und episodenhaft erscheint, ist eben ihr Programm und kommt ihnen selbst ausbalanciert und nachvollziehbar vor (M: 51 f). Der scheinbar unverbrüchliche Optimismus dieses Kulturmusters zeigt sich auch in der Interpretation der Vaterrolle. Expeditive Männer wollen als Vaterfiguren für ihre Kinder „Entdecker fremder Welten" sein (M: 53. 56. 199). Um im Bild zu bleiben: Wie Kolumbus nehmen sie ihre Kinder mit auf eine aufregende Reise namens Leben – an andere Ufer, in andere Sphären und zu anderen Menschen. Es ist dabei die Kreativität der Kinder, von der sie sich selbst anstecken lassen wollen, um den gängigen Tabus, den einengenden Rigorismen und der für sie so langweiligen *correctness* ideologischer Programme zu entkommen.

Wo von so viel äußerer wie mentaler Beweglichkeit die Rede ist, verwundert es dann nicht, dass auch expeditive Eltern vor allem eines sind: mobil. Ihr Erziehungsverständnis ist das einer entspannten, staunenden ‚Begleitung' ihrer Kinder als eigene Erfahrung eines neuen Lebensabschnitts (E: 185 f). „Kinder experimentalistischer Eltern erleben von Geburt an viele unterschiedliche Welten. Wärme und Geborgenheit werden dem Kind (anders als etwa in der Bürgerlichen Mitte) nicht durch Abschottung, sondern durch das genaue Gegenteil, durch Integration in unterschiedliche soziale Kreise, gegeben" (E: 188). Das Kind spielt im Büro der Mutter; man grillt mittags als ganze Familie mit Freunden im Stadtpark; der Geburtstagsbesuch beim Arbeitskollegen des Vaters wird zur Gelegenheit, dem Kind die spannenden Afrikabücher des Besuchten zu zeigen, usw. Klar, dass starre Öffnungszeiten von KITAs, unverständliche Lehrpläne von Schulen oder unkreative Arbeitszeitregelungen zu so einem Elternleben wenig passen. Sie werden – wie alles, was grundlos bremst und einschränkt – stark kritisiert (E: 199–201).

14.2 Analyse der Alltagsästhetik

Die Alltagsästhetik der ‚Expeditiven' bzw. ‚Experimentalisten' (Sinus® 2006) ist vor allem durch hohe Originalität und Kreativität gekennzeichnet. Hier zeigt sich die enorme, im vorigen Abschnitt herausgearbeitete mentale Beweglichkeit des Milieus. Typisch ist, dass nichts typisch ist: Räume, Kleidung, Autos, Situationen werden ästhetisch so angeeignet, dass immer das gestaltende Individuum über die gegebene Form dominiert. Der Stilbruch, das *sampling*, die überraschende Kombination aus eigentlich einander widersprechenden Stil- oder Themenwelten, all das, was in anderen Milieus entweder programmatisch nie (‚Traditionsverwurzelte') oder selten vorkommt (z. B. ‚Etablierte'), ist hier geradezu üblich und normal. Man bastelt seine Möbel selbst, schneidert selbst, programmiert selbst. Virtuos kombiniert man Kleidungsstile, Vorlieben, Treffpunkte und Lebensideen. Das eigene Leben wird zur Bühne des Außergewöhnlichen: „bizarre Stilmixturen, schräge Arrangements, inszenierte Stilbrüche (Ästhetik der starken Reize)" (HB: 257).

Auch das Freizeitverhalten dient der Selbsterfindung und -demonstration: Intensiver, eintauchender Kontakt ins Netzwerk wechselt mit sorgfältiger Pflege des Alleinseins bis hin zur Schrulligkeit; exotische Reiseziele dokumentieren physisch die Mobilität, die man im Inneren ausgebildet hat; in kreativen Projekten sucht man die Grenzen der Aussagekraft der Medien, um neue Artikulationsgestalten des zu Sagenden zu gewinnen (HB: 259).

Die vom Kirchen-Handbuch gebotene Collage zeigt vor allem Individuen in physischen oder mentalen Bewegungsprozessen: Free-Climber, Denkender, Gehende, Tanzende, Skatende. Den Hintergrund der Stilistik bilden urbane und gerade nicht folkloristische Szenen: die Stadt, der screen, das Café, das Porträt (HB: 255). Der Selbstbezug dieses Milieus bringt eine Ästhetik des modernen Solitärs, des Bohemiens hervor, Inszenierungen des Einzigartigen wie des sozial Unabhängigen. Gezeigt wird immer die eigene mikrokosmische Interpretation im Gegensatz zum äußeren Regel- und Normalitätswerk: Wo alle pünktlich zur Stelle sind, kommen Expeditive zu spät; wo alle gähnen, bringen Expeditive eine Idee; wo alle Weihnachtssysmbole variieren, erinnern Expeditive an Ostern; wo alle salopp gekleidet sind, tragen Expeditive Anzug und Krawatte. Das lebenslogische Ziel ist, Routinen, Schemata und Etikette liquide zu halten – und zum Erreichen des Zieles gibt man den Künstler, den Rebell, den Träumer.

Die Visualisierungen des Lebenssinns bieten weitere Illustrationen des Bewegungsmotivs: Man sieht verschlungene Wege (HB: 271) und zyklische, metrische und sphärische Strukturdynamiken (HB: 272), die voller Kraft und Schönheit arrangiert sind und als „Wunder der Natur" gefeiert werden. Ähnlich das Psychodrawing zum Begriff der ‚Zukunft' (MB: 167): Menschen haben die Dächer ihrer Stadt erklettert und recken der aufgehenden Sonne ihre Hände entgegen. Es ist ein Bild, das beim Betrachter sofort ein *movie*, bewegte Bilder, ablaufen lässt, so lebendig ist die Szene eingefangen: Man hört das begeisterte Rufen der gezeichneten Leute, spürt die wärmenden Strahlen der Sonne, teilt die Freude an der Stadt. Das Handbuch von 2006 schlägt für dieses Kulturmuster einen interessanten Begriff vor, der das bisher Gesagte gut aufzugreifen vermag: *serendipity.* Der Begriff bedeutet so viel wie ‚Entdeckung', ‚Spürsinn', ‚glücklicher Zufall' oder ‚Zufallsfund'. Es geht um „Offenheit, Vorläufigkeit, Flexibilität, Optimismus und Vertrauen, dass alles gut werden wird" (HB: 266). Das Leben wird gelesen als Reise in die Bedeutsamkeit der Dinge. Man glaubt daran, dass hinter den Dingen etwas liegt; dass losgehen bereits heißt, durch neue Entdeckungen belohnt zu werden. Fast schon lyrisch spricht das Handbuch von der „eigenen Topographie der Seele und der Welt" und vom „explorierenden Suchen von neuen Sinnperspektiven und Komponieren von Sinnzusammenhängen aus Fragmenten" (HB: 268). Man könnte sagen: Die Semantik und die Alltagsästhetik zeigen ein Leitmotiv der ‚produktiven Sinnentdeckung‘, und die Pointe liegt darin, dass dieser Sinn durch das Suchen geradezu erst erzeugt wird. Es gibt ihn nicht an sich, sondern er ereignet sich für den, der riskiert, dass es ihn geben könnte.

14.3 Das Motiv der ‚produktiven Sinnentdeckung‘ und die soziale Gravitation des Milieus

„Das Leben hat Sinn, wenn man in Bewegung ist, sich bzw. die Welt spürt" (HB: 268), so heißt es unter ‚Lebenssinn‘ – und das ist *serendipity*. Besonders dieses synästhetische ‚Spüren nach Sinn mit allen Sinnen‘ hat gravitatorische Kraft. Denn: „Sinn hat (nur) das Bewegliche, Veränderbare – und damit auch Vergängliche; Sinn muss nichts Ewiges sein (= starr, unbeweglich, tot)" (HB: 268). In dieser Typik aus episodenhaft angelegtem Sinnfinden und Sinn-Loslassen, in dem so etwas wie Glück eher im Spüren als im Be-Greifen (und Festhalten) erfahren wird, liegt der Unterschied zu den ja scheinbar sehr verwandten ‚Postmateriellen‘: ‚Expeditive‘ haben weder eine Idee für das Ganze noch eine Botschaft an alle. Sie wollen, anders als ‚Performer‘, die Welt und ihre Optionen auch nicht eigentlich nutzen, sondern sie vielmehr begehen: ergebnisoffen, zukunftserschließend (vgl. auch MB: 69–71).

DELTA® nimmt die Metaphernwelt dieses entdeckenden Unterwegsseins wörtlich in die Grundbestimmungen der sozialen Gravitation auf, wenn der Impuls heißt: „Sich auf die Reise machen: Aufbrechen und Ausprobieren". Der Topos lautet korrespondierend: „Unbekanntes Terrain" (MB: 63).

Im Sinus®-Modell sind die Expeditiven gekennzeichnet als „ambitionierte kreative Avantgarde; mental und geografisch mobil". Ihre soziale Distinktion geht auf „Bindung", „Kleingeisterei" oder „ideologische Korsetts" und damit erkennbar gegen alles, was eine Reise mit unnötigem Ballast beschwert. Das Weltbild ist geprägt von Liberalität und der Wahrnehmung von globaler Mobilität. Ein Leitmotiv lautet: „Alles wird anders". Das Selbstbild hat u. a. die Kennzeichnung als „urbane Styler". Und als paradigmatische Frage kann gelten: „Wie kann man etwas bewegen?"

Man sieht: Expeditive sind gut verstanden, wenn man sie in mobilen Prozessen rekonstruiert: als Grenzgänger, Welten-Wanderer, Selbst-Erfinder, Sinn-Produzierer.

14.4 Das Motiv der ‚produktiven Sinn-Entdeckung' und die Wahrnehmung von Religion und Kirche[247]

Solchermaßen bewegte und bewegliche Geister richten anspruchsvolle Wünsche an weltanschauliche Agenturen. Wenn das ganze Leben als innere Reise und die Wirklichkeit als Kaleidoskop begriffen wird, das sich jedem so zeigt, wie er es gedreht hält, dann sind mentale Motive entscheidend für das Gelingen des Entwurfes. Drei Erwartungsbündel an Religion und ihre Institutionen können herausgefiltert werden: Orientierung, Inspiration, Motivation. Alle drei Bedürfnisse sind direkt gekoppelt mit dem lebenslogischen Antrieb, in mentalen Prozessen persönliche Sinnmuster zu generieren.

Dies lässt sich an der Bedürfnisdimension ‚Orientierung' sehr anschaulich zeigen. Das Handbuch benennt den deutlichen Wunsch nach einer stabilen Ausdrucksgestalt weltanschaulicher Angebote, nach ‚reinen' Zugängen, nach „absoluten Positionen" (HB: 274). Man möchte die jeweilige Religion sozusagen ‚pur', ‚unverfälscht', ‚authentisch' erleben – und zwar auch dann, wenn man ihr weder inhaltlich noch ästhetisch zustimmt. Denn: Weltanschauungen haben „instrumentelle Bedeutung" (HB: 273). Zu den kulturell dargebotenen ‚absoluten Positionen' will man sich eben nicht bekennend oder konvertierend verhalten, sondern „relativ" (HB: 274). Es geht um Fixpunkte, an denen entlang man seine eigene Topgrafie des je persönlichen Sinns aufbauen kann.

Dabei ist die religiöse Rezeption in diesem Kulturmuster erkennbar offen für spirituelle Inspiration. Dies ist der zweite Zugang auf Religion. Die präsentierten Zitate (HB: 275 f) belegen in hoher Häufigkeit, dass man das ganze Sein wie eingebettet in einen geistigen Fluss betrachtet, der alles bewässert, was geschieht. Daher die Nähe

---

247 Vgl. auch Ebertz 2008: 27. 30 f, sowie Ebertz 2009: 67 f.

zum Buddhismus, dem man eben unterstellt, Achtsamkeit auf solche untergründigen Energien zu vermitteln. Daher aber auch die Ablehnung eines sehr epistemologischen Anspruchs von Religion, wie ihn das von der katholischen Kirche präsentierte kognitive, lehramtliche und institutionell gesicherte Wahrheitsverständnis darstellt. Dieses ist zwar gerade wegen seiner extremen Erklärungsreichweite nutzbar als Reibungsfläche und topografische Markierung – es inspiriert aber nur ex negativo (als *„counterpart"*, vgl. HB: 278 sowie HB: 283) oder ‚nur' ästhetisch („barocke Aufladung", vgl. HB: 278). Religionen sollen sozusagen mentalen Proviant auf der persönlichen Reise reichen – die Umsetzung in die je eigenen Koordinaten wird dann individuell und aktiv vorgenommen. Ganz ähnlich sollen religiöse Anbieter erkennbar sein als Modelle spannenden, inspirierten Lebens. Man prämiert es, motiviert zu werden. Jesus wird anerkannt als „Revoluzzer", als „unkonventioneller Avantgardist" (alle HB: 277; vgl. auch HB: 282); ebenso aber können religiöse Rituale, Texte und Weisheiten motivieren. Diese Leistung wird durch die christlichen Kirchen aber nicht bereitgestellt. Sie gelten eher als demotivierend, selbstherrlich und erwartbar. Die Wünsche an die Kirche gehen in Richtung ‚Überraschung', ‚Provokation' und ‚Echtheit'. Man erkennt das Potenzial, das enorme Geheimnis, die Symbolkraft, nicht aber den Zugang dazu. ‚Produktive Sinn-Entdeckungen' macht man als je unverwechselbares Individuum im Jenseits von offiziöser Kirchenpraxis – und findet das in bestimmter Weise schade (vgl. HB: 284–286).

14.5 Das Motiv der ‚produktiven Sinn-Entdeckung' als implizit gelebte Alltagstheologie: ‚Glaube'

In einem referierten Statement sieht eine Frau sich selbst als religiösen „Zugvogel" (HB: 279) – wie in einer Miniatur bündelt dieses Bild die bisher gefundenen Motive der ‚Bewegung', der ‚Reise' und des für die nächste, bevorstehende Etappe ‚selbst produzierten Sinns'. In diesem ganzen mentalen und biografischen Muster erkennt man ein tiefes Lebensvertrauen: Experimentalisten und Expeditive werden als meist optimistische Leute beschrieben, deren „Veränderungs-, Lebens- und Experimentierfreude" (HB: 254) hervorsticht.

Sie haben damit eine Haltung gefunden, die man theologisch als ‚Glaube', als ‚Vertrauen' bezeichnet. Auch wenn theologisch-explizit mit ‚Glaube' ein Bekenntnis zu Jesus als dem Sohn und ersten Botschafter Gottes gemeint ist, so übersteigt dieser Akt doch auch gemäß den Schulmeinungen eine bloße Wortmitteilung. ‚Glaube' ist mehr als ein Datentransfer, es ist eine Haltung dem Leben und dem Sein gegenüber.[248] Im Glauben bekommt das Leben eine bestimmende „dialogische Antworthaltung" (667) bzw. manifestiert sich als „grundlegendes Vertrauen in die sich im Wissen vermittelnde heilende Urkraft" (668). Im biblischen Sinn ist ‚Glaube' kein formales Tun und zunächst unabhängig von Inhalten oder gar Dogmen. ‚Glaube' ist eher aktivisch, es ist der ‚treue' Nachweis des Vertrauens.

Hier liegt eine spannende Nähe zum expeditiven Kulturmuster, das ja ebenfalls in seiner aktiven und kreativen Dimension hervortritt. Glaube ist auch in theologischer Deutung keineswegs einfach da und braucht nur (ängstlich?) bewahrt werden, sondern wird je neu aktualisiert als „raumgebendes Sich-Öffnen für das Wort Gottes und als Standgewinnen und Stehen in ihm und zu ihm" (673). Denn Glaube ist ein Beziehungsbegriff, der vor allem an der gemeinsamen Geschichte Gottes mit den Menschen gebildet und erprobt wird. Insofern findet auch das Weg- und Reisemotiv der Expeditiven durchaus eine Entsprechung.

Nun liegen die Unterschiede zwischen dem theologischen Glaubensbegriff und der Lebenslogik der Expeditiven genauso auf der Hand wie die Gemeinsamkeiten: Expeditive wollen zu keinem ausformulierten Glaubensbekenntnis kommen; und theologisch gibt es in der Annahme Gottes als Weltenschöpfer und -kraft eine deutliche Grenze zum oft radikalen und funktionalen Konstruktivismus der Expeditiven. Trotzdem muss das nicht zur These einer nur metaphorischen Entsprechung beider Muster führen. Denn auch das theologisch gemeinte Glauben kennt in gewisser Weise den

---

248 Vgl. den Artikel ‚Glaube' im LThK, Bd. 4 (Pesch/Waldenfels/Haag/Bodendorfer-Langner/Söding/Seckler/Slenczka/Halter/Schmitz/Schüssler), 666–692; die Zahlen in Klammern verweisen auf diesen Text.

Akt der Sinn- und Realitätsproduktion: Denn Glaube kann durchaus bestimmte Welterfahrungen erst möglich machen.[249] Insofern Glaube vorgängige Weltdeutung ist, kann diese Voreinstellung zur Wirklichkeit dieser einen Art ‚Vertrauensvorschuss' geben, so dass Kräfte und Taten frei werden können, die sich ohne diese Welterklärung nicht eingestellt hätten. Liebe zwischen zwei Personen zum Beispiel funktioniert ja so, dass man dem anderen und sich unterstellt, liebenswürdig zu sein – und es ist gerade diese vorlaufende Unterstellung, dieser ‚Glaube', der eine Liebesbeziehung erst ermöglicht. Einen solchen Kreativeffekt können auch religiöse Unterstellungen an die Wirklichkeit erzeugen: Wenn etwa jemand in den Dingen der Welt unzweifelhaft Gottes gütige Kräfte glauben kann, kann er mit sehr schlimmen Schicksalsschlägen unter Umständen sinnzuschreibender umgehen als jemand ohne diesen Glauben. So gesehen, kennt auch der theologische Glaube so etwas wie Konstruktivismus – wenngleich er dies, im Gegensatz zu Expeditiven, nicht als Schaffung, sondern ‚nur' als Artikulation eines grundlegenden und ihm voraus bestehenden Sinns qualifizieren würde. Hier liegt ein sehr herausfordernder Diskussionspunkt mit den Expeditiven: Inwiefern kann etwas Sinn stiften, was man selbst ‚gemacht' hat? Theologisch würde man betonen, dass der letzte Grund für Lebensvertrauen in der Entdeckung liegt, sich von jemandem oder etwas Sinn zusprechen zu lassen. Gibt es zu diesem Gedanken eine Alternative? Und wenn ja: welche?

Auf jeden Fall stellen die Expeditiven in ihrer offenen, neugierigen Lebenslogik für die Pastoral eine Artikulationsgestalt für den anthropologischen Akt des Glaubens dar. An ihnen wird alltagsförmig deutlich, wie viel Innovation und Veränderung möglich wird, wenn man der Wirklichkeit zutraut, mehr zu sein, als sie zu sein scheint. Im ‚Glauben' antizipiert man ein Versprechen an die Welt, dessen Kraft sich erst erweist, wenn man riskiert, dass das Versprechen auch gehalten wird. Glaube ist so ein Sprung in neue Möglichkeiten – und genau in dieser Risikofreude erweist er sich erst als Glaube. Expeditive zeigen (unthematisch, unspezifisch), wie's geht.

---

249 Vgl. zum Folgenden den beeindruckenden Gedankengang bei Joas 2004: v. a. 23–28.

15 Traditionelle, oder: Leben im Horizont der ,Treue Gottes'[251]

15.1 Analyse der Semantik

In den Ausführungen der Wertestudie zu den ,Traditionellen' ist die Dominanz des ,Nahweltlichen' überwältigend. Welchen Grundwert man auch betrachtet: Man begegnet einer Lebensphilosophie des Überschaubaren, Reduzierten und Berechenbaren. „Wahre Größe besteht darin, in seinem lokalen Umfeld seine Pflicht zu tun (...) und sich darüber hinaus mit seinem Schicksal zu bescheiden" (MB: 132). Die Familie gilt als Keimzelle, „Heimathafen" und „harmonische Schutz- und Trutzburg" (beide MB: 133). Solidarität bedeutet, für die Nächsten da zu sein (MB: 133). Leistung bedeutet „die Erfüllung vorgegebener Aufgaben im nächsten Umfeld" (MB: 134 f). Eigenverantwortung bedeutet, „anderen nicht zur Last zu fallen" (MB: 135 f), und soziale Sicherheit, für sich selbst zu sorgen (MB: 136 f). Zwar hat man eine „nostalgische Sehnsucht" (MB: 134) nach solidarischen Werten in der Gesamtgesellschaft, hat aber den Glauben daran verloren, weil man ,die Politiker' als Leute erlebt, die ihre Versprechen nicht halten. Politik, Gesellschaft, Strukturen werden also personal und moralisch gelesen, und zwar aus der „Perspektive des ,kleinen Mannes' / der ,kleinen Frau'" (MB: 132). Schließlich: Auch Gerechtigkeit ist nur „im eigenen privaten Umfeld" (MB: 137) noch erlebbar.

Eng mit der Semantik des Nahen ist das Motiv des Sorgenden und Nützlichen verbunden. Dieses ist weltanschaulich in der Le-

---

250 G: 45.
251 Vgl. einleitend zu diesem Milieu die Ausführungen zu den ,Traditionellen' unter www.sinus-institut.de/loesungen/sinus-milieus.html (August 2012) sowie HB: 151–175 und MB: 67 f. 180–183.

benserfahrung fundiert, „dass niemand allein zurechtkommt" (MB: 133). Insofern braucht man sich, macht sich einander nützlich. Die Frau sorgt für Harmonie, der Mann für den Lebensunterhalt, die Kinder für Zukunft, die Eltern für Unterstützung. Unter Nachbarn sorgt man für Alltagshilfe; in der Gesellschaft dafür, dass man sich die Hand reicht – auch über das nahe Umfeld hinweg (MB: 133). Leistung besteht aus Fleiß, Pflicht, Selbstbestimmung und der einfachen Logik des Hilfe-Bietens und Hilfe-Nehmens (MB: 135). Egoismus ist gleichbedeutend mit sozialer Unnützlichkeit und gilt sogar als „Vergehen gegen das eigentliche Mensch-sein" (MB: 134).

Psychodrawing zum Begriff „Solidarität"

- Eingebunden in einen überschaubaren lebensweltli-
chen Kontext: Da sind Solidarität und Subsidiarität
basale Bausteine und gelten
als „Fairness"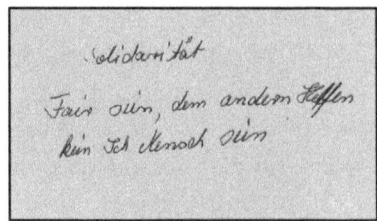
- Egoismus ist verpönt, ein
Sakrileg, wird auf Dauer stigmatisiert und gilt als Vergehen gegen das eigentliche Mensch-Sein
- Es dominiert die persönliche Solidarität über der systemgetragenen Solidarität, die aber akzeptiert und verteidigt wird, solange sie ihre Menschlichkeit nicht verliert (Quelle: MB: 134)

Psychodrawing zum Begriff „Eigenverantwortung"

- Bescheidenheit, Genügsam-
keit, Reduktion eigener Bedürfnisse. Motiv: Anderen
nicht zur Last zu fallen, solange es irgendwie geht; nicht
auf Kosten anderer leben
- Es geht primär um existenzielle, äußere Bedürfnisse (Pflege) (Quelle: MB: 136)

Insgesamt herrscht keine Logik der Steigerung, nicht einmal der besonderen Zielbildung (vgl. MB: 135). Man könnte raumsprachlich sagen: Nicht die Extreme *(peaks)*, die Punkte, Linien oder Kanten stehen in diesem Kulturmuster im Vordergrund, sondern die Fläche. Leben bedeutet, einen Möglichkeitsraum zu nutzen und zu begehen, nicht, ihn zu durchdringen oder zu erweitern.

Die vielleicht aussagestärkste Miniatur für diese ‚Logik der Ankunft' (Gerhard Schulze) ist der oftmals vorfindliche tägliche Spaziergang der Traditionellen auf immer denselben Wegen. Gerade dieses Ritual der Wiederholung in der äußerlich scheinbar immer gleichbleibenden Kulisse eröffnet jene inneren Prozesse, auf die das Milieu der ‚Traditionellen' wie kein anderes spezialisiert erscheint. Man spaziert – was ja immer beinhaltet, dass man nirgendwo anders als in der Rückkehr sein Ziel hat – und je mehr man geht, desto mehr demonstriert man sein Bleiben. Spazierengehen heißt eigentlich: gestalten, dass man sich aufhält. Spaziergänger signalisieren der Umwelt, dass man den Raum bewohnt, den man gerade beschreitet. Hinfließende Zeit wird im Gehen sowohl verräumlicht wie verinnerlicht. Im Gehen verselbständigen sich die Bewegungen, man braucht auf sie genauso wenig zu achten wie auf den Weg, den man kennt. Und so kann die Achtsamkeit umschalten auf das, was sich in der Unveränderlichkeit des Ganzen eben doch immer wieder verändert. Der ganze Gestus des Gehens wird zum Habitus des Hinschauens und -hörens auf die kleinen Verschiebungen und Neukombinationen: Details werden zu Hauptsachen. Spazierengehen ist ein Modus der Sorgfalt.

Dieses Leitmotiv einer konkreten Sorgfalt im Nahraum findet weitere plastische Belege aus den verschiedensten Alltagsfeldern. So berichtet die Waldstudie, dass Traditionelle zwar verlässliche Liebhaber von Wald und Feld sind. Man fährt in den Schwarzwaldurlaub, nimmt an geführten Wanderungen teil und weiß Bäume, Pilze und Vögel genau zu bestimmen. Für den Wald als abstrakte Größe aber zeigt sich dieses Kulturmuster gänzlich desinteressiert: Der Wald wird vom eigenen Wohlgefühl her gedacht, also gerade nicht als ökologisches Ganzes (Postmaterielle), als Ressource (Performer) oder als Beleg für deutsche Kultur (Konservative). Vielmehr wird personalisiert: Das Kulturelle am Wald begegnet im

Förster, der als Person, als Arbeiter, zwischen Natur und Erholungssuchendem vermitteln soll. Und dass der Förster wirklich arbeitet, erkennen Traditionelle an den für sie konkret nutzbaren Ergebnissen försterlicher Sorgfalt: an Beschriftungen von Wanderwegen, an Umzäunungen von Ameisenhügeln, an Informationsschilder über Gefahren usw. (W: 118 f).

Analog verhält es sich mit dem Thema Gesundheit, dem dominanten Thema für Traditionelle überhaupt: Auch hier ist sozusagen der Körper die Nahwelt, der mit konkreter Sorgfalt zu begegnen ist (G: 44–47). Und für die Liebe zum Detail bietet dieses Themenfeld ja sehr viele Gelegenheiten: Man besucht sich bei Krankheit; man unterhält sich über das aktuelle Befinden; man betreibt tapfer und treu seine wöchentliche Gymnastik in der Gruppe. Will man Informationen über Gesundheitsaspekte einholen, liest man eher keine Zeitschriften oder besucht Internetportale – man fragt Bekannte (G: 207). Der Hausarzt steht positiv für das Nahe, das Sicherheitsverbürgende, das Geborgene (G: 210 ff). Ohnehin ist der (mitunter häufige) Gang in die Arztpraxis ein Ritual der Vergewisserung: Man trifft sich im Wartezimmer, man teilt sich mit, man erlebt etwas, was anschließend wieder mitgeteilt werden kann (G: 213 f), usw. Ähnliches gilt für den Apotheker, dessen Rolle ebenfalls weniger im Fachexperten als in der Repräsentation des Vertrauten liegt (G: 215). Spiegelbildlich verkörpert das Krankenhaus oder gar ‚die Klinik‘ das Ferne, Apparathafte und Mechanische. Die Beziehung zum Arzt oder Apotheker ist wie eine Miniatur für das Verhältnis dieses Kulturmusters zur ‚Gesellschaft‘ im Ganzen. Geradezu ängstlich und gehorsam nimmt man in der hierarchischen Situation die Anweisungen zur Gesundung oder zur Medikation ‚von oben‘ entgegen. Hiernach teilt man diese im typischen Wir-Gestus dieses Milieus (‚Wir kleinen Leute‘; ‚Wir normalen Leute‘; ‚Wir als Schicksalsgemeinschaft‘) einander mit. Genau diese kollektive Selbstversicherung im eigenen Umfeld aber aktiviert dann ein erstaunlich subversives Potenzial. Traditionelle sind weit davon entfernt, ‚der Gesellschaft‘ eine zu dominante Macht zu geben und sich ihr ohne weiteres unterzuordnen. Gerade die Logik der Nahwelt kann die Kraft der eben noch ängstlich akzeptierten Imperative brechen. Dann hat der Arzt zwar gesagt: ‚Weniger Fett,

Fleisch, Zucker, Kuchen!‘ – aber im eigenen Kreis heißt es dann: ‚Dass bißchen hat noch nie geschadet, lass die mal reden und hau rein!‘ (G: 47).

Ein drittes Beispiel für diese Logik des Beistehens und der Bewährung im Konkreten ist das Paarverständnis dieses Kulturmusters. Dieses wird als Arbeit, genauer als „Beziehungsarbeit" (M: 131) erkenntlich: „Man hat sich geschworen, immer füreinander da zu sein" (M: 131). Gemäß der Erfahrung dieses Milieus erwächst eine Partnerschaft aus den vielen kleinen Schritten, die man aufeinander zu und miteinander macht. Partnerschaft ist weniger Lust und Liebe als eine Aufgabe, die eine konkrete Sorgfalt nach der anderen erfordert, Jahr um Jahr und Schritt für Schritt. So wächst im Vollzug dieser tausendfachen kleinen Treueerweise eine verlässliche und robuste Beziehung heran, der Außeneinflüsse nichts mehr anhaben können.

15.2 Analyse der Alltagsästhetik

Viele ästhetische Signale demonstrieren die skizzierten semantischen Motive des Nahen und Nützlichen. In den Wohnungen fehlt jede Extravaganz. Eher im Gegenteil besteht die Einrichtungskunst darin, Konventionalität als Programm zu verfolgen. Sauberkeit und Ordnung herrschen überall, vor allem aber an den für eine antizipierte Außensicht besonders sensiblen Punkten wie Wohnzimmer, Diele, Schlafzimmer. Die Ästhetik des Funktionalen und Zeitlosen kann so weit gehen, dass man fast meint, Wohnungen ohne Bewohner vor sich zu haben: So akkurat ist auch im kleinen Detail alles an der immer gleichen Stelle platziert.

Sehr anschaulich illustriert die Collage des Handbuches diese typische Reduktionsbewegung des Milieus auf das Nahe und Kontrollierbare. Gezeigt werden Handarbeit, rustikale Schuppengebäude, deutsche Kochbücher, liebe Kinder und Enkel, vertraute folkloristische Gebräuche, einfache Gesten des Hegens und Bewahrens (HB: 152).

Die Innen-Logik des Nahweltlichen hat ihre bedeutenden Signalflächen in den sorgfältigen Abgrenzungsinszenierungen nach außen: blickdichte Gardinen, hohe Hecken, rustikale Zäune, Haustür der Straße abgewandt, vergitterte Fenster zur Straße hin usw. (HB: 154). Die Tugenden der Sparsamkeit, der Bescheidenheit und des unprätentiösen Auftritts zeigen sich in den botanischen Inszenierungen: Gummibäume, Kakteen, sehr einfache Fensterblumen. Typisch sind weiterhin die Küchenaneignungen im Hauptwirkungsraum dieses Milieus: die Wachstuchtischdecke, die Eckbank, der Zeitungsstapel, das Brillenetui, das Lösungsbuch für die Kreuzworträtsel, die peinliche Sauberkeit, die jahrzehntelang eingeübte Ablauflogik der Hantierungen und der Körpersprachen in den kleinen Tätigkeiten, das Radio mit dem nie verstellten Sender – all dies spricht nicht nur für Alter und lange Routinen, sondern auch für die Lebenskunst, das Nahe problemfrei zu halten, um sich um sich und andere kümmern zu können.

Hier sind vor allem die Familienangehörigen im Blick. Die familialen Einbindungen werden bevorzugt in der Schrankwand des Wohnzimmers präsentiert – fast der einzige Ort (neben dem Werkraum), an dem Gegenstandsbewegung und leichte Unordnung signalintensiv werden können. Man stellt viele Fotografien aus, Erinnerungsprämien, ‚liebe Dinge‘ und sonstige Beschwörungen der ‚heilen Welt‘. Hier nicht und auch sonst nirgendwo geht es um Stilsicherheit, Repräsentation oder ausgeprägteren Präsentationsdrang; vielmehr geht es um eine ästhetische Logik des Angeeigneten, Genutzten, sicher Zuhandenen und Verfügbaren. Die Welt ist klein, dafür aber in Ordnung. Das Konkrete fordert heraus zur Sorgfalt.

15.3 Das Motiv der ‚konkreten Sorgfalt‘ und die soziale Gravitation des Milieus

Die Tagträume der ‚Traditionsverwurzelten‘ dokumentieren plastisch, dass dieses Kulturmuster sich ganz nach dem Nahen und Gestaltbaren ausrichtet. Die Imaginationen zeigen eine entspannte Sitzszene im eigenen Garten, ein harmonisches Fest der eigentlich sonst Verstreuten und nun Zurückgekehrten, die Geburt eines Enkels, eine nostalgische Zugfahrt oder die Pilgerreise zu vertrauten katholischen Stätten. Sehr sprechend ist die Betonung wartender Autos bei einer dahinschreitenden Fronleichnamsprozession über die Feldfluren: Zeichen, dass die Hast und Eile zugunsten der im wahrsten Sinn des Wortes kontemplativen Feldbegehung zurückweichen und dem ruhigen Schritttempo des normalen Lebens Raum gewähren (HB: 163).

Traditionsverwurzelte haben ein Weltbild rund um soziale Positionierungen (‚die da oben / wir hier unten'), das ihre hohe Anpassungsbereitschaft aktiviert. Sie sehen sich als boden- und anständige, nicht aber als rückständige[252] Leute. Die soziale Distinktion geht auf alles Diffuse, Interpretationsbedürftige, ‚Lose': auf alles Experimentelle, Exponierte und Exzentrische (HB: 155). DELTA® formuliert als grundlegenden Impuls: „In Harmonie eingebunden sein: Akzeptanz & Sicherheit". Und als Topos: „Vertrautes, Nahes" (MB: 63).

Das Sinus®-Modell 2011 bringt als paradigmatische Fragen des ‚Traditionellen Milieus': „Wohin soll das noch führen? Was sind meine Aufgaben und wozu bin ich noch nütze? Was wird aus unseren Kindern und Enkeln?" Als Leitmotiv wird u. a. rekonstruiert: „Keine Experimente". Und als Weltbild sieht man neben anderem eine „romantische Verklärung der Vergangenheit: Früher war alles besser."

Das Handbuch fasst die wesentlichen Ausrichtungen des Milieus im Baustein ‚Lebenssinn' (HB: 156. 164) so zusammen, dass man erkennt, wem die ‚konkrete Sorgfalt' gilt: der lokalen Gemeinschaft, der Ehe, dem Haus und dem Garten, der Lebensphilosophie der Bescheidenheit, den Kindern.

252 Man beachte in diesen drei Adjektiven (alle 112) den Assoziationshof des Stehens, des Ständigen und des (sozialhierarchischen) Standes – deutliche semantische Marker für ein statisches Weltbild aus Zuordnung, Einpassung (hierin den Konservativen ähnlich; vgl. MB: 132) und Konkretion. Zur Unterscheidung vgl. nur das jugendsprachliche ‚Ey, was geht?', das den Fokus auf Veränderung und Dynamik wechselt.

15.4 Das Motiv der ‚konkreten Sorgfalt' und die Wahrnehmung von Kirche und Religion[253]

„Was das Schöne an der Kirche ist? Da fragen Sie mich aber was!"
So antwortet eine 71-jährige Frau auf eine Frage, die ihr ganz offensichtlich ganz fremd daherkommt (HB: 169). Denn die Frage zielt ab auf Interpretation, Bewertung und individuelle Meinung, und das zu einem thematischen Gegenstand, in den man Anpassungs- und keine Veränderungsenergie steckt: Religion, Kirchlichkeit: *„Als guter Katholik muss man seine Pflicht erfüllen"* (HB: 169).

Religionen stecken den Möglichkeitsraum des Lebens ab – dies ist das grundlegende Wahrnehmungsschema: Die Welt ist die mit Plan geschaffene, deren Zeit in das Gericht einmündet; „die von Gott gesetzten Pläne sind zu befolgen" (HB: 165). Es gibt keine individualisierte Gottesvorstellung (HB: 165); und das Christentum gilt als die wahre Religion (HB: 166). Die Kirchenbindung ist dann stark, wenn sie lokal konkretisiert werden kann. (Insofern treffen Strukturreformen dieses Milieu in der Gravitation, wenn man die Kirche im Wortsinn nicht im Dorf des eigenen Lebens lässt.) Das Bedürfnis nach Konkretheit auch im religiös-rituellen Vollzug wird eingeholt, wenn das Gesangbuch wichtiger als die Bibel ist (HB: 170) oder wenn an jungen Leuten vor allem kritisiert wird, dass sie den Gottesdienst vor Ort nicht mehr besuchen, untreu sind (HB: 171). Priester haben dann hohes Ansehen, wenn sie auch in schweren und angefochtenen Zeiten ihre Pflicht tun. „Trotz der hohen Brandung bleiben sie Gott treu" (HB: 172). Jüngere Priester sollen die junge Generation wieder begeistern. Insgesamt wünscht man sich eine Kirche, die im nahen Umfeld sorgfältig darauf achtet, wie es ‚den Menschen' geht, welche Alltagssorgen sie haben, in welche Zukunft die Ortsgemeinschaft als Ganzes geht und wie Modernität und Tradition so amalgamiert werden können, dass weder die ‚Ewig-Gestrigen' noch die ‚ewigen Revoluzzer' das Bild bestimmen (HB: 170–175).

---

253 Vgl. auch Ebertz 2008: 22 f. 30 f sowie Ebertz 2009: 59 f.

15.5 Das Motiv der ‚konkreten Sorgfalt' als implizit gelebte Alltagstheologie: ‚Treue Gottes'

Man könnte mit einem theologischen Ausdruck auch sagen: Traditionelle wünschen sich eine Kirche, die von der ‚Treue Gottes' geprägt ist und diese präsent setzt. Insofern Traditionelle, ähnlich wie die Konservativen, ein hohes Ordnungsbewusstsein pflegen und dieses auch ontologisch auf die Welt projizieren, zeigen sie sich als ein Kulturmuster, das die ganze Welt auch metaphysisch im Modus der ‚konkreten Sorgfalt' antizipiert.

Für diese Vorstellung steht der Gottesname JHWH, der als Sprachfigur ein Versprechen ist: ‚Ich bin der, der (sorgend) für euch da ist', kann man übersetzen (Ex 3,14). Die biblischen Schriften tradieren dieses programmatische Versprechen Gottes mit dem Begriff der Treue.[254] JHWH wird als der ‚Treue' erfahren, was die Schöpfung, den Bund, den Weltenlauf und seine immer wieder neu initiierte Barmherzigkeit betrifft. Treue kann sogar zum ersten Gottesprädikat werden, indem die trinitarischen Personen auf die drei Zeitformen in Kontinuität gebracht werden: Vergangenheit (Treue zum Bund mit dem Volk Israel), Gegenwart (Treueerweis im andauernden Ereignis der durch den Sohn ermöglichten Gottesherrschaft) und Zukunft (Treuezusage durch die Sendung des Geistes für alle Zeiten). Bemerkenswert ist weiterhin, dass das hebräische Wort für ‚Treue' zugleich auch ‚Wahrheit' bedeutet und sich damit beziehungsförmig lesen lässt: Gott ist insofern der Wahre, als er dauernd seine Treue erweist. Damit wird, anders als im griechischen Denken, Wahrheit herausgeholt aus einer Abstraktion jenseits oder hinter den Dingen. Wahrheit ist konkret, erschließt sich „nicht dem bloßen Denken, sondern erst dem vertrauenden Glauben. (...) Treue im Glauben besteht also nicht im Konservieren von Unveränderlichkeiten, sondern in dem nie endenden Bemühen der Kirche insgesamt und jedes einzelnen Gläubigen, der Treue zu entsprechen."[255]

---

254 Vgl. die Artikel ‚Treue' und ‚Treue Gottes' in: LThK, Bd. 10 (Demmer/Zelinka/Diedrich/Menke): 211–215.
255 Ebd.: 214 f.

Dieser letzte Satz spielt beide Möglichkeiten einer abduktiven, alltagstheologisch interessierten Lektüre des traditionellen Milieus ein. Zum einen sieht man sofort, dass die ‚konkrete Sorgfalt‘, die in diesem Muster Tag für Tag kollektivbiografisch geübt und inszeniert wird, eine plastische Folie darstellt für das, was die Theologie mit ‚Treue‘ ausdrückt. Vor allem die Bescheidenheit, zu der man hier fähig ist, kann zur Spur für ein Glaubensverständnis werden, das sich alles von Gott verspricht und dabei doch nicht in fatalistische Passivität verfällt.

Umgekehrt signalisiert der Satz den semantischen Überschuss der theologischen Begrifflichkeit der ‚Treue Gottes‘: Dieser besteht zum großen Teil aus der Beobachtung, dass Gott in seiner Treue immer innovativ ist und den je gegebenen geschichtlichen Augenblick als seine Stunde nutzt. Tradition kann Zeugnis geben von der in der Vergangenheit erlebten Treue Gottes; sie kann diesen Treueerweis aber nicht einfrieren wollen, auch nicht im Namen der Ehrfurcht vor dem Alten. Wenn Tradition zu stark, zu pingelig, zu formalistisch und zu ängstlich festgehalten wird, rückt sie an die Stelle dessen, an dessen Treue man dann nicht mehr glaubt, weil man sie durch Beharrung ersetzt hat. Traditionelle werden durch eine ‚Theologie der Treue Gottes‘ in ihrer Gravitationslogik stark bestätigt und können hier mit ihrer Lebensleistung und -entdeckung sehr gut anknüpfen. Gleichwohl werden sie auch korrigiert: Denn wie der verstorbene Aachener Bischof Klaus Hemmerle zu sagen pflegte: „Wir sind nicht Nachlaßverwalter der Vergangenheit, sondern Wegbereiter der Zukunft.“[256] Den Glauben an die Treue Gottes glaubt man nur dem, der sie auch für die Zukunft erwartet.

---

256 Vgl. Klaus Hemmerle: Nicht Nachlaßverwalter, sondern Wegbereiter. Predigten 1993, Aachen 1994.

Schluss: Die große Sehnsucht unserer Zeit (Chiara Lubich)

Dieses Buch begann mit einem Agnostiker, Albert Camus. Gerade aus seiner Skepsis gegenüber allen Ideologien und Abstraktionen heraus forderte er dazu auf, die Menschen als Körper zu sehen, denen man keine eigene Poesie hinzufügen müsse, damit ihr Leben als würdig erscheine. Wieder sehen lernen, was ist – und zugeben, dass nicht mehr ist, als ist, das ist das Anliegen bei Camus. Der folgende theologische Gedankengang kam immer wieder auf diese Zuspitzung zurück. Und im Gefolge des inkarnationschristologischen Denkens in Gaudium et spes und in aktuellen Entwürfen theologischer Anthropologie wurde eine Poesie gefunden, die selber zum Körper wird, um dessen Freiheit zu schützen. Gerade weil Gott die Geschichte der Menschen teilt, ist da etwas, das uns befähigt, nicht mehr zu fordern als das, was ist. Dietrich Bonhoeffer nennt dieses Paradox: „Vor und mit Gott leben wir ohne Gott."[257] Die pastorale Pointe, die daraus folgt und die vor allem GS 44 setzt, besteht in einer offensiven kulturhermeneutischen Praxis: Die Poesie der Gottesrede erschließt sich nur vollständig, wenn auch die Körper des Geschichtlichen, Kulturellen, Aktuellen berührt werden. Präziser: Wenn die Leben der Leute berührt werden. Wer die Poesie der Inkarnation verstehen will, muss sie vorher unter denen erfahren, denen sie gesagt werden soll.

Eine solche Erschließung der ‚kulturellen Körperlichkeit' ermöglichte die soziologische Milieutheorie. Natürlich gibt es auch andere Theorien und Instrumente. Eine Pastoraltheologie auf der Höhe von GS 44 benutzt sie alle. Denn sie will weg von einer Theologie, die ein exklusives und elitäres Sonderwissen behauptet über Dinge, die alle angehen, und dies im letzten Ernst ihrer Existenz. Dies ist nicht zuletzt auch eine geistliche Herausforderung und eine geistliche Neugründung der Pastoral(theologie). Es gilt, das

---

257 Bonhoeffer 1965: 178; vgl. sekundär Höhn 1996.

Evangelium wieder von den Menschen her zu lesen, die weisheit-
liche Substanz theologischer Begriffe wieder in biografischem und
erzähltem Christsein zu suchen und Kirche als eine überraschba-
re Organisation zu bilden, die auf der Suche nach einer Wahrheit
ist, die sich je neu ereignen will.

Darum geht der Weg des Buches von Camus über das Konzil zu einer Mystikerin: Chiara Lubich. Diese ist vielen bekannt als die
Gründerin und Präsidentin der Fokolarbewegung, einer der größ-
ten geistlichen Bewegungen unserer Tage. Sie starb 2008 und hin-
terließ eine Fülle an bewegenden meditativen Texten. In dem Folgenden warnt auch sie davor, die Poesie der Offenbarung jenseits
der gegebenen Körper zu suchen. Denn das Wort Gottes war der
Sohn eines Zimmermanns und der Sitz der Weisheit: eine Hausfrau.

Die große Sehnsucht unserer Zeit

Die große Sehnsucht unserer Zeit ist dies: in die höchste Beschau-
ung eindringen und mit allen verbunden bleiben, als Mensch unter Menschen.

Ich möchte noch mehr sagen: sich in der Menge verlieren, um sie
mit dem Göttlichen zu durchwirken, wie der Wein ein Stück Brot
durchtränkt.

Ich möchte noch mehr sagen: Anteil nehmen an den Plänen Gottes mit der Menschheit und ein Gewebe von Licht über die Menge
breiten und zur gleichen Zeit mit dem Nächsten die Schande, den
Hunger, die Schläge, die kurzen Freuden teilen.

Denn die Sehnsucht unserer wie aller Zeiten ist das Menschlichs-
te und Göttlichste, was man sich denken kann: Jesus und Maria;
das Wort Gottes, Sohn eines Zimmermanns – der Sitz der Weisheit, eine Hausfrau.[258]

258 Lubich 1986: 110.

Literaturverzeichnis

– AKKZG (= Arbeitskreis für kirchliche Zeitgeschichte Münster) 1993: Katholiken zwischen Tradition und Moderne. Das katholische Milieu als Forschungsaufgabe, in: Westfälische Forschungen (43) 1993, 588–651.

– Balthasar, Hans Urs von 1988: Herrlichkeit. Eine theologische Ästhetik. Bd. I: Schau der Gestalt, Einsiedeln[3].

– Baraldi u.a. (Hg.) 1999: GLU – Glossar zu Niklas Luhmanns Theorie sozialer Systeme, Frankfurt a.M.[3].

– Bauer, Christian 2010: Ortswechsel der Theologie. M.-Dominique Chenu im Kontext seiner Programmschrift ‚Une école de théologie: Le Saulchoir‘, 2 Bd, Berlin.

– Bauer, Christian 2011: Indiana Jones in der Spätmoderne? Umrisse einer Pastoraltheologie der kreativen Differenzen, in: Lebendige Seelsorge, H. 1/2011, 30–35.

– BDKJ & Misereor (Hg.) 2008: Wie ticken Jugendliche? Sinus Milieustudie U27, Düsseldorf (Autoren: Carsten Wippermann/Marc Calmbach).

– Boeve, Lieven 2012: Christlicher Glaube in einer Zeit der Verunsicherung: Theologie, Kirche und die Angst vor dem Risiko, in: Gregor Maria Hoff (Hg.), sicher-unsicher. Salzburger Hochschulwochen 2011, Innsbruck/Wien, 49–91.

– Bonhoeffer, Dietrich 1965: Widerstand und Ergebung, München/Hamburg[2] 1965.

– Bonhoeffer, Dietrich 2000: Nachfolge, Gütersloh.

– Börsenverein des Deutschen Buchhandels (Hg.) 2006: Buchhandlungen und Neue Medien. Chancen, Visionen und Handlungskonzepte für den stationären Buchhandel aus Sicht strategischer Zielgruppen, Frankfurt a.M. (Autoren: Katja Wippermann/Stefanie Wagner); käufliches Internetdokument; vgl. unter ‚Marktforschung‘ bei www.boersenverein.de (August 2012).

– Börsenverein des Deutschen Buchhandels (Hg.) 2008: Entwicklungen und Trends im Buchmarkt 50plus. Kaufverhalten, Motive und Erwartungen einer anspruchsvollen Zielgruppe (Studie aus dem Jahr 2008; käufliches Internetdokument; vgl. unter ‚Marktforschung' bei www.boersenverein.de (August 2012).

- Bucher, Rainer 2004: Entmonopolisierung und Machtverlust. Wie kam die Kirche in die Krise?, in: ders. (Hg.), Die Provokation der Krise. Zwölf Fragen und Antworten zur Lage der Kirche, Würzburg, 11–29.

- Bucher, Rainer 2008: Mehr als Adressaten. Grundsätzliche Überlegungen zum Konzept einer milieusensiblen Pastoral, in: Ebertz/Hunstig, a. a. O., 67–76.

- Bucher, Rainer 2010: Theologie im Risiko der Gegenwart. Studien zur kenotischen Existenz der Pastoraltheologie zwischen Universität, Kirche und Gesellschaft, Stuttgart.

- Calmbach, Marc/Thomas, Peter Martin/Borchard, Inga/Flaig, Bodo 2011: Wie ticken Jugendliche? Lebenswelten von Jugendlichen im Alter von 14 bis 17 Jahren in Deutschland 2012, Düsseldorf.

- Camus, Albert 1988: Hochzeit des Lichts. Heimkehr nach Tipasa. Mittelmeer-Essays, Darmstadt.

- Chenu, Marie Dominique 1966: Die Aufgabe der Kirche in der Welt von heute, in: Barauna Guilherme (Hg.), Die Kirche in der Welt von heute. Untersuchungen und Kommentare zur Pastoralkonstitution ‚Gaudium et spes' des II. Vatikanischen Konzils, Salzburg, 226–247.

- Collet, Giancarlo 2002: ‚... bis an die Grenzen der Erde': Grundfragen heutiger Missionswissenschaft, Freiburg i. Br. u. a.

- Congar, Yves 1968: Kommentar zu Kap. 4 des Ersten Teils [von Gaudium et spes, MS], in: LThK, Ergbd. 14, Freiburg u. a.[2] 397–422.

- Damberg, Wim 1997: Abschied vom Milieu? Katholizismus im Bistum Münster und in den Niederlanden 1945–1980, Paderborn u. a.

- Die deutschen Bischöfe 2000: ‚Zeit zur Aussaat'. Missionarisch Kirche sein (= Die deutschen Bischöfe Nr. 68, hg. vom Sekretariat der Deutschen Bischofskonferenz), Bonn.

- Dirscherl, Erwin 2006: Grundriss Theologischer Anthropologie. Die Entschiedenheit des Menschen angesichts des Anderen, Regensburg.

- Ebeling, Gerhard 1989: Lutherstudien BD. II: Disputatio de Homine. Dritter Teil: Die theologische Definition des Menschen. Kommentar zu These 20–40, Tübingen.
- Ebertz, Michael N. 2006b: Anlassgottesdienste. Anpassung statt Angleichung – Anpassung und Angleichung, in: Heiliger Dienst 60/2006, 19–39.
- Ebertz, Michael N. / Hunstig, Hans-Georg (Hg.) 2008: Hinaus ins Weite. Gehversuche einer milieusensiblen Kirche, Würzburg².
- Ebertz, Michael N. / Wunder, Bernhard (Hg.) 2009: Milieupraxis. Vom Sehen zum Handeln in der pastoralen Arbeit, Würzburg.
- Ebertz, Michael N. 2006a: Was sind soziale Milieus?, in: Lebendige Seelsorge, H. 4/2006, 258–264.
- Ebertz, Michael N. 2008: Hinaus in alle Milieus? Zentrale Ergebnisse der Sinus-Milieu-Kirchenstudie, in: Ebertz / Hunstig, a. a. O., 17–34.
- Ebertz, Michael N. 2009: Dichte Milieubeschreibung 1: Sinus-Milieus, in: Ebertz / Wunder, a. a. O., S. 59–72.
- EKD 2000: Das Evangelium unter die Leute bringen. Zum missionarischen Dienst der Kirche in unserem Land (= EKD-Texte 68, hg. vom Kirchenamt der EKD), Hannover.
- Erbacher, Jürgen (Hg.) 2012: Entweltlichung der Kirche? Zur Freiburger Rede des Papstes, Freiburg u. a.
- Essen, Georg 2012: „Da ist keiner, der nicht sündigt, nicht einer ...". Analyse und Kritik gegenwärtiger Erbsündentheologien und ihr Beitrag für das seit Paulus gestellte Problem, in: Pröpper 2012, a. a. O, 1092–1156.
- Först, Johannes / Först, Wolfgang 2008: Von der Gefahr, in der Predigt den Olymp zu besteigen. Kritische Anmerkungen zur Rezeption der ‚Sinus-Studie', in: Michael Meyer-Blanck u. a. (Hg.), Jugend und Predigt – Zwei fremde Welten?, München, 39–52.
- Forte, Bruno 1989: Dreifaltigkeit: Geschichte Gottes in der Geschichte des Menschen, in: Klaus Hemmerle (Hg.), Dreifaltigkeit – Schlüssel zum Menschen, Schlüssel zur Zeit. Beiträge zu Zeitfragen des Glaubens, München u. a., 95–117.
- Französische Bischofskonferenz 2000: Den Glauben anbieten in der heutigen Gesellschaft. Brief an die Katholiken Frankreichs

von 1996 (= Stimmen der Weltkirche, Nr. 37, hg. vom Sekretariat der Deutschen Bischofskonferenz), Bonn.

- Fresacher, Bernhard 2009: Wie lässt sich die Jugend verstehen?, in: Christel Quiring/Christian Heckmann (Hg.): Graffiti, Rap & Kirchenchor. Jugendpastorale Herausforderungen der Sinus-Milieu-Studie U 27, Düsseldorf, 48–63.

- Frevel, Christian (Hg.) 2010: Biblische Anthropologie. Neue Einsichten aus dem Alten Testament, Freiburg u. a.

- Gabriel, Karl 1998: Christentum zwischen Tradition und Moderne, Freiburg u. a.[6].

- Gabriel, Karl 2009: Art. Milieu, in: LThK3, Bd. 7, Sp. 253.

- Garhammer, Erich 2008: Vom Widerspruch zum Widerhall. Zehn pastoraltheologische Anmerkungen, in: Ebertz/Hunstig, a. a. O., 77–83.

- Geertz, Clifford 1987: Dichte Beschreibung. Beiträge zum Verstehen kultureller Systeme, Frankfurt a. M.

- Gennerich, Christian 2010: Empirische Dogmatik des Jugendalters. Werte und Einstellungen Heranwachsender als Bezugsgröße für religionsdidaktische Reflexionen, Stuttgart.

- Gentges, Christian 2012: „Lass mich dich lernen, ..." Zur Bedeutung von Milieuforschung für die kirchliche Jugend(verbands)arbeit, in: Sellmann/Wolanski 2013.

- Grümme, Bernhard 2012: Menschen bilden? Eine religionspädagogische Anthropologie, Freiburg u. a.

- Hartmann, Peter 1999: Lebensstilforschung. Darstellung, Kritik und Weiterentwicklung, Opladen.

- Heidemann, Frank 2011: Ethnologie. Eine Einführung, Stuttgart.

- Hemmerle, Klaus 1983: Was fängt die Jugend mit der Kirche an? Was fängt die Kirche mit der Jugend an?, in: Internationale Katholische Zeitschrift Communio, Bd. 12 (1983): 306–317.

- Hemmerle, Klaus 1994: Nicht Nachlaßverwalter, sondern Wegbereiter. Predigten 1993, Aachen.

- Hemmerle, Klaus 1995: Trinität und Kirche. Raum trinitarischer Gemeinschaft, in: ders., Leben aus der Einheit (hg. von Peter Blättler), Freiburg i. Br., 177–205.

- Hemmerle, Klaus 1999: Dein Herz an Gottes Ohr. Einübung ins Gebet, München u. a.².
- Hempelmann, Heinzpeter 2012: Gott im Milieu. Wie die Sinus-Studien Menschen helfen können, Menschen zu erreichen, Gießen (im Erscheinen).
- Hennecke, Christian 1997: Die Wirklichkeit der Welt erhellen. Ein ökumenisches Gespräch mit Dietrich Bonhoeffer über die ekklesiologischen Perspektiven der Moralverkündigung, Paderborn.
- Henry-Huthmacher, Christine / Borchard, Michael (Hg.) 2008: Eltern unter Druck. Selbstverständnisse, Befindlichkeiten und Bedürfnisse von Eltern in verschiedenen Lebenswelten. Eine sozialwissenschaftliche Untersuchung von Sinus Sociovision im Auftrag der Konrad-Adenauer-Stiftung e. V. (Autoren: Tanja Merkle / Carsten Wippermann), Stuttgart.
- Hilberath, Bernd Jochen 1995: Karl Rahner. Gottgeheimnis Mensch, Mainz.
- Höhn, Hans-Joachim 1996: ,Vor und mit Gott leben wir ohne Gott.' Negative Theologie als theologische Hermeneutik der Moderne, in: Günter Riße u. a. (Hg.): Wege der Theologie: an der Schwelle zum dritten Jahrtausend (FS Waldenfels), Paderborn, 97–109.
- Homann, Karl / Suchanek, Andreas 2000: Ökonomik. Eine Einführung. Tübingen.
- Hradil, Stefan 1987: Sozialstrukturanalyse in einer fortgeschrittenen Gesellschaft. Von Klassen und Schichten zu Lagen und Milieus, Opladen.
- Hünermann, Peter (Hg.) 2006a: Das Zweite Vatikanische Konzil und die Zeichen der Zeit heute, Freiburg u. a.
- Hünermann, Peter 2006b: Gestern und heute. Eine kontrastierende Relecture der Situation des Menschen in der heutigen Welt (GS 4–10), in: ders. 2006a, 29–60.
- Hünermann, Peter 2006c: Gottes Handeln in der Geschichte. Theologie als Interpretatio temporis, in: Michael Böhnke u. a. (Hg.): Freiheit Gottes und der Menschen (FS Thomas Pröpper), Regensburg, 109–135.
- Joas, Hans 1996: Die Kreativität des Handelns, Frankfurt a. M.

- Joas, Hans 2000: George Herbert Mead (1863–1931), in: Kaesler 2000, a. a. O., 171–189.
- Joas, Hans 2004: Braucht der Mensch Religion? Über Erfahrungen der Selbsttranszendenz, Freiburg u. a.
- Jüngel, Eberhard 1992: Gott als Geheimnis der Welt. Zur Begründung der Theologie des Gekreuzigten im Streit zwischen Theismus und Atheismus, Tübingen[6].
- Kaesler, Dirk (Hg.) 2000: Klassiker der Soziologie. Bd I. Von Auguste Comte bis Norbert Elias, München.
- Kasper, Walter 2011: Katholische Kirche. Wesen – Wirklichkeit – Sendung, Freiburg u. a.[2].
- Kasper, Walter: Die bleibende Herausforderung durch das II. Vatikanische Konzil. Zur Hermeneutik der Konzilsaussagen, in: ders, Theologie und Kirche, Mainz 1987, 290–299.
- Kehl, Medard / Löser, Werner (Hg.) 1980: In der Fülle des Glaubens. Hans Urs von Balthasar – Lesebuch, Basel / Freiburg / Wien.
- Klein, Stephanie 1999: Methodische Zugänge zur sozialen Wirklichkeit, in: Herbert Haslinger u. a. (Hg.), Handbuch Praktische Theologie, Bd. 1: Grundlegungen, Mainz, 248–259.
- Klinger, Elmar 1997: Kirche – Die Praxis des Volkes Gottes, in: Fuchs, Gotthard / Lienkamp, Andreas (Hg.), Visisonen des Konzils. 30 Jahre Pastoralkonstitution ‚Die Kirche in der Welt von heute‘, Münster, 73–83.
- Kongregation für die Glaubenslehre 2007: Lehrmäßige Note zu einigen Aspekten der Evangelisierung (= Verlautbarungen des Apostolischen Stuhls Nr. 180, hg. vom Sekretariat der Deutschen Bischofskonferenz), Bonn.
- Krause, Boris 2009: Religiosität und Kirchlichkeit im Spiegel soziologischer Theorie und Empirie. Studie im Auftrag der Pastoralkommission der Deutschen Bischofskonferenz (in Verbindung mit Karl Gabriel u. a.), Berlin.
- Kumoll, Karsten 2006: Clifford Geertz (*1926). Von der ‚dichten Beschreibung‘ zur Heterogenität kultureller Systeme, in: Martin Ludwig Hofmann u. a. (Hg.): Culture Club II. Klassiker der Kulturtheorie, Frankfurt a. M., 271–292.
- Laumer, August 2010: Karl Rahner und die praktische Theologie, Würzburg.

- **Liedhegener, Antonius 2011**: Religion und Kirchen vor den Herausforderungen der Urbanisierung in Deutschland im 19. und frühen 20. Jahrhundert. Forschungsstand und Forschungsperspektiven, in: Werner Freitag (Hg.), Die Pfarre in der Stadt. Siedlungskern – Bürgerkirche – Urbanes Zentrum, Köln u. a., 175–210.
- **Loko, Marcel 2012**: Was kann kirchliche Kommunikation von moderner Markenführung lernen?, in: Sellmann, Matthias u. a. (Hg.), Kirche im Kampf um öffentliche Aufmerksamkeit (= sinnstiftermag 01–05), Berlin, 79 f.
- **Lubich, Chiara 1986**: Bis wir alle eins sein werden. Meditationen, München / Zürich / Wien[13].
- **Luhmann, Niklas 2000**: Die Religion der Gesellschaft, Frankfurt a. M.
- **Luther, Henning 1992**: Religion und Alltag. Bausteine zu einer Praktischen Theologie des Subjekts, Stuttgart.
- **Medien-Dienstleistung GmbH (Hg.)** in Kooperation mit **Katholische Sozialethische Arbeitsstelle Hamm 2006**: Milieuhandbuch ,Religiöse und kirchliche Orientierungen in den Sinus-Milieus®2005' München (Autoren: Carsten Wippermann / Isabel Magalhaes).
- **Mette, Norbert 2005**: Die pastorale Konstitution über die Kirche in der Welt von heute *Gaudium et spes*, in: Bischof, Franz-Xaver / Leimgruber, Stephan (Hg.), Vierzig Jahre II. Vatikanum. Zur Wirkungsgeschichte der Konzilsgeschichte, Würzburg[2], 280–296.
- **Mette, Norbert 2012**: Neuere Entwicklungen in der katholischen Pastoraltheologie, in: Theologische Literaturzeitung H. 1/2012, 120–134.
- **Müller, Hadwig 1999**: Den Glauben zumuten. Eine französische Initiative mit europäischem Vorschlagscharakter, in: Herder Korrespondenz, Jg. 53, 316–321.
- **Müller, Hadwig 2004**: Was macht den Unterschied der Initiativen in der französischen Kirche aus? Theologisches Handeln und handelnde Theologie, in: Sellmann 2004, a. a. O., 229–248.
- **Neumann, Karl 1980**: Der Praxisbezug der Theologie bei Karl Rahner, Freiburg u. a.

– Ott, Gunnar 2005: Entwicklung und Test einer integrativen Typologie der Lebensführung, in: Zeitschrift für Soziologie, H. 6, 442–467.

– Pannenberg, Wolfhart 1983: Anthropologie in theologischer Perspektive, Göttingen.

– Papst Paul VI. 1975: Apostolisches Schreiben Papst Pauls VI. über die Evangelisierung in der Welt von heute [Evangelii Nuntiandi] (= Verlautbarungen des Apostolischen Stuhls Nr. 2, hg. vom Sekretariat der Deutschen Bischofskonferenz), Bonn.

– Pesch, Otto Hermann 1994: Das Zweite Vatikanische Konzil. Vorgeschichte – Verlauf – Ergebnisse – Nachgeschichte, Würzburg^3.

– Pieper, Annemarie (Hg.) 1994: Die Gegenwart des Absurden. Studien zu Albert Camus, Tübingen / Basel.

– Pollack, Detlef / Rosta, Gergely 2011: Religiöse Vitalität und soziale Heimat – Ein Vergleich katholischer Gemeinden in Deutschland und den USA, in: Reinhold, Kai / Sellmann, Matthias (Hg.), Katholische Kirche und Gemeindeleben in den USA und in Deutschland. Überraschende Ergebnisse einer ländervergleichenden Umfrage, Münster, 63–85.

– Popcorn, Faith 1992: Der Popcorn Report. Trends für die Zukunft, München^5.

– Pröpper, Thomas 1988: Erlösungsglaube und Freiheitsgeschichte. Eine Skizze zur Soteriologie, 2. wes. erw. Auflage, München.

– Pröpper, Thomas 2001: Evangelium und freie Vernunft. Konturen einer theologischen Hermeneutik, Freiburg i.Br. / Basel / Wien.

– Pröpper, Thomas 2012: Theologische Anthropologie, 2 Teilbände, Freiburg i.Br. / Basel / Wien^2.

– Rahner, Karl 1964a: Über den Versuch eines Aufrisses einer Dogmatik, in: ders.: Schriften zur Theologie, Bd. I, Einsiedeln u.a., 9–47.

– Rahner, Karl 1964b: Weltgeschichte und Heilsgeschichte, in: ders.: Schriften zur Theologie, Bd. V, Einsiedeln u.a.^{2}, 115–135.

– Rahner, Karl 1966: Das Konzil – ein neuer Beginn. Vortrag beim Festakt zum Abschluss des II. Vatikanischen Konzils im Herkulessaal der Residenz in München am 12. Dezember 1965, Freiburg.

– Rahner, Karl 1967a: Zur theologischen Problematik einer ‚Pastoralkonstitution', in: ders: Schriften zur Theologie, Bd. VIII, Einsiedeln u. a., 613–636.

– Rahner, Karl 1967b: Theologische Reflexionen zum Problem der Säkularisation, in: ders.: Schriften zur Theologie, Bd. VIII, Einsiedeln u. a., 637–666.

– Rahner, Karl 1967c: Theologie und Anthropologie, in: ders: Schriften zur Theologie, Bd. VIII, Einsiedeln u. a., 43–65.

– Rahner, Karl 1967d: Die Herausforderung der Theologie durch das Zweite Vatikanische Konzil, in: ders.: Schriften zur Theologie, Bd. VIII, Einsiedeln u. a., 13–42.

– Rahner, Karl 1984: Grundkurs des Glaubens. Einführung in den Begriff des Christentums, Freiburg u. a.

– Rentsch, Thomas 1996: Religiöse Vernunft: Kritik und Rekonstruktion. Systematische Religionsphilosophie als kritische Hermeneutik, in: Hans-Joachim Höhn (Hg.), Krise der Immanenz. Religion an den Grenzen der Moderne, Frankfurt a. M., 235–262.

– Sander, Hans-Joachim 2005: in: Theologischer Kommentar zur Pastoralkonstitution über die Kirche in der Welt von heute *Gaudium et spes*, in: Herders Theologischer Kommentar zum Zweiten Vatikanischen Konzil, Bd. 4, Freiburg u. a., 581–886.

– Schmidl, Joachim 2012: Visionärer Anfang oder Betriebsunfall der Geschichte? Tendenzen der Forschung zum Zweiten Vatikanischen Konzil, in: Theologische Revue, 1/2012, 4–18.

– Schulze, Gerhard 1992: Die Erlebnisgesellschaft. Kultursoziologie der Gegenwart, Frankfurt a. M. / New York[2].

– Sellmann, Matthias (Hg.) 2004: Deutschland – Missionsland. Zur Überwindung eines pastoralen Tabus, Freiburg u. a.

– Sellmann, Matthias / Wolanski, Caroline (Hg.) 2013: Milieusensible Pastoral. Praxiserfahrungen aus kirchlichen Organisationen, Würzburg (im Erscheinen).

– Sellmann, Matthias 2006: Milieuverengung als Gottesverengung, in: Lebendige Seelsorge, H. 4/2006, 284–289.

– Sellmann, Matthias 2007a: Religion und soziale Ordnung. Gesellschaftstheoretische Analysen, Frankfurt a. M. / New York.

- Sellmann, Matthias 2007b: Theologisches Gestaltsehen. Die Sinusstudie über Kirche und Religion als eine Wahrnehmungs-schule für Theologie und Pastoral, in: Pastoralblatt 2/2007, 41–49.
- Sellmann, Matthias 2007c: Gemeinde und soziale Milieus (= Themenheft Gemeinde 5/2007), Aachen.
- Sellmann, Matthias 2008: ,Lust auf Leute, die anders sind'. Zur Rezeption des Milieuhandbuches der KSA und der MDG, in: Ebertz/Hunstig, a. a. O., 35–44.
- Sellmann, Matthias 2011: Katholische Kirche in den USA – was wir von ihr lernen können, Freiburg/Basel/Wien.
- Sellmann, Matthias 2012: in: ,Ohne pics glaub' ich nix!' Die Jüngeren als Produzenten religiöser Bedeutungen, in: Norbert Mette/Matthias Sellmann (Hg.), Religionsunterricht als Ort der Theologie, Freiburg u. a., 65–91.
- Simmel, Georg 1988: Die Großstädte und das Geistesleben, in: ders.: Das Individuum und die Freiheit. Essais, München, 192–204, 195.
- Steinebach, Dorothea 2010: Dem Anderen begegnen. Zur Zukunft von Haupt- und Ehrenamt in der katholischen Kirche, Würzburg.
- Steinebach, Dorothea 2011: Getauft und engagiert. Vom innovativen Umgang mit den alten und neuen Formen des kirchlichen Ehrenamtes, Würzburg.
- Tanner, Norman 2006: Kirche in der Welt: Ecclesia Ad Extra, in: Giuseppe Alberigo (Hg.): Geschichte des Zweiten Vatikanischen Konzils (1959-1965). Bd. IV: Die Kirche als Gemeinschaft. September 1964–September 1965, Mainz/Leuven, 313–448.
- Theobald, Christoph 2006: Zur Theologie der Zeichen der Zeit. Bedeutung und Kriterien heute, in: Hünermann 2006a, a. a. O., 71–84.
- Wenzel, Knut 2009: Gott in der Moderne. Grund und Ansatz einer Theologie der Säkularität, in: ders./Thomas M. Schmidt (Hg.): Moderne Religion? Theologische und religionsphilosophische Reaktionen auf Jürgen Habermas, Freiburg u. a., 347–376.

- Wippermann, Carsten/Arnold, Norbert/Möller-Slawinski, Heide/Borchard, Michael/Marx, Peter 2011: Chancengerechtigkeit im Gesundheitssystem, Wiesbaden.
- Wippermann, Carsten/Calmbach, Marc/Wippermann, Katja 2009: Männer: Rolle vorwärts, Rolle rückwärts? Identitäten und Verhalten von traditionellen, modernen und postmodernen Männern, Opladen/Farmington Hills, MI.
- Wippermann, Carsten/Wippermann, Katja 2010: Mensch und Wald. Einstellungen der Deutschen zum Wald und zur nachhaltigen Waldwirtschaft, Bielefeld.
- Wippermann, Carsten 2011: Milieus in Bewegung. Werte, Sinn, Religion und Ästhetik in Deutschland, Würzburg.